I0156354

FINLANDÊS

VOCABULÁRIO

PALAVRAS MAIS ÚTEIS

PORTUGUÊS FINLANDÊS

Para alargar o seu léxico e apurar
as suas competências linguísticas

9000 palavras

Vocabulário Português-Finlandês - 9000 palavras

Por Andrey Taranov

Os vocabulários da T&P Books destinam-se a ajudar a aprender, a memorizar, e a rever palavras estrangeiras. O dicionário é dividido em temas, cobrindo todas as principais esferas de atividades quotidianas, negócios, ciência, cultura, etc.

O processo de aprendizagem, utilizando os dicionários baseados em temáticas da T&P Books dá-lhe as seguintes vantagens:

- Informação de origem corretamente agrupada predetermina o sucesso em fases subsequentes da memorização de palavras
- Disponibilização de palavras derivadas da mesma raiz, o que permite a memorização de unidades de texto (em vez de palavras separadas)
- Pequenas unidades de palavras facilitam o processo de estabelecimento de vínculos associativos necessários para a consolidação do vocabulário
- O nível de conhecimento da língua pode ser estimado pelo número de palavras aprendidas

T&P Books Publishing
www.tpbooks.com

ISBN: 978-1-78400-867-3

Este livro também está disponível em formato E-book.
Por favor visite www.tpbooks.com ou as principais livrarias on-line.

VOCABULÁRIO FINLANDÊS
palavras mais úteis

Os vocabulários da T&P Books destinam-se a ajudar a aprender, a memorizar, e a rever palavras estrangeiras. O vocabulário contém mais de 9000 palavras de uso comum organizadas tematicamente.

O vocabulário contém as palavras mais comummente usadas
Recomendado como adicional para qualquer curso de línguas
Satisfaz as necessidades dos iniciados e dos alunos avançados de línguas estrangeiras
Conveniente para o uso diário, sessões de revisão e atividades de auto-teste
Permite avaliar o seu vocabulário

Características especias do vocabulário

· As palavras estão organizadas de acordo com o seu significado, e não por ordem alfabética
· As palavras são apresentadas em três colunas para facilitar os processos de revisão e auto-teste
· As palavras compostas são divididas em pequenos blocos para facilitar o processo de aprendizagem
· O vocabulário oferece uma transcrição simples e adequada de cada palavra estrangeira

O vocabulário contém 256 tópicos incluindo:

Conceitos básicos, Números, Cores, Meses, Estações do ano, Unidades de medida, Roupas & Acessórios, Alimentos & Nutrição, Restaurante, Membros da Família, Parentes, Caráter, Sentimentos, Emoções, Doenças, Cidade, Passeios, Compras, Dinheiro, Casa, Lar, Escritório, Trabalho no Escritório, Importação & Exportação, Marketing, Pesquisa de Emprego, Desportos, Educação, Computador, Internet, Ferramentas, Natureza, Países, Nacionalidades e muito mais ...

TABELA DE CONTEÚDOS

GUIA DE PRONUNCIAÇÃO

Letra	Exemplo Finlandês	Alfabeto fonético T&P	Exemplo Português
A a	Avara	[ɑ]	chamar
B b	Bussi	[b]	barril
C c	C-rappu	[s]	sanita
D d	Kadulla	[d]	dentista
E e	Pelto	[e]	metal
F f	Filmi	[f]	safári
G g	Jooga	[g]	gosto
H h	Hattu	[h]	[h] aspirada
I i	Piha	[i]	sinónimo
J j	Juna	[j]	géiser
K k	Katu	[k]	kiwi
L l	Lapio	[l]	libra
M m	Muna	[m]	magnólia
N n	Nainen	[n]	natureza
O o	Kova	[o]	lobo
P p	Papin	[p]	presente
R r	Ruoka	[r]	riscar
S s	Suosio	[s]	sanita
T t	Tapa	[t]	tulipa
U u	Uni	[u]	bonita
V v	Vaaka	[ʊ]	fava
Y y	Tyttö	[y]	questionar
Z z	Fazer	[ts]	tsé-tsé
Ä ä	Älä	[æ]	semana
Ö ö	Pöllö	[ø]	orgulhoso

Ditongos

ää	Ihmetyttää	[æ:]	primavera
öö	Miljardööri	[ø:]	orgulhoso
aa	Notaari	[a:]	rapaz
ii	Poliisi	[i:]	cair
oo	Koomikko	[o:]	albatroz
uu	Nojapuut	[u:]	blusa
yy	Flyygeli	[y:]	vermelho

ABREVIATURAS
usadas no vocabulário

Abreviaturas do Português

adj	-	adjetivo
adv	-	advérbio
anim.	-	animado
conj.	-	conjunção
desp.	-	desporto
etc.	-	etecetra
ex.	-	por exemplo
f	-	nome feminino
f pl	-	feminino plural
fem.	-	feminino
inanim.	-	inanimado
m	-	nome masculino
m pl	-	masculino plural
m, f	-	masculino, feminino
masc.	-	masculino
mat.	-	matemática
mil.	-	militar
pl	-	plural
prep.	-	preposição
pron.	-	pronome
sb.	-	sobre
sing.	-	singular
v aux	-	verbo auxiliar
vi	-	verbo intransitivo
vi, vt	-	verbo intransitivo, transitivo
vr	-	verbo reflexivo
vt	-	verbo transitivo

CONCEITOS BÁSICOS

Conceitos básicos. Parte 1

1. Pronomes

eu	minä	[miɲæ]
tu	sinä	[siɲæ]
ele	hän	[hæn]
ela	hän	[hæn]
ele, ela (neutro)	se	[se]
nós	me	[me]
vocês	te	[te]
eles, elas	he	[he]

2. Cumprimentos. Saudações. Despedidas

Olá!	Hei!	[hej]
Bom dia! (formal)	Hei!	[hej]
Bom dia! (de manhã)	Hyvää huomenta!	[hyʋæ: huomenta]
Boa tarde!	Hyvää päivää!	[hyʋæ: pæjʋæ:]
Boa noite!	Hyvää iltaa!	[hyʋæ: ilta:]
cumprimentar (vt)	tervehtiä	[terʋehtiæ]
Olá!	Moi!	[moj]
saudação (f)	terve	[terʋe]
saudar (vt)	tervehtiä	[terʋehtiæ]
Como vai?	Mitä kuuluu?	[mitæ ku:lu:]
O que há de novo?	Mitä on uutta?	[mitæ on u:tta]
Até à vista!	Näkemiin!	[ɲækemi:in]
Até breve!	Pikaisiin näkemiin!	[pikɑjsi:in ɲækemi:in]
Adeus!	Hyvästi!	[hyʋæsti]
despedir-se (vr)	hyvästellä	[hyʋæsteʎæ]
Até logo!	Hei hei!	[hej hej]
Obrigado! -a!	Kiitos!	[ki:itos]
Muito obrigado! -a!	Paljon kiitoksia!	[palʰøn ki:itoksia]
De nada	Ole hyvä	[ole hyʋæ]
Não tem de quê	Ei kestä kiittää	[ej kestæ ki:ittæ:]
De nada	Ei kestä	[ej kestæ]
Desculpa! -pe!	Anteeksi!	[ante:ksi]
desculpar (vt)	antaa anteeksi	[anta: ante:ksi]
desculpar-se (vr)	pyytää anteeksi	[py:tæ: ante:ksi]

As minhas desculpas	Pyydän anteeksi	[py:dæn ante:ksi]
Desculpe!	Anteeksi!	[ante:ksi]
perdoar (vt)	antaa anteeksi	[anta: ante:ksi]
por favor	ole hyvä	[ole hyuæ]

Não se esqueça!	Älkää unohtako!	[ælkæ: unohtako]
Certamente! Claro!	Tietysti!	[tietysti]
Claro que não!	Eipä tietenkään!	[ejpæ tieteŋkæ:n]
Está bem! De acordo!	Olen samaa mieltä!	[olen sama: mieltæ]
Basta!	Riittää!	[ri:ittæ:]

3. Como se dirigir a alguém

senhor	Herra	[herra]
senhora	Rouva	[rouua]
rapariga	Neiti	[nejti]
rapaz	Nuori mies	[nuorimies]
menino	Poika	[pojka]
menina	Tyttö	[tyttø]

4. Números cardinais. Parte 1

zero	nolla	[nolla]
um	yksi	[yksi]
dois	kaksi	[kaksi]
três	kolme	[kolme]
quatro	neljä	[nelʰjæ]

cinco	viisi	[ui:isi]
seis	kuusi	[ku:si]
sete	seitsemän	[sejtsemæn]
oito	kahdeksan	[kahdeksan]
nove	yhdeksän	[yhdeksæn]

dez	kymmenen	[kymmenen]
onze	yksitoista	[yksi tojsta]
doze	kaksitoista	[kaksi tojsta]
treze	kolmetoista	[kolme tojsta]
catorze	neljätoista	[nelʰjæ tojsta]

quinze	viisitoista	[ui:isi tojsta]
dezasseis	kuusitoista	[ku:si tojsta]
dezassete	seitsemäntoista	[sejtsemæn tojsta]
dezoito	kahdeksantoista	[kahdeksan tojsta]
dezanove	yhdeksäntoista	[yhdeksæn tojsta]

vinte	kaksikymmentä	[kaksi kymmentæ]
vinte e um	kaksikymmentäyksi	[kaksi kymmentæ yksi]
vinte e dois	kaksikymmentäkaksi	[kaksi kymmentæ kaksi]
vinte e três	kaksikymmentäkolme	[kaksi kymmentæ kolme]
trinta	kolmekymmentä	[kolme kymmentæ]
trinta e um	kolmekymmentäyksi	[kolme kymmentæ yksi]

| trinta e dois | kolmekymmentäkaksi | [kolme kymmentæ kaksi] |
| trinta e três | kolmekymmentäkolme | [kolme kymmentæ kolme] |

quarenta	neljäkymmentä	[nelʰjæ kymmentæ]
quarenta e um	neljäkymmentäyksi	[nelʰjæ kymmentæ yksi]
quarenta e dois	neljäkymmentäkaksi	[nelʰjæ kymmentæ kaksi]
quarenta e três	neljäkymmentäkolme	[nelʰjæ kymmentæ kolme]

cinquenta	viisikymmentä	[uiːisi kymmentæ]
cinquenta e um	viisikymmentäyksi	[uiːisi kymmentæ yksi]
cinquenta e dois	viisikymmentäkaksi	[uiːisi kymmentæ kaksi]
cinquenta e três	viisikymmentäkolme	[uiːisi kymmentæ kolme]

sessenta	kuusikymmentä	[kuːsi kymmentæ]
sessenta e um	kuusikymmentäyksi	[kuːsi kymmentæ yksi]
sessenta e dois	kuusikymmentäkaksi	[kuːsi kymmentæ kaksi]
sessenta e três	kuusikymmentäkolme	[kuːsi kymmentæ kolme]

setenta	seitsemänkymmentä	[sejtsemæn kymmentæ]
setenta e um	seitsemänkymmentäyksi	[sejtsemæn kymmentæ yksi]
setenta e dois	seitsemänkymmentäkaksi	[sejtsemæn kymmentæ kaksi]
setenta e três	seitsemänkymmentäkolme	[sejtsemæn kymmentæ kolme]

oitenta	kahdeksankymmentä	[kahdeksan kymmentæ]
oitenta e um	kahdeksankymmentäyksi	[kahdeksan kymmentæ yksi]
oitenta e dois	kahdeksankymmentäkaksi	[kahdeksan kymmentæ kaksi]
oitenta e três	kahdeksankymmentäkolme	[kahdeksan kymmentæ kolme]

noventa	yhdeksänkymmentä	[yhdeksæn kymmentæ]
noventa e um	yhdeksänkymmentäyksi	[yhdeksæn kymmentæ yksi]
noventa e dois	yhdeksänkymmentäkaksi	[yhdeksæn kymmentæ kaksi]
noventa e três	yhdeksänkymmentäkolme	[yhdeksæn kymmentæ kolme]

5. Números cardinais. Parte 2

cem	sata	[sata]
duzentos	kaksisataa	[kaksi sataː]
trezentos	kolmesataa	[kolme sataː]
quatrocentos	neljäsataa	[nelʰjæ sataː]
quinhentos	viisisataa	[uiːisi sataː]

seiscentos	kuusisataa	[kuːsi sataː]
setecentos	seitsemänsataa	[sejtsemæn sataː]
oitocentos	kahdeksansataa	[kahdeksan sataː]
novecentos	yhdeksänsataa	[yhdeksæn sataː]

mil	tuhat	[tuhat]
dois mil	kaksituhatta	[kaksi tuhatta]
três mil	kolmetuhatta	[kolme tuhatta]
dez mil	kymmenentuhatta	[kymmenen tuhatta]
cem mil	satatuhatta	[sata tuhatta]

15

| um milhão | miljoona | [milʰøːnɑ] |
| mil milhões | miljardi | [milʰjardi] |

6. Números ordinais

primeiro	ensimmäinen	[ensimmæjnen]
segundo	toinen	[tojnen]
terceiro	kolmas	[kolmɑs]
quarto	neljäs	[nelʰjæs]
quinto	viides	[ʋiːides]

sexto	kuudes	[kuːdes]
sétimo	seitsemäs	[sejtsemæs]
oitavo	kahdeksas	[kahdeksɑs]
nono	yhdeksäs	[yhdeksæs]
décimo	kymmenes	[kymmenes]

7. Números. Frações

fração (f)	murtoluku	[murtoluku]
um meio	puolet	[puolet]
um terço	kolmannes	[kolmɑŋes]
um quarto	neljännes	[nelʰjæŋes]

um oitavo	kahdeksannes	[kahdeksɑŋes]
um décimo	kymmenennes	[kymmeneŋes]
dois terços	kaksi kolmasosaa	[kaksi kolmɑsosɑː]
três quartos	kolme neljäsosaa	[kolme nelʰjæsosɑː]

8. Números. Operações básicas

subtração (f)	vähennyslasku	[ʋæheŋys lɑsku]
subtrair (vi, vt)	vähentää	[ʋæhentæː]
divisão (f)	jako	[jɑko]
dividir (vt)	jakaa	[jɑkɑː]

adição (f)	yhteenlasku	[yhteːnlɑsku]
somar (vt)	laskea yhteen	[lɑskea yhteːn]
adicionar (vt)	lisätä	[lisætæ]
multiplicação (f)	kertolasku	[kertolɑsku]
multiplicar (vt)	kertoa	[kertoɑ]

9. Números. Diversos

algarismo, dígito (m)	numero	[numero]
número (m)	luku	[luku]
numeral (m)	lukusana	[lukusɑnɑ]
menos (m)	miinus	[miːinus]

mais (m)	plus	[plus]
fórmula (f)	kaava	[kɑ:ʋɑ]

cálculo (m)	laskenta	[lɑskentɑ]
contar (vt)	laskea	[lɑskeɑ]
calcular (vt)	laskea	[lɑskeɑ]
comparar (vt)	verrata	[ʋerrɑtɑ]

Quanto?	Kuinka paljon?	[kuiŋkɑ palʰon]
Quantos? -as?	Kuinka monta?	[kuiŋkɑ montɑ]

soma (f)	summa	[summɑ]
resultado (m)	tulos	[tulos]
resto (m)	jäännös	[jæ:ŋøs]

alguns, algumas ...	muutama	[mu:tɑmɑ]
um pouco de ...	vähän	[ʋæɦæn]
resto (m)	muu	[mu:]
um e meio	puolitoista	[puolitojstɑ]
dúzia (f)	tusina	[tusinɑ]

ao meio	kahtia	[kɑhtiɑ]
em partes iguais	tasan	[tɑsɑn]
metade (f)	puoli	[puoli]
vez (f)	kerta	[kertɑ]

10. Os verbos mais importantes. Parte 1

abrir (vt)	avata	[ɑʋɑtɑ]
acabar, terminar (vt)	lopettaa	[lopettɑ:]
aconselhar (vt)	neuvoa	[neuʋoɑ]
adivinhar (vt)	arvata	[ɑrʋɑtɑ]
advertir (vt)	varoittaa	[ʋɑrojttɑ:]

ajudar (vt)	auttaa	[ɑuttɑ:]
almoçar (vi)	syödä päivällistä	[syødæ pæjuæellistæ]
alugar (~ um apartamento)	vuokrata	[ʋuokrɑtɑ]
amar (vt)	rakastaa	[rɑkɑstɑ:]
ameaçar (vt)	uhata	[uhɑtɑ]

anotar (escrever)	kirjoittaa muistiin	[kirʰojttɑ: mujsti:in]
apanhar (vt)	ottaa kiinni	[ottɑ: ki:iŋi]
apressar-se (vr)	kiirehtiä	[ki:irehtiæ]
arrepender-se (vr)	sääliä	[sæ:liæ]
assinar (vt)	allekirjoittaa	[ɑllekirʰojttɑ:]

atirar, disparar (vi)	ampua	[ɑmpuɑ]
brincar (vi)	laskea leikkiä	[lɑskeɑ lejkkiæ]
brincar, jogar (crianças)	leikkiä	[lejkkiæ]
buscar (vt)	etsiä	[etsiæ]
caçar (vi)	metsästää	[metsæstæ:]

cair (vi)	kaatua	[kɑ:tuɑ]
cavar (vt)	kaivaa	[kɑjʋɑ:]

cessar (vt)	lakata	[lakata]
chamar (~ por socorro)	kutsua	[kutsua]
chegar (vi)	saapua	[saːpua]
chorar (vi)	itkeä	[itkeæ]

começar (vt)	alkaa	[alkaː]
comparar (vt)	verrata	[verrata]
compreender (vt)	ymmärtää	[ymmærtæː]
concordar (vi)	suostua	[suostua]
confiar (vt)	luottaa	[luottaː]

confundir (equivocar-se)	sotkea	[sotkea]
conhecer (vt)	tuntea	[tuntea]
contar (fazer contas)	laskea	[laskea]
contar com (esperar)	luottaa	[luottaː]
continuar (vt)	jatkaa	[jatkaː]

controlar (vt)	tarkastaa	[tarkastaː]
convidar (vt)	kutsua	[kutsua]
correr (vi)	juosta	[juosta]
criar (vt)	luoda	[luoda]
custar (vt)	maksaa	[maksaː]

11. Os verbos mais importantes. Parte 2

dar (vt)	antaa	[antaː]
dar uma dica	vihjata	[vihʰjata]
decorar (enfeitar)	koristaa	[koristaː]
defender (vt)	puolustaa	[puolustaː]
deixar cair (vt)	pudottaa	[pudottaː]

descer (para baixo)	laskeutua	[laskeutua]
desculpar-se (vr)	pyytää anteeksi	[pyːtæː anteːksi]
dirigir (~ uma empresa)	johtaa	[øhtaː]
discutir (notícias, etc.)	käsitellä	[kæsiteʎæ]
dizer (vt)	sanoa	[sanoa]

duvidar (vt)	epäillä	[epæjʎæ]
encontrar (achar)	löytää	[løytæː]
enganar (vt)	pettää	[pettæː]
entrar (na sala, etc.)	tulla sisään	[tulla sisæːn]
enviar (uma carta)	lähettää	[ʎæhettæː]

errar (equivocar-se)	erehtyä	[erehtyæ]
escolher (vt)	valita	[valita]
esconder (vt)	piilotella	[piːlotella]
escrever (vt)	kirjoittaa	[kirʰojttaː]
esperar (o autocarro, etc.)	odottaa	[odottaː]

esperar (ter esperança)	toivoa	[tojvoa]
esquecer (vt)	unohtaa	[unohtaː]
estudar (vt)	oppia	[oppia]
exigir (vt)	vaatia	[vaːtia]
existir (vi)	olla olemassa	[olla olemassa]

explicar (vt)	selittää	[selittæ:]
falar (vi)	keskustella	[keskustella]
faltar (clases, etc.)	olla poissa	[olla pojssa]
fazer (vt)	tehdä	[tehdæ]
ficar em silêncio	olla vaiti	[olla vajti]
gabar-se, jactar-se (vr)	kehua	[kehua]

gostar (apreciar)	pitää	[pitæ:]
gritar (vi)	huutaa	[hu:ta:]
guardar (cartas, etc.)	säilyttää	[sæjlyttæ:]
informar (vt)	tiedottaa	[tiedotta:]
insistir (vi)	pysyä kannassaan	[pysyæ kaŋassa:n]

insultar (vt)	loukata	[loukata]
interessar-se (vr)	kiinnostua	[ki:iŋostua]
ir (a pé)	mennä	[meŋæ]
ir nadar	kylpeä	[kylpeæ]
jantar (vi)	illastaa	[illasta:]

12. Os verbos mais importantes. Parte 3

ler (vt)	lukea	[lukea]
libertar (cidade, etc.)	vapauttaa	[vapautta:]
matar (vt)	murhata	[murhata]
mencionar (vt)	mainita	[majnita]
mostrar (vt)	näyttää	[ɲæyttæ:]

mudar (modificar)	muuttaa	[mu:tta:]
nadar (vi)	uida	[ujda]
negar-se (vt)	kieltäytyä	[kæltæytyæ]
objetar (vt)	väittää vastaan	[væjttæ: vasta:n]

observar (vt)	seurata	[seurata]
ordenar (mil.)	käskeä	[kæskeæ]
ouvir (vt)	kuulla	[ku:lla]
pagar (vt)	maksaa	[maksa:]
parar (vi)	pysähtyä	[pysæhtyæ]

participar (vi)	osallistua	[osallistua]
pedir (comida)	tilata	[tilata]
pedir (um favor, etc.)	pyytää	[py:tæ:]
pegar (tomar)	ottaa	[otta:]
pensar (vt)	ajatella	[ajatella]

perceber (ver)	huomata	[huomata]
perdoar (vt)	antaa anteeksi	[anta: ante:ksi]
perguntar (vt)	kysyä	[kysyæ]
permitir (vt)	antaa lupa	[anta: lupa]
pertencer (vt)	kuulua	[ku:lua]

planear (vt)	suunnitella	[su:ŋitella]
poder (vi)	voida	[vojda]
possuir (vt)	omistaa	[omista:]
preferir (vt)	katsoa parhaaksi	[katsoa parha:ksi]

preparar (vt)	laittaa	[lajttɑ:]
prever (vt)	nähdä ennakolta	[ɲæhdæ eŋakolta]
prometer (vt)	luvata	[luʋɑtɑ]
pronunciar (vt)	lausua	[lausua]
propor (vt)	ehdottaa	[ehdottɑ:]
punir (castigar)	rangaista	[raŋajstɑ]

13. Os verbos mais importantes. Parte 4

quebrar (vt)	rikkoa	[rikkoɑ]
queixar-se (vr)	valittaa	[ʋɑlittɑ:]
querer (desejar)	haluta	[hɑlutɑ]
recomendar (vt)	suositella	[suositellɑ]
repetir (dizer outra vez)	toistaa	[tojstɑ:]

repreender (vt)	haukkua	[hɑukkuɑ]
reservar (~ um quarto)	reservoida	[reserʋojdɑ]
responder (vt)	vastata	[ʋɑstɑtɑ]
rezar, orar (vi)	rukoilla	[rukojllɑ]
rir (vi)	nauraa	[nɑurɑ:]

roubar (vt)	varastaa	[ʋɑrɑstɑ:]
saber (vt)	tietää	[tietæ:]
sair (~ de casa)	poistua	[pojstuɑ]
salvar (vt)	pelastaa	[pelɑstɑ:]
seguir ...	seurata	[seurɑtɑ]

sentar-se (vr)	istua	[istuɑ]
ser necessário	tarvitsee	[tɑrʋitse:]
ser, estar	olla	[ollɑ]
significar (vt)	merkitä	[merkitæ]

sorrir (vi)	hymyillä	[hymyjʎæ]
subestimar (vt)	aliarvioida	[ɑliɑrʋiojdɑ]
surpreender-se (vr)	ihmetellä	[ihmeteʎæ]
tentar (vt)	koettaa	[koettɑ:]

ter (vt)	omistaa	[omistɑ:]
ter fome	minulla on nälkä	[minullɑ on ɲælkæ]

ter medo	pelätä	[peʎætæ]
ter sede	minulla on jano	[minullɑ on æno]

tocar (com as mãos)	koskettaa	[koskettɑ:]
tomar o pequeno-almoço	syödä aamiaista	[syødæ ɑ:miɑjstɑ]
trabalhar (vi)	työskennellä	[tyøskeŋeʎæ]

traduzir (vt)	kääntää	[kæ:ntæ:]
unir (vt)	yhdistää	[yhdistæ:]

vender (vt)	myydä	[my:dæ]
ver (vt)	nähdä	[ɲæhdæ]
virar (ex. ~ à direita)	kääntää	[kæ:ntæ:]
voar (vi)	lentää	[lentæ:]

14. Cores

cor (f)	väri	[uæri]
matiz (m)	vivahdus	[uiuahdus]
tom (m)	värisävy	[uæri sæuy]
arco-íris (m)	sateenkaari	[sate:n ka:ri]

branco	valkoinen	[ualkojnen]
preto	musta	[musta]
cinzento	harmaa	[harma:]

verde	vihreä	[uihreæ]
amarelo	keltainen	[keltajnen]
vermelho	punainen	[punajnen]

azul	sininen	[sininen]
azul claro	vaaleansininen	[ua:lean sininen]
rosa	vaaleanpunainen	[ua:lean punajnen]
laranja	oranssi	[oranssi]
violeta	violetti	[uioletti]
castanho	ruskea	[ruskea]

| dourado | kultainen | [kultajnen] |
| prateado | hopeinen | [hopejnen] |

bege	beige	[be:ge]
creme	kermanvärinen	[kerman uærinen]
turquesa	turkoosi	[turko:si]
vermelho cereja	kirsikanpunainen	[kirsikan punajnen]
lilás	sinipunainen	[sini punajnen]
carmesim	karmiininpunainen	[karmi:inen punajnen]

claro	vaalea	[ua:lea]
escuro	tumma	[tumma]
vivo	kirkas	[kirkas]

de cor	väri-	[uæri]
a cores	värillinen	[uærillinen]
preto e branco	mustavalkoinen	[musta ualkojnen]
unicolor	yksivärinen	[yksiuærinen]
multicor	erivärinen	[eriuærinen]

15. Questões

Quem?	Kuka?	[kuka]
Que?	Mikä?	[mikæ]
Onde?	Missä?	[missæ]
Para onde?	Mihin?	[mihin]
De onde?	Mistä?	[mistæ]
Quando?	Milloin?	[millojn]
Para quê?	Mitä varten?	[mitæ uarten]
Porquê?	Miksi?	[miksi]
Para quê?	Minkä vuoksi?	[miŋkæ uuoksi]

Como?	Miten?	[miten]
Qual?	Millainen?	[millɑjnen]
Qual? (entre dois ou mais)	Mikä?	[mikæ]

A quem?	Kenelle?	[kenelle]
Sobre quem?	Kenestä?	[kenestæ]
Do quê?	Mistä?	[mistæ]
Com quem?	Kenen kanssa?	[kenen kɑnssɑ]

Quantos? -as?	Kuinka monta?	[kuiŋkɑ montɑ]
Quanto?	Kuinka paljon?	[kuiŋkɑ palʰon]
De quem? (masc.)	Kenen?	[kenen]

16. Preposições

com (prep.)	kanssa	[kɑnssɑ]
sem (prep.)	ilman	[ilmɑn]
a, para (exprime lugar)	... ssa (ssä)	[ssɑ ssæ]
sobre (ex. falar ~)	... sta, ... stä	[stɑ], [stæ]
antes de ...	ennen	[eŋen]
diante de ...	edessä	[edessæ]

sob (debaixo de)	alla	[ɑllɑ]
sobre (em cima de)	yllä	[yʎæ]
sobre (~ a mesa)	päällä	[pæːʎæ]
de (vir ~ Lisboa)	... sta, ... stä	[stɑ], [stæ]
de (feito ~ pedra)	... sta, ... stä	[stɑ], [stæ]

dentro de (~ dez minutos)	päästä	[pæːstæ]
por cima de ...	yli	[yli]

17. Palavras funcionais. Advérbios. Parte 1

Onde?	Missä?	[missæ]
aqui	täällä	[tæːʎæ]
lá, ali	siellä	[sieʎæ]

em algum lugar	jossain	[øssɑjn]
em lugar nenhum	ei missään	[ej missæːn]

ao pé de ...	vieressä	[ʋæressæ]
ao pé da janela	ikkunan vieressä	[ikkunɑn ʋæressæ]

Para onde?	Mihin?	[mihin]
para cá	tänne	[tæŋe]
para lá	tuonne	[tuoŋe]
daqui	täältä	[tæːltæ]
de lá, dali	sieltä	[sieltæ]

perto	lähellä	[ʎæheʎæ]
longe	kaukana	[kaukɑnɑ]
perto de ...	luona	[luonɑ]

ao lado de	vieressä	[uæressæ]
perto, não fica longe	lähelle	[ʎæhelle]
esquerdo	vasen	[uɑsen]
à esquerda	vasemmalla	[uɑsemmɑllɑ]
para esquerda	vasemmalle	[uɑsemɑlle]
direito	oikea	[ojkeɑ]
à direita	oikealla	[ojkeɑllɑ]
para direita	oikealle	[ojkeɑlle]
à frente	edessä	[edessæ]
da frente	etumainen	[etumɑjnen]
em frente (para a frente)	eteenpäin	[ete:npæjn]
atrás de ...	takana	[tɑkɑnɑ]
por detrás (vir ~)	takaa	[tɑkɑ:]
para trás	takaisin	[tɑkɑjsin]
meio (m), metade (f)	keskikohta	[keskikohtɑ]
no meio	keskellä	[keskeʎæ]
de lado	sivulta	[siuultɑ]
em todo lugar	kaikkialla	[kɑjkkiɑllɑ]
ao redor (olhar ~)	ympärillä	[ympæriʎæ]
de dentro	sisäpuolelta	[sisæ puoleltɑ]
para algum lugar	jonnekin	[øŋekin]
diretamente	suoraan	[suorɑ:n]
de volta	takaisin	[tɑkɑjsin]
de algum lugar	jostakin	[østɑkin]
de um lugar	jostakin	[østɑkin]
em primeiro lugar	ensiksi	[ensiksi]
em segundo lugar	toiseksi	[tojseksi]
em terceiro lugar	kolmanneksi	[kolmɑŋeksi]
de repente	äkkiä	[ækkiæ]
no início	alussa	[ɑlussɑ]
pela primeira vez	ensi kerran	[ensi kerrɑn]
muito antes de ...	kauan ennen kuin	[kɑuɑn eŋen kuin]
de novo, novamente	uudestaan	[u:destɑ:n]
para sempre	pysyvästi	[pysyuæsti]
nunca	ei koskaan	[ej koskɑ:n]
de novo	taas	[tɑ:s]
agora	nyt	[nyt]
frequentemente	usein	[usejn]
então	silloin	[silloin]
urgentemente	pikaisesti	[pikɑjsesti]
usualmente	tavallisesti	[tɑuɑllisesti]
a propósito, ...	muuten	[mu:ten]
é possível	ehkä	[ehkæ]
provavelmente	todennäköisesti	[toden ɲækøjsesti]

talvez	voi olla	[ʋoj olla]
além disso, ...	lisäksi	[lisæksi]
por isso ...	siksi	[siksi]
apesar de ...	huolimatta	[huolimatta]
graças a ...	avulla	[aʋulla]

que (pron.)	mikä	[mikæ]
que (conj.)	että	[ettæ]
algo	jokin	[økin]
alguma coisa	jotakin	[øtakin]
nada	ei mitään	[ej mitæ:n]

quem	kuka	[kuka]
alguém (~ teve uma ideia ...)	joku	[øku]
alguém	joku	[øku]

ninguém	ei kukaan	[ej kuka:n]
para lugar nenhum	ei mihinkään	[ej mihiŋkæ:n]
de ninguém	ei kenenkään	[ej keneŋkæ:n]
de alguém	jonkun	[øŋkun]

tão	niin	[ni:in]
também (gostaria ~ de ...)	myös	[myøs]
também (~ eu)	myös	[myøs]

18. Palavras funcionais. Advérbios. Parte 2

Porquê?	Miksi?	[miksi]
por alguma razão	jostain syystä	[østajn sy:stæ]
porque ...	koska	[koska]
por qualquer razão	jonkin vuoksi	[øŋkin ʋuoksi]

e (tu ~ eu)	ja	[ja]
ou (ser ~ não ser)	tai	[taj]
mas (porém)	mutta	[mutta]
para (~ a minha mãe)	varten	[ʋarten]

demasiado, muito	liian	[li:ian]
só, somente	vain	[ʋajn]
exatamente	tarkasti	[tarkasti]
cerca de (~ 10 kg)	noin	[nojn]

aproximadamente	likimäärin	[likimæ:rin]
aproximado	likimääräinen	[likimæ:ræjnen]
quase	melkein	[melkejn]
resto (m)	muu	[mu:]

cada	joka	[øka]
qualquer	jokainen	[økajnen]
muito	paljon	[palʰøn]
muitas pessoas	monet	[monet]
todos	kaikki	[kajkki]
em troca de ...	korvauksena	[korʋauksena]
em troca	sijaan	[sija:n]

| à mão | käsin | [kæsin] |
| pouco provável | tuskin | [tuskin] |

provavelmente	varmaan	[ʋɑrmɑ:n]
de propósito	tahallaan	[tɑhɑllɑ:n]
por acidente	sattumalta	[sɑttumɑltɑ]

muito	erittäin	[erittæjn]
por exemplo	esimerkiksi	[esimerkiksi]
entre	välillä	[ʋæliʌæ]
entre (no meio de)	keskellä	[keskeʌæ]
tanto	niin paljon	[ni:in pɑlʰøn]
especialmente	erikoisesti	[erikojsesti]

Conceitos básicos. Parte 2

19. Dias da semana

segunda-feira (f)	maanantai	[mɑ:nɑntɑj]
terça-feira (f)	tiistai	[ti:istɑj]
quarta-feira (f)	keskiviikko	[keskiʋi:ikko]
quinta-feira (f)	torstai	[torstɑj]
sexta-feira (f)	perjantai	[perʰjɑntɑj]
sábado (m)	lauantai	[lɑuɑntɑj]
domingo (m)	sunnuntai	[suŋuntɑj]

hoje	tänään	[tænæ:n]
amanhã	huomenna	[huomeŋɑ]
depois de amanhã	ylihuomenna	[ylihuomeŋɑ]
ontem	eilen	[ejlen]
anteontem	toissapäivänä	[tojssɑ pæjuæɲæ]

dia (m)	päivä	[pæjuæ]
dia (m) de trabalho	työpäivä	[tyøpæjuæ]
feriado (m)	juhlapäivä	[juhlɑpæjuæ]
dia (m) de folga	vapaapäivä	[uɑpɑ:pæjuæ]
fim (m) de semana	viikonloppu	[ui:ikon loppu]

o dia todo	koko päivän	[koko pæjuæn]
no dia seguinte	ensi päivänä	[ensi pæjuæɲæ]
há dois dias	kaksi päivää sitten	[kɑksi pæjuæ: sitten]
na véspera	aattona	[ɑ:ttonɑ]
diário	jokapäiväinen	[økɑ pæjuæjnen]
todos os dias	joka päivä	[økɑ pæjuæ]

semana (f)	viikko	[ui:ikko]
na semana passada	viime viikolla	[ui:ime ui:ikollɑ]
na próxima semana	ensi viikolla	[ensi ui:ikollɑ]
semanal	jokaviikkoinen	[økɑui:ikkojnen]
cada semana	joka viikko	[økɑ ui:ikko]
duas vezes por semana	kaksi kertaa viikossa	[kɑksi kertɑ: ui:ikossɑ]
cada terça-feira	joka tiistai	[økɑ ti:istɑj]

20. Horas. Dia e noite

manhã (f)	aamu	[ɑ:mu]
de manhã	aamulla	[ɑ:mullɑ]
meio-dia (m)	puolipäivä	[puolipæjuæ]
à tarde	iltapäivällä	[iltɑ pæjuæʎæ]

noite (f)	ilta	[iltɑ]
à noite (noitinha)	illalla	[illɑllɑ]

noite (f)	yö	[yø]
à noite	yöllä	[yøʎæ]
meia-noite (f)	puoliyö	[puoli yø]

segundo (m)	sekunti	[sekunti]
minuto (m)	minuutti	[minu:tti]
hora (f)	tunti	[tunti]
meia hora (f)	puoli tuntia	[puoli tuntia]
quarto (m) de hora	vartti	[ʋartti]
quinze minutos	viisitoista minuuttia	[ʋi:isitojsta minu:ttia]
vinte e quatro horas	vuorokausi	[ʋuoro kausi]

nascer (m) do sol	auringonnousu	[auriŋon nousu]
amanhecer (m)	sarastus	[sarastus]
madrugada (f)	varhainen aamu	[ʋarhajnen a:mu]
pôr do sol (m)	auringonlasku	[auriŋon lasku]

de madrugada	aamulla aikaisin	[a:mulla ajkajsin]
hoje de manhã	tänä aamuna	[tæɲæ a:muna]
amanhã de manhã	ensi aamuna	[ensi a:muna]
hoje à tarde	tänä päivänä	[tæɲæ pæjʋæɲæ]
à tarde	iltapäivällä	[ilta pæjʋæʎæ]
amanhã à tarde	huomisiltapäivällä	[huomis ilta pæjʋæʎæ]
hoje à noite	tänä iltana	[tæɲæ iltana]
amanhã à noite	ensi iltana	[ensi iltana]

às três horas em ponto	tasan kolmelta	[tasan kolmelta]
por volta das quatro	noin neljältä	[nojn nelʰæltæ]
às doze	kahdentoista mennessä	[kahdentojsta menessæ]

dentro de vinte minutos	kahdenkymmenen minuutin kuluttua	[kahdeŋkymmenen minu:tin kuluttua]
dentro duma hora	tunnin kuluttua	[tuɲin kuluttua]
a tempo	ajoissa	[aøjssa]

menos um quarto	varttia vaille	[ʋarttia ʋajlle]
durante uma hora	tunnin kuluessa	[tuɲin kuluessa]
a cada quinze minutos	viidentoista minuutin välein	[ʋi:iden tojsta minu:tin ʋælejn]
as vinte e quatro horas	ympäri vuorokauden	[ympæri ʋuoro kauden]

21. Meses. Estações

janeiro (m)	tammikuu	[tammiku:]
fevereiro (m)	helmikuu	[helmiku:]
março (m)	maaliskuu	[ma:lisku:]
abril (m)	huhtikuu	[huhtiku:]
maio (m)	toukokuu	[toukoku:]
junho (m)	kesäkuu	[kesæku:]

julho (m)	heinäkuu	[hejɲæku:]
agosto (m)	elokuu	[eloku:]
setembro (m)	syyskuu	[sy:sku:]
outubro (m)	lokakuu	[lokaku:]

novembro (m)	**marraskuu**	[marrasku:]
dezembro (m)	**joulukuu**	[øuluku:]
primavera (f)	**kevät**	[keʋæt]
na primavera	**keväällä**	[keʋæːʎæ]
primaveril	**keväinen**	[keʋæjnen]
verão (m)	**kesä**	[kesæ]
no verão	**kesällä**	[kesæʎæ]
de verão	**kesäinen**	[kesæjnen]
outono (m)	**syksy**	[syksy]
no outono	**syksyllä**	[syksyʎæ]
outonal	**syksyinen**	[syksyjnen]
inverno (m)	**talvi**	[talʋi]
no inverno	**talvella**	[talʋella]
de inverno	**talvinen**	[talʋinen]
mês (m)	**kuukausi**	[ku:kausi]
este mês	**tässä kuukaudessa**	[tæssæ ku:kaudessa]
no próximo mês	**ensi kuukaudessa**	[ensi ku:kaudessa]
no mês passado	**viime kuukaudessa**	[ʋi:ime ku:kaudessa]
há um mês	**kuukausi sitten**	[ku:kausi sitten]
dentro de um mês	**kuukauden kuluttua**	[ku:kauden kuluttua]
dentro de dois meses	**kahden kuukauden kuluttua**	[kahden ku:kauden kuluttua]
todo o mês	**koko kuukauden**	[koko ku:kauden]
um mês inteiro	**koko kuukauden**	[koko ku:kauden]
mensal	**kuukautinen**	[ku:kautinen]
mensalmente	**kuukausittain**	[ku:kausittajn]
cada mês	**joka kuukausi**	[øka ku:kausi]
duas vezes por mês	**kaksi kertaa kuukaudessa**	[kaksi kerta: ku:kaudessa]
ano (m)	**vuosi**	[ʋuosi]
este ano	**tänä vuonna**	[tænæ ʋuoŋa]
no próximo ano	**ensi vuonna**	[ensi ʋuoŋa]
no ano passado	**viime vuonna**	[ʋi:ime ʋuoŋa]
há um ano	**vuosi sitten**	[ʋuosi sitten]
dentro dum ano	**vuoden kuluttua**	[ʋuoden kuluttua]
dentro de 2 anos	**kahden vuoden kuluttua**	[kahden ʋuoden kuluttua]
todo o ano	**koko vuoden**	[koko ʋuoden]
um ano inteiro	**koko vuoden**	[koko ʋuoden]
cada ano	**joka vuosi**	[øka ʋuosi]
anual	**vuosittainen**	[ʋuosittajnen]
anualmente	**vuosittain**	[ʋuosittajn]
quatro vezes por ano	**neljä kertaa vuodessa**	[nelʰjæ kerta: ʋuodessa]
data (~ de hoje)	**päivä**	[pæjʋæ]
data (ex. ~ de nascimento)	**päivämäärä**	[pæjʋæmæːræ]
calendário (m)	**kalenteri**	[kalenteri]
meio ano	**puoli vuotta**	[puoli ʋuotta]

seis meses	vuosipuolisko	[ʊuosi puolisko]
estação (f)	kausi	[kausi]
século (m)	vuosisata	[ʊuosisata]

22. Tempo. Diversos

tempo (m)	aika	[ɑjkɑ]
momento (m)	tuokio	[tuokio]
instante (m)	hetki	[hetki]
instantâneo	hetkellinen	[hetkellinen]
lapso (m) de tempo	ajanjakso	[ɑjanʰjakso]
vida (f)	elämä	[eʌæmæ]
eternidade (f)	ikuisuus	[ikujsu:s]

época (f)	kausi	[kausi]
era (f)	ajanlasku	[ɑjanlasku]
ciclo (m)	jakso	[jakso]
período (m)	vaihe	[ʊɑjhe]
prazo (m)	määräaika	[mæ:ræɑjkɑ]

futuro (m)	tulevaisuus	[tuleʊɑjsu:s]
futuro	ensi	[ensi]
da próxima vez	ensi kerralla	[ensi kerrallɑ]

passado (m)	menneisyys	[meŋejsy:s]
passado	viime	[ʊi:ime]
na vez passada	viime kerralla	[ʊi:ime kerrallɑ]

mais tarde	myöhemmin	[myøhemmin]
depois	jälkeenpäin	[jælke:npæjn]
atualmente	nykyään	[nykyæ:n]
agora	nyt	[nyt]
imediatamente	heti	[heti]
em breve, brevemente	kohta	[kohtɑ]
de antemão	ennakolta	[eŋakoltɑ]

há muito tempo	kauan	[kauan]
há pouco tempo	äskettäin	[æskettæjn]
destino (m)	kohtalo	[kohtalo]
recordações (f pl)	muisto	[mujsto]
arquivo (m)	arkisto	[ɑrkisto]

durante ...	aikana	[ɑjkɑnɑ]
durante muito tempo	kauan	[kauan]
pouco tempo	vähän aikaa	[ʊæɦæn ɑjkɑ:]

cedo (levantar-se ~)	aikaisin	[ɑjkɑjsin]
tarde (deitar-se ~)	myöhään	[myøhæ:n]

para sempre	ainiaaksi	[ɑjnia:ksi]
começar (vt)	aloittaa	[alojttɑ:]
adiar (vt)	siirtää	[si:irtæ:]
simultaneamente	samanaikaisesti	[saman ɑjkɑjsesti]

permanentemente	alituisesti	[alitujsesti]
constante (ruído, etc.)	vakinainen	[ʋakinajnen]
temporário	väliaikainen	[ʋæli ajkajnen]

às vezes	joskus	[øskus]
raramente	harvoin	[harʋojn]
frequentemente	usein	[usejn]

23. Opostos

| rico | rikas | [rikɑs] |
| pobre | köyhä | [køyɦæ] |

| doente | sairas | [sɑjrɑs] |
| são | terve | [terʋe] |

| grande | iso | [iso] |
| pequeno | pieni | [pæni] |

| rapidamente | nopeasti | [nopeɑsti] |
| lentamente | hitaasti | [hitɑːsti] |

| rápido | nopea | [nopeɑ] |
| lento | hidas | [hidɑs] |

| alegre | iloinen | [ilojnen] |
| triste | surullinen | [surullinen] |

| juntos | yhdessä | [yhdessæ] |
| separadamente | erikseen | [erikseːn] |

| em voz alta (ler ~) | ääneen | [æːneːn] |
| para si (em silêncio) | itsekseen | [itsekseːn] |

| alto | korkea | [korkeɑ] |
| baixo | matala | [mɑtɑlɑ] |

| profundo | syvä | [syʋæ] |
| pouco fundo | matala | [mɑtɑlɑ] |

| sim | kyllä | [kyʎæ] |
| não | ei | [ej] |

| distante (no espaço) | kaukainen | [kaukɑjnen] |
| próximo | läheinen | [ʎæhejnen] |

| longe | kaukana | [kaukɑnɑ] |
| perto | vierellä | [ʋiereʎæ] |

| longo | pitkä | [pitkæ] |
| curto | lyhyt | [lyhyt] |

| bom, bondoso | hyvä | [hyʋæ] |
| mau | vihainen | [ʋihɑjnen] |

| casado | naimisissa oleva | [najmisissa oleʋa] |
| solteiro | naimaton | [najmaton] |

| proibir (vt) | kieltää | [kjeltæ:] |
| permitir (vt) | antaa lupa | [anta: lupa] |

| fim (m) | loppu | [loppu] |
| começo (m) | alku | [alku] |

| esquerdo | vasen | [ʋasen] |
| direito | oikea | [ojkea] |

| primeiro | ensimmäinen | [ensimmæjnen] |
| último | viimeinen | [ʋi:imejnen] |

| crime (m) | rikos | [rikos] |
| castigo (m) | rangaistus | [raŋajstus] |

| ordenar (vt) | käskeä | [kæskeæ] |
| obedecer (vt) | alistua | [alistua] |

| reto | suora | [suora] |
| curvo | käyrä | [kæyræ] |

| paraíso (m) | paratiisi | [parati:isi] |
| inferno (m) | helvetti | [helʋetti] |

| nascer (vi) | syntyä | [syntyæ] |
| morrer (vi) | kuolla | [kuolla] |

| forte | voimakas | [ʋojmakas] |
| fraco, débil | heikko | [hejkko] |

| idoso | vanha | [ʋanha] |
| jovem | nuori | [nuori] |

| velho | vanha | [ʋanha] |
| novo | uusi | [u:si] |

| duro | kova | [koʋa] |
| mole | pehmeä | [pehmeæ] |

| tépido | lämmin | [ʎæmmin] |
| frio | kylmä | [kylmæ] |

| gordo | lihava | [lihaʋa] |
| magro | laiha | [lajha] |

| estreito | kapea | [kapeæ] |
| largo | leveä | [leʋeæ] |

| bom | hyvä | [hyʋæ] |
| mau | huono | [huono] |

| valente | rohkea | [rohkea] |
| cobarde | pelkurimainen | [pelkurimajnen] |

24. Linhas e formas

quadrado (m)	neliö	[neliø]
quadrado	neliömäinen	[neliømæjnen]
círculo (m)	ympyrä	[ympyræ]
redondo	pyöreä	[pyøreæ]
triângulo (m)	kolmio	[kolmio]
triangular	kolmikulmainen	[kolmi kulmajnen]

oval (f)	soikio	[sojkio]
oval	soikea	[sojkea]
retângulo (m)	suorakulmio	[suorakulmio]
retangular	suorakulmainen	[suorakulmajnen]

pirâmide (f)	pyramidi	[pyramidi]
rombo, losango (m)	vinoneliö	[uino neliø]
trapézio (m)	trapetsi	[trapetsi]
cubo (m)	kuutio	[ku:tio]
prisma (m)	prisma	[prisma]

circunferência (f)	ympyrä	[ympyræ]
esfera (f)	pallo	[pallo]
globo (m)	pallo	[pallo]
diâmetro (m)	halkaisija	[halkajsija]
raio (m)	säde	[sæde]
perímetro (m)	ympärysmitta	[ympærys mittæ]
centro (m)	keskus	[keskus]

horizontal	vaakasuora	[ua:ka suora]
vertical	pystysuora	[pysty suora]
paralela (f)	leveyspiiri	[leueyspi:iri]
paralelo	yhdensuuntainen	[yhden su:ntajnen]

linha (f)	viiva	[ui:iua]
traço (m)	viiva	[ui:iua]
reta (f)	suora	[suora]
curva (f)	käyrä	[kæyræ]
fino (linha ~a)	ohut	[ohut]
contorno (m)	ääriviivat	[æ:ri ui:iuat]

interseção (f)	leikkauskohta	[lejkkaus kohta]
ângulo (m) reto	suora kulma	[suora kulma]
segmento (m)	segmentti	[segmentti]
setor (m)	sektori	[sektori]
lado (de um triângulo, etc.)	puoli	[puoli]
ângulo (m)	kulma	[kulma]

25. Unidades de medida

peso (m)	paino	[pajno]
comprimento (m)	pituus	[pitu:s]
largura (f)	leveys	[leueys]
altura (f)	korkeus	[korkeus]

profundidade (f)	syvyys	[syʊy:s]
volume (m)	tilavuus	[tilaʊu:s]
área (f)	pinta-ala	[pinta ala]

grama (m)	gramma	[gramma]
miligrama (m)	milligramma	[milligramma]
quilograma (m)	kilo	[kilo]
tonelada (f)	tonni	[toŋi]
libra (453,6 gramas)	punta	[punta]
onça (f)	unssi	[unssi]

metro (m)	metri	[metri]
milímetro (m)	millimetri	[millimetri]
centímetro (m)	senttimetri	[senttimetri]
quilómetro (m)	kilometri	[kilometri]
milha (f)	peninkulma	[penin kulma]

polegada (f)	tuuma	[tu:ma]
pé (304,74 mm)	jalka	[jalka]
jarda (914,383 mm)	jaardi	[ja:rdi]

| metro (m) quadrado | neliömetri | [neliø metri] |
| hectare (m) | hehtaari | [hehta:ri] |

litro (m)	litra	[litra]
grau (m)	aste	[aste]
volt (m)	voltti	[ʊoltti]
ampere (m)	ampeeri	[ampe:ri]
cavalo-vapor (m)	hevosvoima	[heʊosʊojma]

quantidade (f)	määrä	[mæ:ræ]
um pouco de ...	vähän	[ʊæɦæn]
metade (f)	puoli	[puoli]
dúzia (f)	tusina	[tusina]
peça (f)	kappale	[kappale]

| dimensão (f) | koko | [koko] |
| escala (f) | mittakaava | [mittaka:ʊa] |

mínimo	minimaalinen	[minima:linen]
menor, mais pequeno	pienin	[pienin]
médio	keskimmäinen	[keskimmæjnen]
máximo	maksimaalinen	[maksima:linen]
maior, mais grande	suurin	[su:rin]

26. Recipientes

boião (m) de vidro	lasitölkki	[lasitølkki]
lata (~ de cerveja)	peltitölkki	[peltitølkki]
balde (m)	sanko	[saŋko]
barril (m)	tynnyri	[tyŋyri]

| bacia (~ de plástico) | vati | [ʊati] |
| tanque (m) | säiliö | [sæjliø] |

cantil (m) de bolso	kenttäpullo	[kenttæ pullo]
bidão (m) de gasolina	kanisteri	[kanisteri]
cisterna (f)	säiliö	[sæjliø]

caneca (f)	tuoppi	[tuoppi]
chávena (f)	kuppi	[kuppi]
pires (m)	teevati	[te:ʋati]
copo (m)	lasi	[lasi]
taça (f) de vinho	malja	[malʰja]
panela, caçarola (f)	kattila	[kattila]

garrafa (f)	pullo	[pullo]
gargalo (m)	pullonkaula	[pulloŋkaula]

jarro, garrafa (f)	karahvi	[karahʋi]
jarro (m) de barro	kannu	[kaɲu]
recipiente (m)	astia	[astia]
pote (m)	ruukku	[ru:kku]
vaso (m)	maljakko	[malʰjakko]

frasco (~ de perfume)	pullo	[pullo]
frasquinho (ex. ~ de iodo)	pullonen	[pullonen]
tubo (~ de pasta dentífrica)	tuubi	[tu:bi]

saca (ex. ~ de açúcar)	säkki	[sækki]
saco (~ de plástico)	kassi	[kassi]
maço (m)	paketti	[paketti]

caixa (~ de sapatos, etc.)	laatikko	[la:tikko]
caixa (~ de madeira)	laatikko	[la:tikko]
cesta (f)	kori	[kori]

27. Materiais

material (m)	aine	[ajne]
madeira (f)	puu	[pu:]
de madeira	puinen	[pujnen]

vidro (m)	lasi	[lasi]
de vidro	lasinen	[lasinen]

pedra (f)	kivi	[kiʋi]
de pedra	kivinen	[kiʋinen]

plástico (m)	muovi	[muoʋi]
de plástico	muovinen	[muoʋinen]

borracha (f)	kumi	[kumi]
de borracha	kuminen	[kuminen]

tecido, pano (m)	kangas	[kaŋas]
de tecido	kankaasta	[kaŋka:sta]
papel (m)	paperi	[paperi]
de papel	paperinen	[paperinen]

| cartão (m) | kartonki | [kartoŋki] |
| de cartão | kartonki | [kartoŋki] |

polietileno (m)	polyetyleeni	[polyetyle:ni]
celofane (m)	kelmu	[kelmu]
contraplacado (m)	vaneri	[ʋaneri]

porcelana (f)	posliini	[posli:ini]
de porcelana	posliininen	[posli:ininen]
barro (f)	savi	[saʋi]
de barro	savi-	[saʋi]
cerâmica (f)	keramiikka	[kerami:ikka]
de cerâmica	keraaminen	[kera:minen]

28. Metais

metal (m)	metalli	[metalli]
metálico	metallinen	[metallinen]
liga (f)	seos	[seos]

ouro (m)	kulta	[kulta]
de ouro	kultainen	[kultajnen]
prata (f)	hopea	[hopea]
de prata	hopeinen	[hopejnen]

ferro (m)	rauta	[rauta]
de ferro	rautainen	[rautajnen]
aço (m)	teräs	[teræs]
de aço	teräksinen	[teræksinen]
cobre (m)	kupari	[kupari]
de cobre	kuparinen	[kuparinen]

alumínio (m)	alumiini	[alumi:ini]
de alumínio	alumiini-	[alumi:ini]
bronze (m)	pronssi	[pronssi]
de bronze	pronssinen	[pronssinen]

latão (m)	messinki	[messiŋki]
níquel (m)	nikkeli	[nikkeli]
platina (f)	platina	[platina]
mercúrio (m)	elohopea	[elo hopea]
estanho (m)	tina	[tina]
chumbo (m)	lyijy	[lyiy]
zinco (m)	sinkki	[siŋkki]

O SER HUMANO

O ser humano. O corpo

29. Humanos. Conceitos básicos

ser (m) humano	ihminen	[ihminen]
homem (m)	mies	[mies]
mulher (f)	nainen	[najnen]
criança (f)	lapsi	[lapsi]
menina (f)	tyttö	[tyttø]
menino (m)	poika	[pojka]
adolescente (m)	teini-ikäinen	[tejni ikæjnen]
velho, ancião (m)	vanhus	[ʋanhus]
velha, anciã (f)	eukko	[eukko]

30. Anatomia humana

organismo (m)	elimistö	[elimistø]
coração (m)	sydän	[sydæn]
sangue (m)	veri	[ʋeri]
artéria (f)	valtimo	[ʋaltimo]
veia (f)	laskimo	[laskimo]
cérebro (m)	aivot	[ajʋot]
nervo (m)	hermo	[hermo]
nervos (m pl)	hermot	[hermot]
vértebra (f)	nikama	[nikama]
coluna (f) vertebral	selkäranka	[selkæraŋka]
estômago (m)	mahalaukku	[maha laukku]
intestinos (m pl)	suolisto	[suolisto]
intestino (m)	suoli	[suoli]
fígado (m)	maksa	[maksa]
rim (m)	munuainen	[munuajnen]
osso (m)	luu	[lu:]
esqueleto (m)	luuranko	[lu:raŋko]
costela (f)	kylkiluu	[kylkilu:]
crânio (m)	pääkallo	[pæ:kallo]
músculo (m)	lihas	[lihas]
bíceps (m)	hauislihas	[haujslihas]
tríceps (m)	kolmipäinen olkalihas	[kolmipæjnen olkalihas]
tendão (m)	jänne	[jæŋe]
articulação (f)	nivel	[niʋel]

pulmões (m pl)	keuhkot	[keuhkot]
órgãos (m pl) genitais	sukupuolielimet	[sukupuoli elimet]
pele (f)	iho	[iho]

31. Cabeça

cabeça (f)	pää	[pæ:]
cara (f)	kasvot	[kasvot]
nariz (m)	nenä	[neɲæ]
boca (f)	suu	[su:]

olho (m)	silmä	[silmæ]
olhos (m pl)	silmät	[silmæt]
pupila (f)	silmäterä	[silmæteræ]
sobrancelha (f)	kulmakarva	[kulmakarva]
pestana (f)	ripsi	[ripsi]
pálpebra (f)	silmäluomi	[silmæluomi]

língua (f)	kieli	[kieli]
dente (m)	hammas	[hammas]
lábios (m pl)	huulet	[hu:let]
maçãs (f pl) do rosto	poskipäät	[poski:pæ:t]
gengiva (f)	ien	[ien]
paladar (m)	kitalaki	[kitalaki]

narinas (f pl)	sieraimet	[sierajmet]
queixo (m)	leuka	[leuka]
mandíbula (f)	leukaluu	[leukalu:]
bochecha (f)	poski	[poski]

testa (f)	otsa	[otsa]
têmpora (f)	ohimo	[ohimo]
orelha (f)	korva	[korva]
nuca (f)	niska	[niska]
pescoço (m)	kaula	[kaula]
garganta (f)	kurkku	[kurkku]

cabelos (m pl)	hiukset	[hiukset]
penteado (m)	kampaus	[kampaus]
corte (m) de cabelo	kampaus	[kampaus]
peruca (f)	tekotukka	[teko tukka]

bigode (m)	viikset	[vi:ikset]
barba (f)	parta	[parta]
usar, ter (~ barba, etc.)	hänellä on parta	[hæneʎæ on parta]
trança (f)	letti	[letti]
suíças (f pl)	poskiparta	[poskiparta]

ruivo	punatukkainen	[puna tukkajnen]
grisalho	harmaatukkainen	[harma:tukkajnen]
calvo	kaljupäinen	[kalʰjupæjnen]
calva (f)	kalju	[kalʰju]
rabo-de-cavalo (m)	poninhäntä	[poninɦæntæ]
franja (f)	otsatukka	[otsatukka]

32. Corpo humano

mão (f)	käsi	[kæsi]
braço (m)	käsivarsi	[kæsiuɑrssi]
dedo (m) do pé	varvas	[uɑrvɑs]
polegar (m)	peukalo	[peukɑlo]
dedo (m) mindinho	pikkusormi	[pikkusormi]
unha (f)	kynsi	[kynsi]
punho (m)	nyrkki	[nyrkki]
palma (f) da mão	kämmen	[kæmmen]
pulso (m)	ranne	[rɑŋe]
antebraço (m)	kyynärvarsi	[ky:ɲæruɑrsi]
cotovelo (m)	kyynärpää	[ky:ɲærpæ:]
ombro (m)	hartia	[hɑrtiɑ]
perna (f)	jalka	[jɑlkɑ]
pé (m)	jalkaterä	[jɑlkɑteræ]
joelho (m)	polvi	[polui]
barriga (f) da perna	pohje	[pohʰje]
anca (f)	reisi	[rejsi]
calcanhar (m)	kantapää	[kɑntɑpæ:]
corpo (m)	vartalo	[uɑrtɑlo]
barriga (f)	maha	[mɑhɑ]
peito (m)	rinta	[rintɑ]
seio (m)	povi	[poui]
lado (m)	kylki	[kylki]
costas (f pl)	selkä	[selkæ]
região (f) lombar	ristiselkä	[ristiselkæ]
cintura (f)	vyötärö	[uyøtærø]
umbigo (m)	napa	[nɑpɑ]
nádegas (f pl)	pakarat	[pɑkɑrɑt]
traseiro (m)	takapuoli	[tɑkɑpuoli]
sinal (m)	luomi	[luomi]
tatuagem (f)	tatuointi	[tɑtuojnti]
cicatriz (f)	arpi	[ɑrpi]

Vestuário & Acessórios

33. Roupa exterior. Casacos

roupa (f)	vaatteet	[ʋɑːtteːt]
roupa (f) exterior	päällysvaatteet	[pæːllys ʋɑːtteːt]
roupa (f) de inverno	talvivaatteet	[talʋi ʋɑːtteːt]
sobretudo (m)	takki	[takki]
casaco (m) de peles	turkki	[turkki]
casaco curto (m) de peles	puoliturkki	[puoli turkki]
casaco (m) acolchoado	untuvatakki	[untuʋatakki]
casaco, blusão (m)	takki	[takki]
impermeável (m)	sadetakki	[sadetakki]
impermeável	vedenpitävä	[ʋedenpitæʋæ]

34. Vestuário de homem & mulher

camisa (f)	paita	[pɑjta]
calças (f pl)	housut	[housut]
calças (f pl) de ganga	farkut	[farkut]
casaco (m) de fato	takki	[takki]
fato (m)	puku	[puku]
vestido (ex. ~ vermelho)	leninki	[leniŋki]
saia (f)	hame	[hame]
blusa (f)	pusero	[pusero]
casaco (m) de malha	villapusero	[ʋillapusero]
casaco, blazer (m)	jakku	[jakku]
T-shirt, camiseta (f)	T-paita	[tepɑjta]
calções (Bermudas, etc.)	sortsit	[sortsit]
fato (m) de treino	urheilupuku	[urhejlupuku]
roupão (m) de banho	froteinen aamutakki	[frotejnen ɑːmutakki]
pijama (m)	pyjama	[pyjama]
suéter (m)	villapaita	[ʋillapɑjta]
pulôver (m)	neulepusero	[neule pusero]
colete (m)	liivi	[liːiʋi]
fraque (m)	frakki	[frakki]
smoking (m)	smokki	[smokki]
uniforme (m)	univormu	[uniʋormu]
roupa (f) de trabalho	työvaatteet	[tyøʋɑːtteːt]
fato-macaco (m)	haalari	[hɑːlari]
bata (~ branca, etc.)	lääkärintakki	[læːkærin takki]

35. Vestuário. Roupa interior

roupa (f) interior	alusvaatteet	[alusʋɑ:tte:t]
camisola (f) interior	aluspaita	[aluspɑjtɑ]
peúgas (f pl)	sukat	[sukɑt]
camisa (f) de noite	pyjama	[pyjɑmɑ]
sutiã (m)	rintaliivit	[rintɑli:iuit]
meias longas (f pl)	polvisukat	[polʋisukɑt]
meias-calças (f pl)	sukkahousut	[sukkɑhousut]
meias (f pl)	sukat	[sukɑt]
fato (m) de banho	uimapuku	[ujmɑpuku]

36. Adereços de cabeça

chapéu (m)	hattu	[hɑttu]
chapéu (m) de feltro	fedora-hattu	[fedorɑ hɑttu]
boné (m) de beisebol	lippalakki	[lippɑlɑkki]
boné (m)	lakki	[lɑkki]
boina (f)	baskeri	[bɑskeri]
capuz (m)	huppu	[huppu]
panamá (m)	panama	[pɑnɑmɑ]
gorro (m) de malha	pipo	[pipo]
lenço (m)	huivi	[huiʋi]
chapéu (m) de mulher	hattu	[hɑttu]
capacete (m) de proteção	kypärä	[kypæræ]
bivaque (m)	suikka	[suikkɑ]
capacete (m)	kypärä	[kypæræ]
chapéu-coco (m)	knalli	[knɑlli]
chapéu (m) alto	silinterihattu	[silinteri hɑttu]

37. Calçado

calçado (m)	jalkineet	[jɑlkine:t]
botinas (f pl)	varsikengät	[ʋɑrsikeŋæt]
sapatos (de salto alto, etc.)	kengät	[keŋæt]
botas (f pl)	saappaat	[sɑ:ppɑ:t]
pantufas (f pl)	tossut	[tossut]
ténis (m pl)	lenkkitossut	[leŋkkitossut]
sapatilhas (f pl)	lenkkarit	[leŋkkɑrit]
sandálias (f pl)	sandaalit	[sɑndɑ:lit]
sapateiro (m)	suutari	[su:tɑri]
salto (m)	korko	[korko]
par (m)	pari	[pɑri]
atacador (m)	nauhat	[nɑuhɑt]

apertar os atacadores	sitoa kengännauhat	[sitoɑ keɲæŋɑuhɑt]
calçadeira (f)	kenkälusikka	[keŋkælusikkɑ]
graxa (f) para calçado	kenkävoide	[keŋkæʋojde]

38. Têxtil. Tecidos

algodão (m)	puuvilla	[pu:ʋilɑ]
de algodão	puuvillasta	[pu:ʋillɑstɑ]
linho (m)	pellava	[pellɑʋɑ]
de linho	pellavasta	[pellɑʋɑstɑ]

seda (f)	silkki	[silkki]
de seda	silkkinen	[silkkinen]
lã (f)	villa	[ʋillɑ]
de lã	villainen	[ʋillɑjnen]

veludo (m)	sametti	[sɑmetti]
camurça (f)	säämiskä	[sæ:miskæ]
bombazina (f)	sametti	[sɑmetti]

náilon (m)	nailon	[nɑjlon]
de náilon	nailonista	[nɑjlonistɑ]
poliéster (m)	polyesteri	[polyesteri]
de poliéster	polyesterinen	[polyesterinen]

couro (m)	nahka	[nɑhkɑ]
de couro	nahkainen	[nɑhkɑjnen]
pele (f)	turkis	[turkis]
de peles, de pele	turkis-	[turkis]

39. Acessórios pessoais

luvas (f pl)	käsineet	[kæsine:t]
mitenes (f pl)	lapaset	[lɑpɑset]
cachecol (m)	kaulaliina	[kɑulɑli:inɑ]

óculos (m pl)	silmälasit	[silmælɑsit]
armação (f) de óculos	kehys	[kehys]
guarda-chuva (m)	sateenvarjo	[sɑte:nʋɑrø]
bengala (f)	kävelykeppi	[kæʋelykeppi]
escova (f) para o cabelo	hiusharja	[hiushɑrʲjɑ]
leque (m)	viuhka	[ʋiuhkɑ]

gravata (f)	solmio	[solmio]
gravata-borboleta (f)	rusetti	[rusetti]
suspensórios (m pl)	henkselit	[heŋkselit]
lenço (m)	nenäliina	[neɲæ li:inɑ]

pente (m)	kampa	[kɑmpɑ]
travessão (m)	hiussolki	[hiussolki]
gancho (m) de cabelo	hiusneula	[hiusneulɑ]
fivela (f)	solki	[solki]

| cinto (m) | vyö | [ʋyø] |
| correia (f) | hihna | [hihna] |

mala (f)	laukku	[laukku]
mala (f) de senhora	käsilaukku	[kæsilaukku]
mochila (f)	reppu	[reppu]

40. Vestuário. Diversos

moda (f)	muoti	[muoti]
na moda	muodikas	[muodikas]
estilista (m)	mallisuunnittelija	[malli su:ŋittelija]

colarinho (m), gola (f)	kaulus	[kaulus]
bolso (m)	tasku	[tasku]
de bolso	tasku-	[tasku]
manga (f)	hiha	[hiha]
presilha (f)	silmukka	[silmukka]
braguilha (f)	halkio	[halkio]

fecho (m) de correr	vetoketju	[ʋetoketʲju]
fecho (m), colchete (m)	kiinnitin	[ki:iŋitin]
botão (m)	nappi	[nappi]
casa (f) de botão	napinläpi	[napinʎæpi]
saltar (vi) (botão, etc.)	irtautua	[irtautua]

coser, costurar (vi)	ommella	[ommella]
bordar (vt)	kirjoa	[kirʰøa]
bordado (m)	kirjonta	[kirʰønta]
agulha (f)	neula	[neula]
fio (m)	lanka	[laŋka]
costura (f)	sauma	[sauma]

sujar-se (vr)	tahraantua	[tahra:ntua]
mancha (f)	tahra	[tahra]
engelhar-se (vr)	rypistyä	[rypistyæ]
rasgar (vt)	repiä	[repiæ]
traça (f)	koi	[koj]

41. Cuidados pessoais. Cosméticos

pasta (f) de dentes	hammastahna	[hammas tahna]
escova (f) de dentes	hammasharja	[hammas harʰja]
escovar os dentes	harjata hampaita	[harʰjata hampajta]

máquina (f) de barbear	partaveitsi	[partaʋejtsi]
creme (m) de barbear	partavaahdoke	[partaʋa:hdoke]
barbear-se (vr)	ajaa partansa	[aja: partansa]

sabonete (m)	saippua	[sajppua]
champô (m)	sampoo	[sampo:]
tesoura (f)	sakset	[sakset]

lima (f) de unhas	kynsiviila	[kynsiʋi:ila]
corta-unhas (m)	kynsileikkuri	[kynsilejkkuri]
pinça (f)	pinsetit	[pinsetit]
cosméticos (m pl)	meikki	[mejkki]
máscara (f) facial	naamio	[na:mio]
manicura (f)	kynsienhoito	[kynsienhojto]
fazer a manicura	hoitaa kynsiä	[hojta: kynsiæ]
pedicure (f)	jalkojenhoito	[jalkojenhojto]
mala (f) de maquilhagem	meikkipussi	[mejkkipussi]
pó (m)	puuteri	[pu:teri]
caixa (f) de pó	puuterirasia	[pu:terirasia]
blush (m)	poskipuna	[poskipuna]
perfume (m)	parfyymi	[parfy:mi]
água (f) de toilette	hajuvesi	[hajuʋesi]
loção (f)	kasvovesi	[kasʋoʋesi]
água-de-colónia (f)	kölninvesi	[kølʋinʋesi]
sombra (f) de olhos	luomiväri	[luomiʋæri]
lápis (m) delineador	rajauskynä	[rajauskyɲæ]
máscara (f), rímel (m)	ripsiväri	[ripsiʋæri]
batom (m)	huulipuna	[hu:lipuna]
verniz (m) de unhas	kynsilakka	[kynsilakka]
laca (f) para cabelos	hiuslakka	[hiuslakka]
desodorizante (m)	deodorantti	[deodorantti]
creme (m)	voide	[ʋojde]
creme (m) de rosto	kasvovoide	[kasʋoʋojde]
creme (m) de mãos	käsivoide	[kæsiʋojde]
creme (m) antirrugas	ryppyvoide	[ryppyʋojde]
de dia	päivä-	[pæjʋæ]
da noite	yöllinen	[yøllinen]
tampão (m)	tamponi	[tamponi]
papel (m) higiénico	vessapaperi	[ʋessapaperi]
secador (m) elétrico	hiustenkuivain	[hiusten kujʋajn]

42. Joalheria

joias (f pl)	korut	[korut]
precioso	kallisarvoinen	[kallisarʋojnen]
marca (f) de contraste	tarkastusleimaus	[tarkastus lejmaus]
anel (m)	sormus	[sormus]
aliança (f)	vihkisormus	[ʋihkisormus]
pulseira (f)	rannerengas	[raɲereŋas]
brincos (m pl)	korvarenkaat	[korʋareŋka:t]
colar (m)	kaulakoru	[kaulakoru]
coroa (f)	kruunu	[kru:nu]
colar (m) de contas	helmet	[helmet]

diamante (m)	timantti	[timantti]
esmeralda (f)	smaragdi	[smaragdi]
rubi (m)	rubiini	[rubi:ini]
safira (f)	safiiri	[safi:iri]
pérola (f)	helmet	[helmet]
âmbar (m)	meripihka	[meri pihka]

43. Relógios de pulso. Relógios

relógio (m) de pulso	rannekello	[raŋekello]
mostrador (m)	numerotaulu	[numerotaulu]
ponteiro (m)	osoitin	[osojtin]
bracelete (f) em aço	rannerengas	[raŋereŋas]
bracelete (f) em pele	hihna	[hihna]

pilha (f)	paristo	[paristo]
descarregar-se	olla kulunut loppuun	[olla kulunut loppu:n]
trocar a pilha	vaihtaa paristo	[ʋajhta: paristo]
estar adiantado	edistää	[edistæ:]
estar atrasado	jätättää	[ætættæ:]

relógio (m) de parede	seinäkello	[sejɲækello]
ampulheta (f)	tiimalasi	[ti:imalasi]
relógio (m) de sol	aurinkokello	[auriŋko kello]
despertador (m)	herätyskello	[herætys kello]
relojoeiro (m)	kelloseppä	[kelloseppæ]
reparar (vt)	korjata	[korʰjata]

Alimantaçáo. Nutriçáo

44. Comida

carne (f)	liha	[liha]
galinha (f)	kana	[kana]
frango (m)	kananpoika	[kanan pojka]
pato (m)	ankka	[aŋkka]
ganso (m)	hanhi	[hanhi]
caça (f)	riista	[riːista]
peru (m)	kalkkuna	[kalkkuna]

carne (f) de porco	sianliha	[sian liha]
carne (f) de vitela	vasikanliha	[ʋasikan liha]
carne (f) de carneiro	lampaanliha	[lampaːn liha]
carne (f) de vaca	naudanliha	[naudan liha]
carne (f) de coelho	kaniini	[kaniːini]

chouriço, salsichão (m)	makkara	[makkara]
salsicha (f)	nakki	[nakki]
bacon (m)	pekoni	[pekoni]
fiambre (f)	kinkku	[kiŋkku]
presunto (m)	kinkku	[kiŋkku]

patê (m)	tahna	[tahna]
fígado (m)	maksa	[maksa]
carne (f) moída	jauheliha	[jauheliha]
língua (f)	kieli	[kieli]

ovo (m)	muna	[muna]
ovos (m pl)	munat	[munat]
clara (f) do ovo	valkuainen	[ʋalkuajnen]
gema (f) do ovo	keltuainen	[keltuajnen]

peixe (m)	kala	[kala]
marisco (m)	äyriäiset	[æuriæjset]
caviar (m)	kaviaari	[kaʋiaːri]

caranguejo (m)	kuningasrapu	[kuniŋasrapu]
camarão (m)	katkarapu	[katkarapu]
ostra (f)	osteri	[osteri]
lagosta (f)	langusti	[laŋusti]
polvo (m)	meritursas	[meritursas]
lula (f)	kalmari	[kalmari]

esturjão (m)	sampi	[sampi]
salmão (m)	lohi	[lohi]
halibute (m)	pallas	[pallas]
bacalhau (m)	turska	[turska]
cavala, sarda (f)	makrilli	[makrilli]

| atum (m) | tonnikala | [toɲikala] |
| enguia (f) | ankerias | [aŋkerias] |

truta (f)	lohi	[lohi]
sardinha (f)	sardiini	[sardi:ini]
lúcio (m)	hauki	[hauki]
arenque (m)	silli	[silli]

pão (m)	leipä	[lejpæ]
queijo (m)	juusto	[ju:sto]
açúcar (m)	sokeri	[sokeri]
sal (m)	suola	[suola]

arroz (m)	riisi	[ri:isi]
massas (f pl)	makaronit	[makaronit]
talharim (m)	nuudeli	[nu:deli]

manteiga (f)	voi	[ʋoj]
óleo (m) vegetal	kasviöljy	[kasʋi ølʰy]
óleo (m) de girassol	auringonkukkaöljy	[auriŋon kukka ølʰy]
margarina (f)	margariini	[margari:ini]

| azeitonas (f pl) | oliivit | [oli:iʋit] |
| azeite (m) | oliiviöljy | [oli:iʋi ølʰy] |

leite (m)	maito	[majto]
leite (m) condensado	maitotiiviste	[majto ti:iʋiste]
iogurte (m)	jogurtti	[øgurtti]
nata (f)	hapankerma	[hapan kerma]
nata (f) do leite	kerma	[kerma]

| maionese (f) | majoneesi | [maøne:si] |
| creme (m) | kreemi | [kre:mi] |

grãos (m pl) de cereais	suurimot	[su:rimot]
farinha (f)	jauhot	[jauhot]
enlatados (m pl)	säilykkeet	[sæjlykke:t]

flocos (m pl) de milho	maissimurot	[majssi murot]
mel (m)	hunaja	[hunaja]
doce (m)	hillo	[hillo]
pastilha (f) elástica	purukumi	[purukumi]

45. Bebidas

água (f)	vesi	[ʋesi]
água (f) potável	juomavesi	[juomaʋesi]
água (f) mineral	kivennäisvesi	[kiʋeɲæjs ʋesi]

sem gás	ilman hiilihappoa	[ilman hi:ili happoa]
gaseificada	hiilihappovettä	[hi:ili happoʋetta]
com gás	hiilihappoinen	[hi:ili happojnen]
gelo (m)	jää	[jæ:]
com gelo	jään kanssa	[jæ:n kanssa]

sem álcool	alkoholiton	[alkoholiton]
bebida (f) sem álcool	alkoholiton juoma	[alkoholiton juoma]
refresco (m)	virvoitusjuoma	[virʋojtus juoma]
limonada (f)	limonaati	[limona:ti]

bebidas (f pl) alcoólicas	alkoholijuomat	[alkoholi juomat]
vinho (m)	viini	[ʋi:ini]
vinho (m) branco	valkoviini	[ʋalko ʋi:ini]
vinho (m) tinto	punaviini	[puna ʋi:ini]

licor (m)	likööri	[likø:ri]
champanhe (m)	samppanja	[samppanʰja]
vermute (m)	vermutti	[ʋermutti]

uísque (m)	viski	[ʋiski]
vodka (f)	viina	[ʋi:ina]
gim (m)	gini	[gini]
conhaque (m)	konjakki	[konʰjakki]
rum (m)	rommi	[rommi]

café (m)	kahvi	[kahʋi]
café (m) puro	musta kahvi	[musta kahʋi]
café (m) com leite	maitokahvi	[majto kahʋi]
cappuccino (m)	kahvi kerman kera	[kahʋi kerman kera]
café (m) solúvel	murukahvi	[muru kahʋi]

leite (m)	maito	[majto]
coquetel (m)	cocktail	[koktejl]
batido (m) de leite	pirtelö	[pirtelø]

sumo (m)	mehu	[mehu]
sumo (m) de tomate	tomaattimehu	[toma:tti mehu]
sumo (m) de laranja	appelsiinimehu	[appelsi:ini mehu]
sumo (m) fresco	tuoremehu	[tuore mehu]

cerveja (f)	olut	[olut]
cerveja (f) clara	vaalea olut	[ʋa:lea olut]
cerveja (f) preta	tumma olut	[tumma olut]

chá (m)	tee	[te:]
chá (m) preto	musta tee	[musta te:]
chá (m) verde	vihreä tee	[ʋihreæ te:]

46. Vegetais

| legumes (m pl) | vihannekset | [ʋihaŋekset] |
| verduras (f pl) | kasvikset | [kasʋikset] |

tomate (m)	tomaatti	[toma:tti]
pepino (m)	kurkku	[kurkku]
cenoura (f)	porkkana	[porkkana]
batata (f)	peruna	[peruna]
cebola (f)	sipuli	[sipuli]
alho (m)	valkosipuli	[ʋalko sipuli]

couve (f)	kaali	[kɑːli]
couve-flor (f)	kukkakaali	[kukkɑkɑːli]
couve-de-bruxelas (f)	brysselinkaali	[brysseliŋkɑːli]
brócolos (m pl)	brokkolikaali	[brokkoli kɑːli]

beterraba (f)	punajuuri	[punɑjuːri]
beringela (f)	munakoiso	[munɑkojso]
curgete (f)	kesäkurpitsa	[kesækurpitsɑ]
abóbora (f)	kurpitsa	[kurpitsɑ]
nabo (m)	nauris	[nɑuris]

salsa (f)	persilja	[persilʰæ]
funcho, endro (m)	tilli	[tilli]
alface (f)	salaatti	[sɑlɑːtti]
aipo (m)	selleri	[selleri]
espargo (m)	parsa	[pɑrsɑ]
espinafre (m)	pinaatti	[pinɑːtti]

ervilha (f)	herne	[herne]
fava (f)	pavut	[pɑuut]
milho (m)	maissi	[mɑjssi]
feijão (m)	pavut	[pɑuut]

pimentão (m)	paprika	[pɑprikɑ]
rabanete (m)	retiisi	[retiːisi]
alcachofra (f)	artisokka	[ɑrtisokkɑ]

47. Frutos. Nozes

fruta (f)	hedelmä	[hedelmæ]
maçã (f)	omena	[omenɑ]
pera (f)	päärynä	[pæːryɲæ]
limão (m)	sitruuna	[sitruːnɑ]
laranja (f)	appelsiini	[ɑppelsiːini]
morango (m)	mansikka	[mɑnsikkɑ]

tangerina (f)	mandariini	[mɑndɑriːini]
ameixa (f)	luumu	[luːmu]
pêssego (m)	persikka	[persikkɑ]
damasco (m)	aprikoosi	[ɑprikoːsi]
framboesa (f)	vadelma	[ʋɑdelmɑ]
ananás (m)	ananas	[ɑnɑnɑs]

banana (f)	banaani	[bɑnɑːni]
melancia (f)	vesimeloni	[ʋesi meloni]
uva (f)	viinirypäleet	[ʋiːinirypæleːt]
ginja (f)	hapankirsikka	[hɑpɑn kirsikkɑ]
cereja (f)	linnunkirsikka	[liɲun kirsikkɑ]
meloa (f)	meloni	[meloni]

toranja (f)	greippi	[grejppi]
abacate (m)	avokado	[ɑʋokɑdo]
papaia (f)	papaija	[pɑpɑijɑ]
manga (f)	mango	[mɑŋo]

romã (f)	granaattiomena	[grɑnɑ:tti omenɑ]
groselha (f) vermelha	punaherukka	[punɑherukkɑ]
groselha (f) preta	mustaherukka	[mustɑherukkɑ]
groselha (f) espinhosa	karviaiset	[kɑrʋiɑjset]
mirtilo (m)	mustikka	[mustikkɑ]
amora silvestre (f)	vatukka	[ʋɑtukkɑ]

uvas (f pl) passas	rusinat	[rusinɑt]
figo (m)	viikuna	[ʋi:kunɑ]
tâmara (f)	taateli	[tɑ:teli]

amendoim (m)	maapähkinä	[mɑ:pæhkiɲæ]
amêndoa (f)	manteli	[mɑnteli]
noz (f)	saksanpähkinä	[sɑksɑn pæhkiɲæ]
avelã (f)	hasselpähkinä	[hɑssel pæhkiɲæ]
coco (m)	kookospähkinä	[ko:kos pæhkiɲæ]
pistáchios (m pl)	pistaasi	[pistɑ:si]

48. Páo. Bolaria

pastelaria (f)	makeiset	[mɑkejs et]
pão (m)	leipä	[lejpæ]
bolacha (f)	keksit	[keksit]

chocolate (m)	suklaa	[suklɑ:]
de chocolate	suklaa-	[suklɑ:]
rebuçado (m)	karamelli	[kɑrɑmelli]
bolo (cupcake, etc.)	leivos	[lejʋos]
bolo (m) de aniversário	kakku	[kɑkku]

| tarte (~ de maçã) | piirakka | [pi:irɑkkɑ] |
| recheio (m) | täyte | [tæyte] |

doce (m)	hillo	[hillo]
geleia (f) de frutas	marmeladi	[mɑrmelɑdi]
waffle (m)	vohvelit	[ʋohʋelit]
gelado (m)	jäätelö	[jæ:telø]

49. Pratos cozinhados

prato (m)	ruoka	[ruokɑ]
cozinha (~ portuguesa)	keittiö	[kejttiø]
receita (f)	resepti	[resepti]
porção (f)	annos	[ɑɲos]

| salada (f) | salaatti | [sɑlɑ:tti] |
| sopa (f) | keitto | [kejtto] |

caldo (m)	liemi	[liemi]
sandes (f)	voileipä	[ʋoj lejpæ]
ovos (m pl) estrelados	paistettu muna	[pɑjstettu munɑ]
hambúrguer (m)	hampurilainen	[hɑmpurilɑjnen]

bife (m)	pihvi	[pihʋi]
conduto (m)	lisäke	[lisæke]
espaguete (m)	spagetti	[spagetti]
puré (m) de batata	perunasose	[peruna sose]
pizza (f)	pizza	[pitsa]
papa (f)	puuro	[pu:ro]
omelete (f)	munakas	[munakas]

cozido em água	keitetty	[kejtetty]
fumado	savustettu	[saʋustettu]
frito	paistettu	[pajstettu]
seco	kuivattu	[kujʋattu]
congelado	jäädytetty	[jæ:dytetty]
em conserva	marinoitu	[marinojtu]

doce (açucarado)	makea	[makea]
salgado	suolainen	[suolajnen]
frio	kylmä	[kylmæ]
quente	kuuma	[ku:ma]
amargo	karvas	[karʋas]
gostoso	maukas	[maukas]

cozinhar (em água a ferver)	keittää	[kejttæ:]
fazer, preparar (vt)	laittaa ruokaa	[lajtta: ruoka:]
fritar (vt)	paistaa	[pajsta:]
aquecer (vt)	lämmittää	[ʎæmmittæ:]

salgar (vt)	suolata	[suolata]
apimentar (vt)	pippuroida	[pippurojda]
ralar (vt)	raastaa	[ra:sta:]
casca (f)	kuori	[kuori]
descascar (vt)	kuoria	[kuoria]

50. Especiarias

sal (m)	suola	[suola]
salgado	suolainen	[suolajnen]
salgar (vt)	suolata	[suolata]

pimenta (f) preta	musta pippuri	[musta pippuri]
pimenta (f) vermelha	kuuma pippuri	[ku:ma pippuri]
mostarda (f)	sinappi	[sinappi]
raiz-forte (f)	piparjuuri	[piparⁿju:ri]

condimento (m)	höyste	[høyste]
especiaria (f)	mauste	[mauste]
molho (m)	kastike	[kastike]
vinagre (m)	etikka	[etikka]

anis (m)	anis	[anis]
manjericão (m)	basilika	[basilika]
cravo (m)	neilikka	[nejlikka]
gengibre (m)	inkivääri	[iŋkiʋæ:ri]
coentro (m)	korianteri	[korianteri]

canela (f)	kaneli	[kaneli]
sésamo (m)	seesami	[se:sami]
folhas (f pl) de louro	laakerinlehti	[la:kerin lehti]
páprica (f)	paprika	[paprika]
cominho (m)	kumina	[kumina]
açafrão (m)	sahrami	[sahrami]

51. Refeições

comida (f)	ruoka	[ruoka]
comer (vt)	syödä	[syødæ]

pequeno-almoço (m)	aamiainen	[a:miajnen]
tomar o pequeno-almoço	syödä aamiaista	[syødæ a:miajsta]
almoço (m)	päivällinen	[pæjuællinen]
almoçar (vi)	syödä päivällistä	[syødæ pæjuællistæ]
jantar (m)	illallinen	[illallinen]
jantar (vi)	illastaa	[illasta:]

apetite (m)	ruokahalu	[ruokahalu]
Bom apetite!	Hyvää ruokahalua!	[hyuæ: ruokahalua]

abrir (~ uma lata, etc.)	avata	[auata]
derramar (vt)	kaataa	[ka:ta:]
derramar-se (vr)	kaatua	[ka:tua]
ferver (vi)	kiehua	[kiehua]
ferver (vt)	keittää	[kejttæ:]
fervido	keitetty	[kejtetty]
arrefecer (vt)	jäähdyttää	[jæ:hdyttæ:]
arrefecer-se (vr)	jäähtyä	[jæ:htyæ]

sabor, gosto (m)	maku	[maku]
gostinho (m)	sivumaku	[siuumaku]

fazer dieta	olla dieetillä	[olla die:tiʎæ]
dieta (f)	dieetti	[die:ti]
vitamina (f)	vitamiini	[uitami:ini]
caloria (f)	kalori	[kalori]
vegetariano (m)	kasvissyöjä	[kasuissyøjæ]
vegetariano	kasvis-	[kasuis]

gorduras (f pl)	rasvat	[rasuat]
proteínas (f pl)	valkuaisaineet	[ualku ajsajne:t]
carboidratos (m pl)	hiilihydraatit	[hi:ili hydra:tit]
fatia (~ de limão, etc.)	viipale	[ui:ipale]
pedaço (~ de bolo)	pala	[pala]
migalha (f)	muru	[muru]

52. Por a mesa

colher (f)	lusikka	[lusikka]
faca (f)	veitsi	[uejtsi]

garfo (m)	haarukka	[hɑ:rukkɑ]
chávena (f)	kuppi	[kuppi]
prato (m)	lautanen	[lautanen]
pires (m)	teevati	[te:vɑti]
guardanapo (m)	lautasliina	[lautasli:ina]
palito (m)	hammastikku	[hammas tikku]

53. Restaurante

restaurante (m)	ravintola	[rɑvintola]
café (m)	kahvila	[kɑhvila]
bar (m), cervejaria (f)	baari	[bɑ:ri]
salão (m) de chá	teehuone	[te: huone]

empregado (m) de mesa	tarjoilija	[tarʰøjlija]
empregada (f) de mesa	tarjoilijatar	[tarʰøjlijatar]
barman (m)	baarimestari	[bɑ:rimestari]

ementa (f)	ruokalista	[ruoka lista]
lista (f) de vinhos	viinilista	[vi:ini lista]
reservar uma mesa	varata pöytä	[vɑrata pøytæ]

prato (m)	ruoka	[ruoka]
pedir (vt)	tilata	[tilata]
fazer o pedido	tilata	[tilata]

aperitivo (m)	aperitiivi	[aperiti:ivi]
entrada (f)	alkupalat	[alkupalat]
sobremesa (f)	jälkiruoka	[jælkiruoka]

conta (f)	lasku	[lasku]
pagar a conta	maksaa lasku	[maksa: lasku]
dar o troco	antaa rahasta takaisin	[anta: rahasta takajsin]
gorjeta (f)	juomaraha	[juomaraha]

Família, parentes e amigos

54. Informação pessoal. Formulários

nome (m)	nimi	[nimi]
apelido (m)	sukunimi	[sukunimi]
data (f) de nascimento	syntymäpäivä	[syntymæ pæjʋæ]
local (m) de nascimento	syntymäpaikka	[syntymæ pajkka]
nacionalidade (f)	kansallisuus	[kansallisu:s]
lugar (m) de residência	asuinpaikka	[asujnpajkka]
país (m)	maa	[ma:]
profissão (f)	ammatti	[ammatti]
sexo (m)	sukupuoli	[sukupuoli]
estatura (f)	pituus	[pitu:s]
peso (m)	paino	[pajno]

55. Membros da família. Parentes

mãe (f)	äiti	[æjti]
pai (m)	isä	[isæ]
filho (m)	poika	[pojka]
filha (f)	tytär	[tytær]
filha (f) mais nova	nuorempi tytär	[nuorempi tytær]
filho (m) mais novo	nuorempi poika	[nuorempi pojka]
filha (f) mais velha	vanhempi tytär	[ʋanhempi tytær]
filho (m) mais velho	vanhempi poika	[ʋanhempi pojka]
irmão (m)	veli	[ʋeli]
irmã (f)	sisar	[sisar]
primo (m)	serkku	[serkku]
prima (f)	serkku	[serkku]
mamã (f)	äiti	[æjti]
papá (m)	isä	[isæ]
pais (pl)	vanhemmat	[ʋanhemmat]
criança (f)	lapsi	[lapsi]
crianças (f pl)	lapset	[lapset]
avó (f)	isoäiti	[isoæjti]
avô (m)	isoisä	[isoisæ]
neto (m)	lapsenlapsi	[lapsenlapsi]
neta (f)	lapsenlapsi	[lapsenlapsi]
netos (pl)	lastenlapset	[lasten lapset]
tio (m)	setä	[setæ]
tia (f)	täti	[tæti]

| sobrinho (m) | veljenpoika | [ʋeʌæn pojka] |
| sobrinha (f) | sisarenpoika | [sisaren pojka] |

sogra (f)	anoppi	[anoppi]
sogro (m)	appi	[appi]
genro (m)	vävy	[ʋæʋy]
madrasta (f)	äitipuoli	[æjtipuoli]
padrasto (m)	isäpuoli	[isæpuoli]

criança (f) de colo	rintalapsi	[rintalapsi]
bebé (m)	vauva	[ʋauʋa]
menino (m)	pienokainen	[pienokajnen]

mulher (f)	vaimo	[ʋajmo]
marido (m)	mies	[mies]
esposo (m)	aviomies	[aʋiomies]
esposa (f)	aviovaimo	[aʋioʋajmo]

casado	naimisissa oleva	[najmisissa oleʋa]
casada	naimisissa oleva	[najmisissa oleʋa]
solteiro	naimaton	[najmaton]
solteirão (m)	poikamies	[pojkamies]
divorciado	eronnut	[eronut]
viúva (f)	leski	[leski]
viúvo (m)	leski	[leski]

parente (m)	sukulainen	[sukulajnen]
parente (m) próximo	lähisukulainen	[ʌæhi sukulajnen]
parente (m) distante	kaukainen sukulainen	[kaukajnen sukulajnen]
parentes (m pl)	omanlaiset	[omanlajset]

órfão (m), órfã (f)	orpo	[orpo]
tutor (m)	holhooja	[holho:ja]
adotar (um filho)	ottaa pojaksi	[otta: pojaksi]
adotar (uma filha)	ottaa tyttäreksi	[otta: tyttæreksi]

56. Amigos. Colegas de trabalho

amigo (m)	ystävä	[ystæʋæ]
amiga (f)	ystävätär	[ystæʋætær]
amizade (f)	ystävyys	[ystæʋy:s]
ser amigos	olla ystäviä keskenään	[olla ystæʋiæ keskenæ:n]

amigo (m)	kaveri	[kaʋeri]
amiga (f)	kaveri	[kaʋeri]
parceiro (m)	partneri	[partneri]

chefe (m)	esimies	[esimies]
superior (m)	päällikkö	[pæ:likkø]
subordinado (m)	alainen	[alajnen]
colega (m)	virkatoveri	[ʋirka toʋeri]

| conhecido (m) | tuttava | [tuttaʋa] |
| companheiro (m) de viagem | matkakumppani | [matka kumppani] |

colega (m) de classe	luokkatoveri	[luokka toveri]
vizinho (m)	naapuri	[naːpuri]
vizinha (f)	naapuri	[naːpuri]
vizinhos (pl)	naapurit	[naːpurit]

57. Homem. Mulher

mulher (f)	nainen	[najnen]
rapariga (f)	neiti	[nejti]
noiva (f)	morsian	[morsian]

bonita	kaunis	[kaunis]
alta	pitkä	[pitkæ]
esbelta	solakka	[solakka]
de estatura média	pienikokoinen	[pienikokojnen]

| loura (f) | vaaleaverikkö | [vaːlea verikkø] |
| morena (f) | tummaverikkö | [tumma verikkø] |

de senhora	naisten	[najsten]
virgem (f)	impi	[impi]
grávida	raskaana oleva	[raskaːna oleva]

homem (m)	mies	[mies]
louro (m)	vaaleaverinen mies	[vaːleaverinenmies]
moreno (m)	tummaverinen mies	[tummaverinenmies]
alto	korkea	[korkea]
de estatura média	pienikokoinen	[pienikokojnen]

rude	karkea	[karkea]
atarracado	tanakka	[tanakka]
robusto	vahva	[vahva]
forte	voimakas	[vojmakas]
força (f)	voima	[vojma]

gordo	lihava	[lihava]
moreno	tummaihoinen	[tummaihojnen]
esbelto	solakka	[solakka]
elegante	tyylikäs	[tyːlikæs]

58. Idade

idade (f)	ikä	[ikæ]
juventude (f)	nuoruus	[nuoruːs]
jovem	nuori	[nuori]

| mais novo | nuorempi | [nuorempi] |
| mais velho | vanhempi | [vanhempi] |

jovem (m)	nuorukainen	[nuorukajnen]
adolescente (m)	teini-ikäinen	[tejni ikæjnen]
rapaz (m)	poika	[pojka]

velhote (m)	vanhus	[ʋɑnhus]
velhota (f)	eukko	[eukko]

adulto	aikuinen	[ɑjkujnen]
de meia-idade	keski-ikäinen	[keski ikæjnen]
de certa idade	iäkäs	[jækæs]
idoso	vanha	[ʋɑnhɑ]

reforma (f)	eläke	[eʌæke]
reformar-se (vr)	jäädä eläkkeelle	[jæːdæ eʌække:lle]
reformado (m)	eläkeläinen	[eʌækeʌæjnen]

59. Crianças

criança (f)	lapsi	[lɑpsi]
crianças (f pl)	lapset	[lɑpset]
gémeos (m pl)	kaksoset	[kɑksoset]

berço (m)	kätkyt, kehto	[kætkyt], [kehto]
guizo (m)	helistin	[helistin]
fralda (f)	vaippa	[ʋɑjppɑ]

chupeta (f)	tutti	[tutti]
carrinho (m) de bebé	lastenvaunut	[lɑsten ʋɑunut]
jardim (m) de infância	lastentarha	[lɑsten tɑrhɑ]
babysitter (f)	lastenhoitaja	[lɑsten hojtɑjɑ]

infância (f)	lapsuus	[lɑpsu:s]
boneca (f)	nukke	[nukke]
brinquedo (m)	lelu	[lelu]
jogo (m) de armar	rakennussarja	[rɑkeŋus sɑrʰjɑ]

bem-educado	hyvin kasvatettu	[hyʋin kɑsʋɑtettu]
mal-educado	kasvattamaton	[kɑsʋɑttɑmɑton]
mimado	lellitelty	[lellitelty]

ser travesso	peuhata	[peuhɑtɑ]
travesso, traquinas	vallaton	[ʋɑllɑton]
travessura (f)	vallattomuus	[ʋɑllɑttomu:s]
criança (f) travessa	veitikka	[ʋejtikkɑ]

obediente	kiltti	[kiltti]
desobediente	tottelematon	[tottelemɑton]

dócil	järkevä	[jærkeʋæ]
inteligente	älykäs	[ælykæs]
menino (m) prodígio	ihmelapsi	[ihmelɑpsi]

60. Casais. Vida de família

beijar (vt)	suudella	[su:dellɑ]
beijar-se (vr)	suudella toisiaan	[su:dellɑ tojsiɑ:n]

família (f)	perhe	[perhe]
familiar	perheellinen	[perhe:llinen]
casal (m)	pariskunta	[pariskunta]
matrimónio (m)	avioliitto	[auioli:itto]
lar (m)	kotiliesi	[kotiliesi]
dinastia (f)	hallitsijasuku	[hallitsija suku]
encontro (m)	tapaaminen	[tapa:minen]
beijo (m)	suudelma	[su:delma]
amor (m)	rakkaus	[rakkaus]
amar (vt)	rakastaa	[rakasta:]
amado, querido	rakas	[rakas]
ternura (f)	hellyys	[helly:s]
terno, afetuoso	hellä	[heʎæ]
fidelidade (f)	uskollisuus	[uskollisu:s]
fiel	uskollinen	[uskollinen]
cuidado (m)	huoli	[huoli]
carinhoso	huolehtivainen	[huolehtiuajnen]
recém-casados (m pl)	nuoripari	[nuori pari]
lua de mel (f)	kuherruskuukausi	[kuherrus ku: kausi]
casar-se (com um homem)	mennä naimisiin	[meŋæ na:jmisi:in]
casar-se (com uma mulher)	mennä naimisiin	[meŋæ na:jmisi:in]
boda (f)	häät	[hæ:t]
bodas (f pl) de ouro	kultahäät	[kultahæ:t]
aniversário (m)	vuosipäivä	[uuosipæjuæ]
amante (m)	rakastaja	[rakastaja]
amante (f)	rakastajatar	[rakastajatar]
adultério (m)	petos	[petos]
cometer adultério	pettää	[pettæ:]
ciumento	mustasukkainen	[musta sukkajnen]
ser ciumento	olla mustasukkainen	[olla musta sukkajnen]
divórcio (m)	ero	[ero]
divorciar-se (vr)	erota	[erota]
brigar (discutir)	riidellä	[ri:ideʎæ]
fazer as pazes	tehdä sovinto	[tehdæ souinto]
juntos	yhdessä	[yhdessæ]
sexo (m)	seksi	[seksi]
felicidade (f)	onni	[oŋi]
feliz	onnellinen	[oŋellinen]
infelicidade (f)	onnettomuus	[oŋettomu:s]
infeliz	onneton	[oŋeton]

Caráter. Sentimentos. Emoções

61. Sentimentos. Emoções

sentimento (m)	tunne	[tuŋe]
sentimentos (m pl)	tunteet	[tunte:t]
sentir (vt)	tuntea	[tuntea]

fome (f)	nälkä	[ɲælkæ]
ter fome	olla nälkä	[olla ɲælkæ]
sede (f)	jano	[jano]
ter sede	olla jano	[olla æno]
sonolência (f)	uneliaisuus	[uneliajsu:s]
estar sonolento	haluta nukkua	[haluta nukkua]

cansaço (m)	väsymys	[uæsymys]
cansado	väsynyt	[uæsynyt]
ficar cansado	väsyä	[uæsyæ]

humor (m)	mieli	[mieli]
tédio (m)	ikävä	[ikæuæ]
aborrecer-se (vr)	ikävöidä	[ikæuøjdæ]
isolamento (m)	yksinäisyys	[yksiɲæjsy:s]
isolar-se	eristäytyä	[eristæytyæ]

preocupar (vt)	huolestuttaa	[huolestutta:]
preocupar-se (vr)	olla huolissaan	[olla huolissa:n]
preocupação (f)	levottomuus	[leuottomu:s]
ansiedade (f)	huolestus	[huolestus]
preocupado	huolestunut	[huolestunut]
estar nervoso	hermostua	[hermostua]
entrar em pânico	olla paniikissa	[olla pani:ikissa]

esperança (f)	toivo	[tojuo]
esperar (vt)	toivoa	[tojuoa]

certeza (f)	varmuus	[uarmu:s]
certo	varma	[uarma]
indecisão (f)	epävarmuus	[epæuarmu:s]
indeciso	epävarma	[epæuarma]

ébrio, bêbado	juopunut	[juopunut]
sóbrio	selvä	[seluæ]
fraco	heikko	[hejkko]
feliz	onnellinen	[oɲellinen]
assustar (vt)	pelottaa	[pelotta:]
fúria (f)	raivo	[rajuo]
ira, raiva (f)	raivo	[rajuo]
depressão (f)	masennus	[maseɲus]
desconforto (m)	epämukavuus	[epæmukauu:s]

conforto (m)	mukavuudet	[mukɑuu:det]
arrepender-se (vr)	sääliä	[sæ:liæ]
arrependimento (m)	sääli	[sæ:li]
azar (m), má sorte (f)	huono onni	[huono oŋi]
tristeza (f)	mielipaha	[mieli pɑhɑ]

vergonha (f)	häpeä	[hæpeæ]
alegria (f)	ilo	[ilo]
entusiasmo (m)	into	[into]
entusiasta (m)	intoilija	[intoilijɑ]
mostrar entusiasmo	osoittaa innostus	[osojttɑ: iŋostus]

62. Caráter. Personalidade

caráter (m)	luonne	[luoŋe]
falha (f) de caráter	vajaus	[ʋɑjɑus]
mente (f), razão (f)	järki	[jærki]

consciência (f)	omatunto	[omɑtunto]
hábito (m)	tottumus	[tottumus]
habilidade (f)	kyky	[kyky]
saber (~ nadar, etc.)	osata	[osɑtɑ]

paciente	kärsivällinen	[kærsiʋællinen]
impaciente	kärsimätön	[kærsimætøn]
curioso	utelias	[utelias]
curiosidade (f)	uteliaisuus	[uteliɑjsu:s]

modéstia (f)	vaatimattomuus	[ʋɑ:timɑttomu:s]
modesto	vaatimaton	[ʋɑ:timɑton]
imodesto	epähieno	[epæhieno]

preguiça (f)	laiskuus	[lɑjsku:s]
preguiçoso	laiska	[lɑjskɑ]
preguiçoso (m)	laiskuri	[lɑjskuri]

astúcia (f)	viekkaus	[ʋiekkɑus]
astuto	viekas	[ʋiekɑs]
desconfiança (f)	epäluottamus	[epæluottɑmus]
desconfiado	epäluuloinen	[epælu:lojnen]

generosidade (f)	anteliaisuus	[ɑnteliɑjsu:s]
generoso	antelias	[ɑntelias]
talentoso	lahjakas	[lɑhⁿjɑkɑs]
talento (m)	lahja	[lɑhⁿjɑ]

corajoso	rohkea	[rohkeɑ]
coragem (f)	rohkeus	[rohkeus]
honesto	rehellinen	[rehellinen]
honestidade (f)	rehellisyys	[rehellisy:s]

prudente	varovainen	[ʋɑroʋɑjnen]
valente	uljas	[ulⁿjɑs]
sério	vakava	[ʋɑkɑʋɑ]

severo	ankara	[aŋkara]
decidido	päättävä	[pæ:ttæuæ]
indeciso	epävarma	[epæuarma]
tímido	arka	[arka]
timidez (f)	arkuus	[arku:s]

confiança (f)	luottamus	[luottamus]
confiar (vt)	uskoa	[uskoa]
crédulo	luottavainen	[luottauajnen]

sinceramente	vilpittömästi	[uilpittømæsti]
sincero	vilpitön	[uilpitøn]
sinceridade (f)	vilpittömyys	[uilpittømy:s]
aberto	avoin	[auojn]

calmo	rauhallinen	[rauhallinen]
franco	avomielinen	[auomielinen]
ingénuo	lapsellinen	[lapsellinen]
distraído	hajamielinen	[hajamielinen]
engraçado	hauska	[hauska]

ganância (f)	ahneus	[ahneus]
ganancioso	ahne	[ahne]
avarento	kitsas	[kitsas]
mau	vihainen	[uihajnen]
teimoso	itsepäinen	[itsepæjnen]
desagradável	epämiellyttävä	[epæmiellyttæuæ]

egoísta (m)	egoisti	[egoisti]
egoísta	egoistinen	[egoistinen]
cobarde (m)	pelkuri	[pelkuri]
cobarde	pelkurimainen	[pelkurimajnen]

63. O sono. Sonhos

dormir (vi)	nukkua	[nukkua]
sono (m)	uni	[uni]
sonho (m)	uni	[uni]
sonhar (vi)	nähdä unta	[næhdæ unta]
sonolento	uninen	[uninen]

cama (f)	sänky	[sæŋky]
colchão (m)	patja	[patʲja]
cobertor (m)	vuodepeite	[uuodepejte]
almofada (f)	tyyny	[ty:ny]
lençol (m)	lakana	[lakana]

insónia (f)	unettomuus	[unettomu:s]
insone	uneton	[uneton]
sonífero (m)	unilääke	[unilæ:ke]
tomar um sonífero	ottaa unilääke	[otta: unilæ:ke]

| estar sonolento | haluta nukkua | [haluta nukkua] |
| bocejar (vi) | haukotella | [haukotella] |

ir para a cama	mennä nukkumaan	[meŋæ nukkuma:n]
fazer a cama	sijata	[sijata]
adormecer (vi)	nukahtaa	[nukahta:]

pesadelo (m)	painajainen	[pajnajæjnen]
ronco (m)	kuorsaus	[kuorsaus]
roncar (vi)	kuorsata	[kuorsata]

despertador (m)	herätyskello	[herætys kello]
acordar, despertar (vt)	herättää	[herættæ:]
acordar (vi)	herätä	[herætæ]
levantar-se (vr)	nousta	[nousta]
lavar-se (vr)	peseytyä	[peseytyæ]

64. Humor. Riso. Alegria

humor (m)	huumori	[hu:mori]
sentido (m) de humor	tunne	[tuŋe]
divertir-se (vr)	pitää hauskaa	[pitæ: hauska:]
alegre	iloinen	[ilojnen]
alegria (f)	ilo	[ilo]

sorriso (m)	hymy	[hymy]
sorrir (vi)	hymyillä	[hymyjʎæ]
começar a rir	alkaa nauraa	[alka: naura:]
rir (vi)	nauraa	[naura:]
riso (m)	nauru	[nauru]

anedota (f)	vitsi	[ʋitsi]
engraçado	hauska	[hauska]
ridículo	lystikäs	[lystikæs]

brincar, fazer piadas	laskea leikkiä	[laskea lejkkiæ]
piada (f)	leikinlasku	[lejkinlasku]
alegria (f)	ilo	[ilo]
regozijar-se (vr)	iloita	[ilojta]
alegre	iloinen	[ilojnen]

65. Discussão, conversação. Parte 1

| comunicação (f) | viestintä | [ʋiestintæ] |
| comunicar-se (vr) | kommunikoida | [kommunikojda] |

conversa (f)	puhelu	[puhelu]
diálogo (m)	vuoropuhelu	[ʋuoropuhelu]
discussão (f)	keskustelu	[keskustelu]
debate (m)	väittely	[ʋæjttely]
debater (vt)	riidellä	[ri:deʎæ]

interlocutor (m)	keskustelija	[keskustelija]
tema (m)	teema	[te:ma]
ponto (m) de vista	näkökanta	[ɲækøkanta]

| opinião (f) | mieli | [mieli] |
| discurso (m) | puhe | [puhe] |

discussão (f)	käsittely	[kæsittely]
discutir (vt)	käsitellä	[kæsiteʌæ]
conversa (f)	keskustelu	[keskustelu]
conversar (vi)	keskustella	[keskustella]
encontro (m)	tapaaminen	[tapa:minen]
encontrar-se (vr)	tavata	[tauata]

provérbio (m)	sananlasku	[sanan lasku]
ditado (m)	sananparsi	[sanan parsi]
adivinha (f)	arvoitus	[aruojtus]
dizer uma adivinha	asettaa arvoitus	[asetta: aruojtus]
senha (f)	tunnussana	[tuɲussana]
segredo (m)	salaisuus	[salajsu:s]

juramento (m)	vala	[uala]
jurar (vi)	vannoa	[uaɲoa]
promessa (f)	lupaus	[lupaus]
prometer (vt)	luvata	[luuata]

conselho (m)	neuvo	[neuuo]
aconselhar (vt)	neuvoa	[neuuoa]
escutar (~ os conselhos)	totella	[totella]

novidade, notícia (f)	uutinen	[u:tinen]
sensação (f)	sensaatio	[sensa:tio]
informação (f)	tiedot	[tædot]
conclusão (f)	johtopäätös	[øhtopæ:tøs]
voz (f)	ääni	[æ:ni]
elogio (m)	kohteliaisuus	[kohteliajsu:s]
amável	ystävällinen	[ystæuællinen]

palavra (f)	sana	[sana]
frase (f)	lause	[lause]
resposta (f)	vastaus	[uastaus]

| verdade (f) | tosi | [tosi] |
| mentira (f) | vale | [uale] |

pensamento (m)	ajatus	[ajatus]
ideia (f)	idea	[idea]
fantasia (f)	mielikuvitus	[mielikuuitus]

66. Discussão, conversação. Parte 2

estimado	kunnioitettava	[kuɲiojtettaua]
respeitar (vt)	kunnioittaa	[kuɲiojtta:]
respeito (m)	kunnioitus	[kuɲiojtus]
Estimado ..., Caro ...	Arvoisa ...	[aruojsa]

| apresentar (vt) | tutustuttaa | [tutustutta:] |
| intenção (f) | aikomus | [ajkomus] |

tencionar (vt)	aikoa	[ajkoa]
desejo (m)	toivomus	[tojʋomus]
desejar (ex. ~ boa sorte)	toivottaa	[tojʋotta:]

surpresa (f)	ihmettely	[ihmettely]
surpreender (vt)	ihmetyttää	[ihmetyttæ:]
surpreender-se (vr)	ihmetellä	[ihmeteʎæ]

dar (vt)	antaa	[anta:]
pegar (tomar)	ottaa	[otta:]
devolver (vt)	palauttaa	[palautta:]
dar de volta	palauttaa	[palautta:]

desculpar-se (vr)	pyytää anteeksi	[py:tæ: ante:ksi]
desculpa (f)	anteeksipyyntö	[ante:ksi py:ntø]
perdoar (vt)	antaa anteeksi	[anta: ante:ksi]

falar (vi)	puhua	[puhua]
escutar (vt)	kuunnella	[ku:ŋella]
ouvir até o fim	kuunnella loppuun	[ku:ŋella loppu:n]
compreender (vt)	ymmärtää	[ymmærtæ:]

mostrar (vt)	näyttää	[ɲæyttæ:]
olhar para ...	katsoa	[katsoa]
chamar (dizer em voz alta o nome)	kutsua	[kutsua]
perturbar (vt)	häiritä	[hæjritæ]
entregar (~ em mãos)	antaa	[anta:]

pedido (m)	pyyntö	[py:ntø]
pedir (ex. ~ ajuda)	pyytää	[py:tæ:]
exigência (f)	vaatimus	[ʋa:timus]
exigir (vt)	vaatia	[ʋa:tia]

chamar nomes (vt)	härnätä	[hærɲætæ]
zombar (vt)	pilkata	[pilkata]
zombaria (f)	pilkka	[pilkka]
alcunha (f)	liikanimi	[li:ikanimi]

insinuação (f)	vihjaus	[ʋihʰjaus]
insinuar (vt)	vihjata	[ʋihʰjata]
subentender (vt)	tarkoittaa	[tarkojtta:]

descrição (f)	kuvaus	[kuʋaus]
descrever (vt)	kuvata	[kuʋata]
elogio (m)	kehu	[kehu]
elogiar (vt)	kehua	[kehua]

desapontamento (m)	pettymys	[pettymys]
desapontar (vt)	aiheuttaa petyttää	[ajheutta: petyttæ:]
desapontar-se (vr)	pettyä	[pettyæ]

suposição (f)	oletus	[oletus]
supor (vt)	olettaa	[oletta:]
advertência (f)	varoitus	[ʋarojtus]
advertir (vt)	varoittaa	[ʋarojtta:]

63

67. Discussão, conversação. Parte 3

convencer (vt)	suostuttaa	[suostutta:]
acalmar (vt)	rauhoittaa	[rauhojtta:]

silêncio (o ~ é de ouro)	vaitiolo	[ʋajtiolo]
ficar em silêncio	olla vaiti	[olla ʋajti]
sussurrar (vt)	kuiskata	[kujskata]
sussurro (m)	kuiske	[kujske]

francamente	avomielisesti	[aʋomielisesti]
a meu ver ...	minusta	[minusta]

detalhe (~ da história)	yksityiskohta	[yksityjs kohta]
detalhado	yksityiskohtainen	[yksityjs kohtajnen]
detalhadamente	yksityiskohtaisesti	[yksityjs kohtajsesti]

dica (f)	vihje	[ʋihʰe]
dar uma dica	vihjata	[ʋihʰjata]

olhar (m)	katse	[katse]
dar uma vista de olhos	katsahtaa	[katsahta:]
fixo (olhar ~)	liikkumaton katse	[li:ikkumaton katse]
piscar (vi)	räpyttää	[ræpyttæ:]
pestanejar (vt)	iskeä silmää	[iskeæ silmæ:]
acenar (com a cabeça)	nyökätä	[nyøkætæ]

suspiro (m)	huokaus	[huokaus]
suspirar (vi)	huokaista	[huokajsta]
estremecer (vi)	vavahdella	[ʋaʋahdella]
gesto (m)	ele	[ele]
tocar (com as mãos)	koskea	[koskea]
agarrar (algm pelo braço)	tarttua	[tarttua]
bater de leve	taputtaa	[taputta:]

Cuidado!	Varo!	[ʋaro]
A sério?	Ihanko totta?	[ihaŋko totta]
Tens a certeza?	Oletko varma?	[oletko ʋarma]
Boa sorte!	Toivotan onnea!	[tojʋotan oŋea]
Compreendi!	Selvä!	[selʋæ]
Que pena!	Onpa ikävä!	[onpa ikæʋæ]

68. Acordo. Recusa

consentimento (~ mútuo)	suostumus	[suostumus]
consentir (vi)	suostua	[suostua]
aprovação (f)	hyväksyminen	[hyʋæksyminen]
aprovar (vt)	hyväksyä	[hyʋæksyæ]
recusa (f)	kielto	[kielto]
negar-se (vt)	kieltäytyä	[kæltæytyæ]

Está ótimo!	Loistava!	[lojstaʋa]
Muito bem!	Hyvä!	[hyʋæ]

Está bem! De acordo!	Hyvä on!	[hyʋæ on]
proibido	kielletty	[kielletty]
é proibido	on kielletty	[on kielletty]
é impossível	mahdottoman	[mɑhdottomɑn]
incorreto	virheellinen	[ʋirhe:llinen]

rejeitar (~ um pedido)	evätä	[eʋætæ]
apoiar (vt)	kannattaa	[kɑɲɑttɑ:]
aceitar (desculpas, etc.)	hyväksyä	[hyʋæksyæ]

confirmar (vt)	vahvistaa	[ʋɑhʋistɑ:]
confirmação (f)	vahvistus	[ʋɑhʋistus]
permissão (f)	lupa	[lupɑ]
permitir (vt)	antaa lupa	[ɑntɑ: lupɑ]
decisão (f)	ratkaisu	[rɑtkɑjsu]
não dizer nada	olla vaiti	[ollɑ ʋɑjti]

condição (com uma ~)	ehto	[ehto]
pretexto (m)	tekosyy	[tekosy:]
elogio (m)	kehu	[kehu]
elogiar (vt)	kehua	[kehuɑ]

69. Sucesso. Boa sorte. Insucesso

êxito, sucesso (m)	menestys	[menestys]
com êxito	menestyksekkäästi	[menestyksekkæ:sti]
bem sucedido	menestyksellinen	[menestyksellinen]
sorte (fortuna)	menestys	[menestys]
Boa sorte!	Onnea!	[oɲeɑ]
de sorte	onnistunut	[oɲistunut]
sortudo, felizardo	onnellinen	[oɲellinen]

fracasso (m)	romahdus	[romɑhdus]
pouca sorte (f)	epäonni	[epæoɲi]
azar (m), má sorte (f)	huono onni	[huono oɲi]
mal sucedido	epäonnistunut	[epæoɲistunut]
catástrofe (f)	onnettomuus	[oɲettomu:s]

orgulho (m)	ylpeys	[ylpeys]
orgulhoso	ylpeä	[ylpeæ]
estar orgulhoso	ylpeillä	[ylpejʎæ]
vencedor (m)	voittaja	[ʋojttɑjɑ]
vencer (vi)	voittaa	[ʋojttɑ:]
perder (vt)	hävitä	[hæʋitæ]
tentativa (f)	yritys	[yritys]
tentar (vt)	yrittää	[yrittæ:]
chance (m)	mahdollisuus	[mɑhdollisu:s]

70. Conflitos. Emoções negativas

grito (m)	huuto	[hu:to]
gritar (vi)	huutaa	[hu:tɑ:]

começar a gritar	alkaa huutaa	[ɑlkɑ: hu:tɑ:]
discussão (f)	riita	[ri:itɑ]
discutir (vt)	riidellä	[ri:ideʌæ]
escândalo (m)	skandaali	[skɑndɑ:li]
criar escândalo	riidellä	[ri:ideʌæ]
conflito (m)	konflikti	[konflikti]
mal-entendido (m)	väärinkäsitys	[ʋæ:rin kæsitys]

insulto (m)	loukkaus	[loukkɑus]
insultar (vt)	loukata	[loukɑtɑ]
insultado	loukkaantunut	[loukkɑ:ntunut]
ofensa (f)	loukkaus	[loukkɑus]
ofender (vt)	loukata	[loukɑtɑ]
ofender-se (vr)	pahastua	[pɑhɑstuɑ]

indignação (f)	suuttumus	[su:ttumus]
indignar-se (vr)	olla suutuksissa	[ollɑ su:tuksissɑ]
queixa (f)	valitus	[ʋɑlitus]
queixar-se (vr)	valittaa	[ʋɑlittɑ:]

desculpa (f)	anteeksipyyntö	[ɑnte:ksi py:ntø]
desculpar-se (vr)	pyytää anteeksi	[py:tæ: ɑnte:ksi]
pedir perdão	puolustella	[puolustellɑ]

crítica (f)	arvostelu	[ɑrʋostelu]
criticar (vt)	arvostella	[ɑrʋostellɑ]
acusação (f)	syyte	[sy:te]
acusar (vt)	syyttää	[sy:ttæ:]

vingança (f)	kosto	[kosto]
vingar (vt)	kostaa	[kostɑ:]
pagar de volta	antaa takaisin	[ɑntɑ: tɑkɑjsin]

desprezo (m)	halveksinta	[hɑlʋeksintɑ]
desprezar (vt)	halveksia	[hɑlʋeksiɑ]
ódio (m)	viha	[ʋihɑ]
odiar (vt)	vihata	[ʋihɑtɑ]

nervoso	hermostunut	[hermostunut]
estar nervoso	hermostua	[hermostuɑ]
zangado	vihainen	[ʋihɑjnen]
zangar (vt)	suututtaa	[su:tuttɑ:]

humilhação (f)	alentaminen	[ɑlentɑminen]
humilhar (vt)	alentaa	[ɑlentɑ:]
humilhar-se (vr)	alentua	[ɑlentuɑ]

| choque (m) | sokki | [sokki] |
| chocar (vt) | sokeerata | [soke:rɑtɑ] |

| aborrecimento (m) | ikävyys | [ikæʋy:s] |
| desagradável | epämiellyttävä | [epæmiellyttæʋæ] |

medo (m)	pelko	[pelko]
terrível (tempestade, etc.)	hirveä	[hirʋeæ]
assustador (ex. história ~a)	kauhea	[kɑuheæ]

| horror (m) | kauhu | [kɑuhu] |
| horrível (crime, etc.) | karmea | [kɑrmeɑ] |

chorar (vi)	itkeä	[itkeæ]
começar a chorar	ruveta itkemään	[ruʋetɑ itkemæ:n]
lágrima (f)	kyynel	[ky:nel]

falta (f)	syy	[sy:]
culpa (f)	syyllisyys	[sy:llisy:s]
desonra (f)	häpeä	[hæpeæ]
protesto (m)	vastalause	[ʋɑstɑlɑuse]
stress (m)	stressi	[stressi]

perturbar (vt)	häiritä	[hæjritæ]
zangar-se com ...	vihastua	[ʋihɑstuɑ]
zangado	vihainen	[ʋihɑjnen]
terminar (vt)	lopettaa	[lopettɑ:]
praguejar	kiroilla	[kirojllɑ]

assustar-se	pelästyä	[peʎæstyæ]
golpear (vt)	iskeä	[iskeæ]
brigar (na rua, etc.)	tapella	[tɑpellɑ]

resolver (o conflito)	sovitella	[soʋitellɑ]
descontente	tyytymätön	[ty:tymætøn]
furioso	tuima	[tujmɑ]

| Não está bem! | Se ei ole hyvä! | [se ej ole hyʋæ] |
| É mau! | Se on huono! | [se on huono] |

Medicina

71. Doenças

doença (f)	sairaus	[sɑjrɑus]
estar doente	sairastaa	[sɑjrɑstɑ:]
saúde (f)	terveys	[terʋeys]
nariz (m) a escorrer	nuha	[nuhɑ]
amigdalite (f)	angiina	[ɑɲi:inɑ]
constipação (f)	vilustus	[ʋilustus]
constipar-se (vr)	vilustua	[ʋilustuɑ]
bronquite (f)	keuhkokatarri	[keuhko kɑtɑrri]
pneumonia (f)	keuhkotulehdus	[keuhko tulehdus]
gripe (f)	influenssa	[influenssɑ]
míope	likinäköinen	[likiɲækøjnen]
presbita	pitkänäköinen	[pitkæɲækøjnen]
estrabismo (m)	kierosilmäisyys	[kiero silmæjsy:s]
estrábico	kiero	[kiero]
catarata (f)	harmaakaihi	[hɑrmɑ:kɑjhi]
glaucoma (m)	silmänpainetauti	[silmæn pɑjne tɑuti]
AVC (m), apoplexia (f)	insultti	[insultti]
ataque (m) cardíaco	infarkti	[infɑrkti]
enfarte (m) do miocárdio	sydäninfarkti	[sydæn infɑrkti]
paralisia (f)	halvaus	[hɑlʋɑus]
paralisar (vt)	halvauttaa	[hɑlʋɑuttɑ:]
alergia (f)	allergia	[ɑllergi:ɑ]
asma (f)	astma	[ɑstmɑ]
diabetes (f)	sokeritauti	[sokeritɑuti]
dor (f) de dentes	hammassärky	[hɑmmɑs særky]
cárie (f)	hammasmätä	[hɑmmɑs mætæ]
diarreia (f)	ripuli	[ripuli]
prisão (f) de ventre	ummetus	[ummetus]
desarranjo (m) intestinal	vatsavaiva	[ʋɑtsɑʋɑjʋɑ]
intoxicação (f) alimentar	myrkytys	[myrkytys]
intoxicar-se	saada myrkytys	[sɑ:dɑ myrkytys]
artrite (f)	niveltulehdus	[niʋeltulehdus]
raquitismo (m)	riisitauti	[ri:isitɑti]
reumatismo (m)	reuma	[reumɑ]
arteriosclerose (f)	aeroskleroosi	[ɑterosklero:si]
gastrite (f)	mahakatarri	[mɑhɑkɑtɑrri]
apendicite (f)	umpilisäketulehdus	[umpilisæke tulehdus]

colecistite (f)	sappirakon tulehdus	[sappirakon tulehdus]
úlcera (f)	haava	[haːʋa]
sarampo (m)	tuhkarokko	[tuhkarokko]
rubéola (f)	vihurirokko	[ʋihurirokko]
iterícia (f)	keltatauti	[keltatauti]
hepatite (f)	hepatiitti	[hepatiːitti]
esquizofrenia (f)	jakomielisyys	[jakomielisyːs]
raiva (f)	raivotauti	[rajʋotauti]
neurose (f)	neuroosi	[neuroːsi]
comoção (f) cerebral	aivotärähdys	[ajʋotæræhdys]
cancro (m)	syöpä	[syøpæ]
esclerose (f)	skleroosi	[skleroːsi]
esclerose (f) múltipla	hajaskleroosi	[hajaskleroːsi]
alcoolismo (m)	alkoholismi	[alkoholismi]
alcoólico (m)	alkoholisti	[alkoholisti]
sífilis (f)	kuppa	[kuppa]
SIDA (f)	AIDS	[ajds]
tumor (m)	kasvain	[kasʋajn]
maligno	pahanlaatuinen	[pahan laːjtunen]
benigno	hyvänlaatuinen	[hyʋænlaːtunen]
febre (f)	kuume	[kuːme]
malária (f)	malaria	[malaria]
gangrena (f)	kuolio	[kuolio]
enjoo (m)	merisairaus	[merisajraus]
epilepsia (f)	epilepsia	[epilepsia]
epidemia (f)	epidemia	[epidemia]
tifo (m)	lavantauti	[laʋantauti]
tuberculose (f)	tuberkuloosi	[tuberkuloːsi]
cólera (f)	kolera	[kolera]
peste (f)	rutto	[rutto]

72. Simtomas. Tratamentos. Parte 1

sintoma (m)	oire	[ojre]
temperatura (f)	kuume	[kuːme]
febre (f)	korkea kuume	[korkea kuːme]
pulso (m)	syke	[syke]
vertigem (f)	pyörrytys	[pyørrytys]
quente (testa, etc.)	kuuma	[kuːma]
calafrio (m)	vilunväristys	[ʋilun ʋæristys]
pálido	kalpea	[kalpea]
tosse (f)	yskä	[yskæ]
tossir (vi)	yskiä	[yskiæ]
espirrar (vi)	aivastella	[ajʋastella]
desmaio (m)	pyörtyminen	[pyørtyminen]

desmaiar (vi)	pyörtyä	[pyørtyæ]
nódoa (f) negra	mustelma	[mustelma]
galo (m)	kuhmu	[kuhmu]
magoar-se (vr)	törmätä	[tørmætæ]
pisadura (f)	vamma	[ʋamma]
aleijar-se (vr)	loukkaantua	[loukkaːntua]

coxear (vi)	ontua	[ontua]
deslocação (f)	niukahdus	[niukahdus]
deslocar (vt)	niukahtaa	[niukahtaː]
fratura (f)	murtuma	[murtuma]
fraturar (vt)	saada murtuma	[saːda murtuma]

corte (m)	leikkaushaava	[lejkkaus haːʋa]
cortar-se (vr)	saada haava leikkaamalla	[saːda haːʋa lejkkaːmalla]
hemorragia (f)	verenvuoto	[ʋerenʋuoto]

queimadura (f)	palohaava	[palohaːʋa]
queimar-se (vr)	polttaa itse	[poltta: itse]

picar (vt)	pistää	[pistæː]
picar-se (vr)	pistää itseä	[pistæː itseæ]
lesionar (vt)	vahingoittaa	[ʋahiŋojttaː]
lesão (m)	vaurio	[ʋaurio]
ferida (f), ferimento (m)	haava	[haːʋa]
trauma (m)	vamma	[ʋamma]

delirar (vi)	hourailla	[hourajlla]
gaguejar (vi)	änkyttää	[æŋkyttæː]
insolação (f)	auringonpistos	[auriŋon pistos]

73. Simtomas. Tratamentos. Parte 2

dor (f)	kipu	[kipu]
farpa (no dedo)	tikku	[tikku]

suor (m)	hiki	[hiki]
suar (vi)	hikoilla	[hikojlla]
vómito (m)	oksennus	[okseŋus]
convulsôes (f pl)	kouristukset	[kouristukset]

grávida	raskaana oleva	[raskaːna oleʋa]
nascer (vi)	syntyä	[syntyæ]
parto (m)	synnytys	[syŋytys]
dar â luz	synnyttää	[syŋyttæː]
aborto (m)	raskaudenkeskeytys	[raskauden keskeytys]

respiração (f)	hengitys	[heŋitys]
inspiração (f)	sisäänhengitys	[sisæːn heŋitys]
expiração (f)	uloshengitys	[ulosheŋitys]
expirar (vi)	hengittää ulos	[heŋittæː ulos]
inspirar (vi)	vetää henkeä	[ʋetæː heŋkeæ]
inválido (m)	invalidi	[inʋalidi]
aleijado (m)	raajarikko	[raːjarikko]

toxicodependente (m)	narkomaani	[nɑrkomɑ:ni]
surdo	kuuro	[ku:ro]
mudo	mykkä	[mykkæ]
surdo-mudo	kuuromykkä	[ku:ro mykkæ]

louco (adj.)	mielenvikainen	[mielen ʋikɑjnen]
louco (m)	hullu	[hullu]
louca (f)	hullu	[hullu]
ficar louco	tulla hulluksi	[tullɑ hulluksi]

gene (m)	geeni	[ge:ni]
imunidade (f)	immuniteetti	[immunite:tti]
hereditário	perintö-	[perintø]
congénito	synnynnäinen	[syŋyŋæjnen]

vírus (m)	virus	[ʋirus]
micróbio (m)	mikrobi	[mikrobi]
bactéria (f)	bakteeri	[bɑkte:ri]
infeção (f)	tartunta	[tɑrtuntɑ]

74. Simtomas. Tratamentos. Parte 3

| hospital (m) | sairaala | [sɑjrɑ:lɑ] |
| paciente (m) | potilas | [potilɑs] |

diagnóstico (m)	diagnoosi	[diɑgno:si]
cura (f)	lääkintä	[læ:kintæ]
tratamento (m) médico	hoito	[hojto]
curar-se (vr)	saada hoitoa	[sɑ:dɑ hojtoɑ]
tratar (vt)	hoitaa	[hojtɑ:]
cuidar (pessoa)	hoitaa	[hojtɑ:]
cuidados (m pl)	hoito	[hojto]

operação (f)	leikkaus	[lejkkɑus]
enfaixar (vt)	sitoa	[sitoɑ]
ligadura (f)	sidonta	[sidontɑ]

vacinação (f)	rokotus	[rokotus]
vacinar (vt)	rokottaa	[rokottɑ:]
injeção (f)	pisto	[pisto]
dar uma injeção	tehdä pisto	[tehdæ pisto]

ataque (~ de asma, etc.)	kohtaus	[kohtɑus]
amputação (f)	amputaatio	[ɑmputɑ:tio]
amputar (vt)	amputoida	[ɑmputojdɑ]
coma (f)	kooma	[ko:mɑ]
estar em coma	olla koomassa	[ollɑ ko:mɑssɑ]
reanimação (f)	hoitokoti	[hojtokoti]

recuperar-se (vr)	parantua	[pɑrɑntuɑ]
estado (~ de saúde)	terveydentila	[terʋeyden tilɑ]
consciência (f)	tajunta	[tɑjuntɑ]
memória (f)	muisti	[mujsti]
tirar (vt)	poistaa	[pojstɑ:]

chumbo (m), obturação (f)	**täyte**	[tæyte]
chumbar, obturar (vt)	**paikata**	[pajkata]

hipnose (f)	**hypnoosi**	[hypno:si]
hipnotizar (vt)	**hypnotisoida**	[hypnotisojda]

75. Médicos

médico (m)	**lääkäri**	[læ:kæri]
enfermeira (f)	**sairaanhoitaja**	[sajra:n hojtaja]
médico (m) pessoal	**omalääkäri**	[oma læ:kæri]

dentista (m)	**hammaslääkäri**	[hammas læ:kæri]
oculista (m)	**silmälääkäri**	[silmæ læ:kæri]
terapeuta (m)	**sisätautilääkäri**	[sisætauti læ:kæri]
cirurgião (m)	**kirurgi**	[kirurgi]

psiquiatra (m)	**psykiatri**	[psykiatri]
pediatra (m)	**lastenlääkäri**	[lasten læ:kæri]
psicólogo (m)	**psykologi**	[psykologi]
ginecologista (m)	**naistentautilääkäri**	[najstentauti læ:kæri]
cardiologista (m)	**kardiologi**	[kardiologi]

76. Medicina. Drogas. Acessórios

medicamento (m)	**lääke**	[læ:ke]
remédio (m)	**lääke**	[læ:ke]
receita (f)	**resepti**	[resepti]

comprimido (m)	**tabletti**	[tabletti]
pomada (f)	**voide**	[ʋojde]
ampola (f)	**ampulli**	[ampulli]
preparado (m)	**mikstuura**	[mikstu:ra]
xarope (m)	**siirappi**	[si:irappi]
cápsula (f)	**pilleri**	[pilleri]
remédio (m) em pó	**jauhe**	[jauhe]

ligadura (f)	**side**	[side]
algodão (m)	**vanu**	[ʋanu]
iodo (m)	**jodi**	[ødi]

penso (m) rápido	**laastari**	[la:stari]
conta-gotas (f)	**pipetti**	[pipetti]
termómetro (m)	**kuumemittari**	[ku:me mittari]
seringa (f)	**ruisku**	[rujsku]

cadeira (f) de rodas	**pyörätuoli**	[pyøræ tuoli]
muletas (f pl)	**kainalosauvat**	[kajnalo sauʋat]

analgésico (m)	**puudutusaine**	[pu:dutus ajne]
laxante (m)	**ulostuslääke**	[ulostuslæ:ke]
álcool (m) etílico	**sprii**	[spri:i]

| ervas (f pl) medicinais | yrtti | [yrtti] |
| de ervas (chá ~) | yrtti- | [yrtti] |

77. Fumar. Produtos tabágicos

tabaco (m)	tupakka	[tupɑkkɑ]
cigarro (m)	savuke	[sɑuuke]
charuto (m)	sikari	[sikɑri]
cachimbo (m)	piippu	[piːippu]
maço (~ de cigarros)	pakka	[pɑkkɑ]

fósforos (m pl)	tulitikut	[tulitikut]
caixa (f) de fósforos	tulitikkurasia	[tulitikkurɑsiɑ]
isqueiro (m)	sytytin	[sytytin]
cinzeiro (m)	tuhkakuppi	[tuhkɑkuppi]
cigarreira (f)	savukekotelo	[sɑuukekotelo]

| boquilha (f) | imuke | [imuke] |
| filtro (m) | suodatin | [suodɑtin] |

fumar (vi, vt)	tupakoida	[tupɑkojdɑ]
acender um cigarro	sytyttää	[sytyttæː]
tabagismo (m)	tupakanpoltto	[tupɑkɑnpoltto]
fumador (m)	tupakanpolttaja	[tupɑkɑnpolttɑjɑ]

beata (f)	tumppi	[tumppi]
fumo (m)	savu	[sɑuu]
cinza (f)	tuhka	[tuhkɑ]

HABITAT HUMANO

Cidade

78. Cidade. Vida na cidade

cidade (f)	kaupunki	[kɑupuŋki]
capital (f)	pääkaupunki	[pæːkɑupuŋki]
aldeia (f)	kylä	[kyʎæ]
mapa (m) da cidade	kaupungin asemakaava	[kɑupuŋin ɑsemɑ kɑːʋɑ]
centro (m) da cidade	kaupungin keskusta	[kɑupuŋin keskustɑ]
subúrbio (m)	esikaupunki	[esikɑupuŋki]
suburbano	esikaupunki-	[esikɑupuŋki]
periferia (f)	laita	[lɑjtɑ]
arredores (m pl)	ympäristö	[ympæristø]
quarteirão (m)	kortteli	[kortteli]
quarteirão (m) residencial	asuinkortteli	[ɑsujŋkortteli]
tráfego (m)	liikenne	[liːikeŋe]
semáforo (m)	liikennevalot	[liːikeŋeʋɑlot]
transporte (m) público	julkiset kulkuvälineet	[julkiset kulkuʋæline:t]
cruzamento (m)	risteys	[risteys]
passadeira (f)	suojatie	[suojɑtæ]
passagem (f) subterrânea	alikäytävä	[ɑlikæytæʋæ]
cruzar, atravessar (vt)	mennä yli	[meŋæ yli]
peão (m)	jalankulkija	[jɑlɑŋkulkijɑ]
passeio (m)	jalkakäytävä	[jɑlkɑkæytæʋæ]
ponte (f)	silta	[siltɑ]
margem (f) do rio	rantakatu	[rɑntɑkɑtu]
fonte (f)	suihkulähde	[sujhku ʎæhde]
alameda (f)	lehtikuja	[lehti kujɑ]
parque (m)	puisto	[pujsto]
bulevar (m)	bulevardi	[buleʋɑrdi]
praça (f)	aukio	[ɑukio]
avenida (f)	valtakatu	[ʋɑltɑ kɑtu]
rua (f)	katu	[kɑtu]
travessa (f)	kuja	[kujɑ]
beco (m) sem saída	umpikuja	[umpikujɑ]
casa (f)	talo	[tɑlo]
edifício, prédio (m)	rakennus	[rɑkeŋus]
arranha-céus (m)	pilvenpiirtäjä	[pilʋen piːirtæjæ]
fachada (f)	julkisivu	[julkisiʋu]
telhado (m)	katto	[kɑtto]

janela (f)	ikkuna	[ikkuna]
arco (m)	kaari	[kɑːri]
coluna (f)	pylväs	[pylʋæs]
esquina (f)	kulma	[kulmɑ]

montra (f)	näyteikkuna	[næyte ikkunɑ]
letreiro (m)	kyltti	[kyltti]
cartaz (m)	juliste	[juliste]
cartaz (m) publicitário	mainosjuliste	[mɑjnos juliste]
painel (m) publicitário	mainoskilpi	[mɑjnos kilpi]

lixo (m)	jätteet	[jætteːt]
cesta (f) do lixo	roskis	[roskis]
jogar lixo na rua	roskata	[roskɑtɑ]
aterro (m) sanitário	kaatopaikka	[kɑːtopɑjkkɑ]

cabine (f) telefónica	puhelinkoppi	[puheliŋkoppi]
candeeiro (m) de rua	lyhtypylväs	[lyhtypylʋæs]
banco (m)	penkki	[peŋkki]

polícia (m)	poliisi	[poliːisi]
polícia (instituição)	poliisi	[poliːisi]
mendigo (m)	kerjäläinen	[kerʰjæʌæjnen]
sem-abrigo (m)	koditon	[koditon]

79. Instituições urbanas

loja (f)	kauppa	[kɑuppɑ]
farmácia (f)	apteekki	[ɑpteːkki]
ótica (f)	optiikka	[optiːikkɑ]
centro (m) comercial	kauppakeskus	[kɑuppɑ keskus]
supermercado (m)	supermarketti	[supermɑrketti]

padaria (f)	leipäkauppa	[lejpækɑuppɑ]
padeiro (m)	leipuri	[lejpuri]
pastelaria (f)	konditoria	[konditoriɑ]
mercearia (f)	sekatavarakauppa	[sekatɑʋɑrɑ kɑuppɑ]
talho (m)	lihakauppa	[lihɑkɑuppɑ]

| loja (f) de legumes | vihanneskauppa | [ʋihɑŋes kɑuppɑ] |
| mercado (m) | kauppatori | [kɑuppɑtori] |

café (m)	kahvila	[kɑhʋilɑ]
restaurante (m)	ravintola	[rɑʋintolɑ]
bar (m), cervejaria (f)	pubi	[pubi]
pizzaria (f)	pizzeria	[pitseriɑ]

salão (m) de cabeleireiro	parturinliike	[pɑrturin liːike]
correios (m pl)	posti	[posti]
lavandaria (f)	kemiallinen pesu	[kemiallinen pesu]
estúdio (m) fotográfico	valokuvausliike	[ʋɑlo kuʋɑus liːike]

| sapataria (f) | kenkäkauppa | [keŋkækɑuppɑ] |
| livraria (f) | kirjakauppa | [kirʰja kɑuppɑ] |

loja (f) de artigos de desporto	urheilukauppa	[urhejlu kauppa]
reparação (f) de roupa	vaatteiden korjaus	[ʋɑːttejden korʰjaus]
aluguer (m) de roupa	vaatteiden vuokra	[ʋɑːttejden ʋuokra]
aluguer (m) de filmes	elokuvien vuokra	[elo kuʋien ʋuokra]

circo (m)	sirkus	[sirkus]
jardim (m) zoológico	eläintarha	[eʎæjntarha]
cinema (m)	elokuvateatteri	[elokuʋɑ teatteri]
museu (m)	museo	[museo]
biblioteca (f)	kirjasto	[kirʰjasto]

teatro (m)	teatteri	[teatteri]
ópera (f)	ooppera	[oːppera]
clube (m) noturno	yökerho	[yøkerho]
casino (m)	kasino	[kasino]

mesquita (f)	moskeija	[moskeja]
sinagoga (f)	synagoga	[synagoga]
catedral (f)	tuomiokirkko	[tuomiokirkko]
templo (m)	temppeli	[temppeli]
igreja (f)	kirkko	[kirkko]

instituto (m)	instituutti	[instituːtti]
universidade (f)	yliopisto	[yliopisto]
escola (f)	koulu	[koulu]

prefeitura (f)	prefektuuri	[prefektuːri]
câmara (f) municipal	kaupunginhallitus	[kaupuŋin hallitus]
hotel (m)	hotelli	[hotelli]
banco (m)	pankki	[paŋkki]

embaixada (f)	suurlähetystö	[suːr ʎæhetystø]
agência (f) de viagens	matkatoimisto	[matka tojmisto]
agência (f) de informações	neuvontatoimisto	[neuʋon tatojmisto]
casa (f) de câmbio	vaihtopiste	[ʋajhtopiste]

metro (m)	metro	[metro]
hospital (m)	sairaala	[sajraːla]

posto (m) de gasolina	bensiiniasema	[bensiːini asema]
parque (m) de estacionamento	parkkipaikka	[parkki pajkka]

80. Sinais

letreiro (m)	kyltti	[kyltti]
inscrição (f)	kirjoitus	[kirʰøjtus]
cartaz, póster (m)	juliste	[juliste]
sinal (m) informativo	osoitin	[osojtin]
seta (f)	nuoli	[nuoli]

aviso (advertência)	varoitus	[ʋarojtus]
sinal (m) de aviso	varoitus	[ʋarojtus]
avisar, advertir (vt)	varoittaa	[ʋarojttaː]
dia (m) de folga	vapaapäivä	[ʋapaːpæjʋæ]

| horário (m) | aikataulu | [ajkataulu] |
| horário (m) de funcionamento | aukioloaika | [aukioloajka] |

BEM-VINDOS!	TERVETULOA!	[teruetuloa]
ENTRADA	SISÄÄN	[sisæ:n]
SAÍDA	ULOS	[ulos]

EMPURRE	TYÖNNÄ	[työŋæ]
PUXE	VEDÄ	[uedæ]
ABERTO	AUKI	[auki]
FECHADO	KIINNI	[ki:iŋi]

| MULHER | NAISET | [najset] |
| HOMEM | MIEHET | [miehet] |

DESCONTOS	ALE	[ale]
SALDOS	ALENNUSMYYNTI	[aleŋusmy:nti]
NOVIDADE!	UUTUUS!	[u:tu:s]
GRÁTIS	ILMAISEKSI	[ilmajseksi]

ATENÇÃO!	HUOMIO!	[huomio]
NÃO HÁ VAGAS	EI OLE TILAA	[ej ole tilæ:]
RESERVADO	VARATTU	[uarattu]

| ADMINISTRAÇÃO | HALLINTO | [hallinto] |
| SOMENTE PESSOAL AUTORIZADO | VAIN HENKILÖKUNNALLE | [uajn heŋkilø kuŋalle] |

CUIDADO CÃO FEROZ	VARO VIHAISTA KOIRAA	[uaro uihajsta kojræ:]
PROIBIDO FUMAR!	TUPAKOINTI KIELLETTY	[tupakojnti kielletty]
NÃO TOCAR	EI SAA KOSKEA!	[ej sa: koskea]

PERIGOSO	ON VAARALLISTA	[on ua:rallista]
PERIGO	HENGENVAARA	[heŋenua:ra]
ALTA TENSÃO	SUURJÄNNITE	[su:rjæŋite]
PROIBIDO NADAR	UIMINEN KIELLETTY	[ujminen kielletty]
AVARIADO	EI TOIMI	[ej tojmi]

INFLAMÁVEL	SYTTYVÄ	[syttyuæ]
PROIBIDO	KIELLETTY	[kielletty]
ENTRADA PROIBIDA	LÄPIKULKU KIELLETTY	[ʎæpikulku kielletty]
CUIDADO TINTA FRESCA	ON MAALATTU	[on ma:lattu]

81. Transportes urbanos

autocarro (m)	bussi	[bussi]
elétrico (m)	raitiovaunu	[rajtiouaunu]
troleicarro (m)	johdinauto	[øhdin auto]
itinerário (m)	reitti	[rejtti]
número (m)	numero	[numero]

ir de ... (carro, etc.)	mennä ...	[meŋæ]
entrar (~ no autocarro)	nousta	[nousta]
descer de ...	astua ulos	[astua ulos]

paragem (f)	pysäkki	[pysækki]
próxima paragem (f)	seuraava pysäkki	[seura:ʋa pysækki]
ponto (m) final	viimeinen pysäkki	[ʋi:imejnen pysækki]
horário (m)	aikataulu	[ajkataulu]
esperar (vt)	odottaa	[odotta:]

| bilhete (m) | lippu | [lippu] |
| custo (m) do bilhete | lipun hinta | [lipun hinta] |

bilheteiro (m)	kassanhoitaja	[kassanhojtaja]
controlo (m) dos bilhetes	tarkastus	[tarkastus]
revisor (m)	tarkastaja	[tarkastaja]

atrasar-se (vr)	myöhästyä	[myøɦæstyæ]
perder (o autocarro, etc.)	myöhästyä	[myøɦæstyæ]
estar com pressa	kiirehtiä	[ki:irehtiæ]

táxi (m)	taksi	[taksi]
taxista (m)	taksinkuljettaja	[taksin kuʎjettaja]
de táxi (ir ~)	taksilla	[taksilla]
praça (f) de táxis	taksiasema	[taksiasema]
chamar um táxi	tilata taksi	[tilata taksi]
apanhar um táxi	ottaa taksi	[otta: taksi]

tráfego (m)	katuliikenne	[katuli:ikeŋe]
engarrafamento (m)	ruuhka	[ru:hka]
horas (f pl) de ponta	ruuhka-aika	[ru:hka ajka]
estacionar (vi)	pysäköidä	[pysækøjdæ]
estacionar (vt)	pysäköidä	[pysækøjdæ]
parque (m) de estacionamento	parkkipaikka	[parkki pajkka]

metro (m)	metro	[metro]
estação (f)	asema	[asema]
ir de metro	mennä metrolla	[meŋæ metrolla]
comboio (m)	juna	[juna]
estação (f)	rautatieasema	[rautatieasema]

82. Turismo

monumento (m)	patsas	[patsas]
fortaleza (f)	linna	[liŋa]
palácio (m)	palatsi	[palatsi]
castelo (m)	linna	[liŋa]
torre (f)	torni	[torni]
mausoléu (m)	mausoleumi	[mausoleumi]

arquitetura (f)	arkkitehtuuri	[arrkitehtu:ri]
medieval	keskiaikainen	[keskiajkajnen]
antigo	vanha	[ʋanha]
nacional	kansallinen	[kansallinen]
conhecido	tunnettu	[tuŋettu]

| turista (m) | matkailija | [matkajlija] |
| guia (pessoa) | opas | [opas] |

excursão (f)	retki	[retki]
mostrar (vt)	näyttää	[ɲæyttæ:]
contar (vt)	kertoa	[kertoɑ]

encontrar (vt)	löytää	[løytæ:]
perder-se (vr)	hävitä	[hæʋitæ]
mapa (~ do metrô)	reittikartta	[rejtti kɑrttɑ]
mapa (~ da cidade)	asemakaava	[ɑsemɑ kɑ:ʋɑ]

lembrança (f), presente (m)	muistoesine	[mujstoesine]
loja (f) de presentes	matkamuistokauppa	[mɑtkɑ mujsto kɑuppɑ]
fotografar (vt)	valokuvata	[ʋɑlokuʋɑtɑ]
fotografar-se	valokuvauttaa itsensä	[ʋɑlo kuʋɑuttɑ: itsensæ]

83. Compras

comprar (vt)	ostaa	[ostɑ:]
compra (f)	ostos	[ostos]
fazer compras	käydä ostoksilla	[kæydæ ostoksillɑ]
compras (f pl)	ostoksilla käynti	[ostoksillɑ kæynti]

estar aberta (loja, etc.)	toimia	[tojmiɑ]
estar fechada	olla kiinni	[ollɑ ki:iɲi]

calçado (m)	jalkineet	[jɑlkine:t]
roupa (f)	vaatteet	[ʋɑ:tte:t]
cosméticos (m pl)	kosmetiikka	[kosmeti:ikkɑ]
alimentos (m pl)	ruokatavarat	[ruokɑ tɑʋɑrɑt]
presente (m)	lahja	[lɑhʰjɑ]

vendedor (m)	myyjä	[my:jæ]
vendedora (f)	myyjätär	[my:jætær]

caixa (f)	kassa	[kɑssɑ]
espelho (m)	peili	[pejli]
balcão (m)	tiski	[tiski]
cabine (f) de provas	sovitushuone	[soʋitus huone]

provar (vt)	sovittaa	[soʋittɑ:]
servir (vi)	sopia	[sopiɑ]
gostar (apreciar)	miellyttää	[miellyttæ:]

preço (m)	hinta	[hintɑ]
etiqueta (f) de preço	hintalappu	[hintɑ lɑppu]
custar (vt)	maksaa	[mɑksɑ:]
Quanto?	Kuinka paljon?	[kuiɲkɑ pɑlʰon]
desconto (m)	alennus	[ɑleɲus]

não caro	halpa	[hɑlpɑ]
barato	halpa	[hɑlpɑ]
caro	kallis	[kɑllis]
É caro	Se on kallista	[se on kɑllistɑ]
aluguer (m)	vuokra	[ʋuokrɑ]
alugar (vestidos, etc.)	vuokrata	[ʋuokrɑtɑ]

| crédito (m) | luotto | [luotto] |
| a crédito | luotolla | [luotolla] |

84. Dinheiro

dinheiro (m)	rahat	[rahat]
câmbio (m)	vaihto	[ʋajhto]
taxa (f) de câmbio	kurssi	[kurssi]
Caixa Multibanco (m)	pankkiautomaatti	[paŋkki automa:tti]
moeda (f)	kolikko	[kolikko]

| dólar (m) | dollari | [dollari] |
| euro (m) | euro | [euro] |

lira (f)	liira	[li:ira]
marco (m)	markka	[markka]
franco (m)	frangi	[fraŋi]
libra (f) esterlina	punta	[punta]
iene (m)	jeni	[jeni]

dívida (f)	velka	[ʋelka]
devedor (m)	velallinen	[ʋelallinen]
emprestar (vt)	lainata jollekulle	[lajnata ølekulle]
pedir emprestado	lainata joltakulta	[lajnata øltakulta]

banco (m)	pankki	[paŋkki]
conta (f)	tili	[tili]
depositar na conta	tallettaa rahaa tilille	[talletta: raha: tilille]
levantar (vt)	nostaa rahaa tililtä	[nosta: raha: tililta]

cartão (m) de crédito	luottokortti	[luotto kortti]
dinheiro (m) vivo	käteinen	[kætejnen]
cheque (m)	kuitti	[kujtti]
passar um cheque	kirjoittaa shekki	[kirʰojtta: ʃekki]
livro (m) de cheques	sekkivihko	[se:kkiʋihko]

carteira (f)	lompakko	[lompakko]
porta-moedas (m)	kukkaro	[kukkaro]
cofre (m)	kassakaappi	[kassaka:ppi]

herdeiro (m)	perillinen	[perillinen]
herança (f)	perintö	[perintø]
fortuna (riqueza)	omaisuus	[omajsu:s]

arrendamento (m)	vuokraus	[ʋuokraus]
renda (f) de casa	asuntovuokra	[asuntoʋuokra]
alugar (vt)	vuokrata	[ʋuokrata]

preço (m)	hinta	[hinta]
custo (m)	hinta	[hinta]
soma (f)	summa	[summa]

| gastar (vt) | kuluttaa | [kulutta:] |
| gastos (m pl) | kulut | [kulut] |

| economizar (vi) | säästää | [sæ:stæ:] |
| economico | säästäväinen | [sæ:stæʋæjnen] |

pagar (vt)	maksaa	[mɑksɑ:]
pagamento (m)	maksu	[mɑksu]
troco (m)	vaihtoraha	[ʋɑjhtorɑhɑ]

imposto (m)	vero	[ʋero]
multa (f)	sakko	[sɑkko]
multar (vt)	sakottaa	[sɑkottɑ:]

85. Correios. Serviço postal

correios (m pl)	posti	[posti]
correio (m)	posti	[posti]
carteiro (m)	postikantaja	[postiŋkɑntɑjæ]
horário (m)	virka-aika	[ʋirkɑ ɑjkɑ]

carta (f)	kirje	[kirʰje]
carta (f) registada	kirjattu kirje	[kirʰjɑttu kirʰje]
postal (m)	postikortti	[posti kortti]
telegrama (m)	sähke	[sæhke]
encomenda (f) postal	paketti	[pɑketti]
remessa (f) de dinheiro	rahalähetys	[rɑhɑ ʎæhetys]

receber (vt)	saada	[sɑ:dɑ]
enviar (vt)	lähettää	[ʎæhettæ:]
envio (m)	kirjeen lähetys	[kirʰje:n ʎæhetys]

endereço (m)	osoite	[osojte]
código (m) postal	postinumero	[postinumero]
remetente (m)	lähettäjä	[ʎæhettæjæ]
destinatário (m)	saaja	[sɑ:jɑ]

| nome (m) | nimi | [nimi] |
| apelido (m) | sukunimi | [sukunimi] |

tarifa (f)	tariffi	[tɑriffi]
normal	tavallinen	[tɑʋɑllinen]
econômico	edullinen	[edullinen]

peso (m)	paino	[pɑjno]
pesar (estabelecer o peso)	punnita	[puɲitɑ]
envelope (m)	kirjekuori	[kirʰjekuori]
selo (m)	postimerkki	[postimerkki]
colar o selo	liimata postimerkki	[li:imɑtɑ postimerkki]

Moradia. Casa. Lar

86. Casa. Habitação

casa (f)	koti	[koti]
em casa	kotona	[kotona]
pátio (m)	piha	[piha]
cerca (f)	aita	[ajta]
tijolo (m)	tiili	[tiːili]
de tijolos	tiili-	[tiːili]
pedra (f)	kivi	[kiʋi]
de pedra	kivinen	[kiʋinen]
betão (m)	betoni	[betoni]
de betão	betoninen	[betoninen]
novo	uusi	[uːsi]
velho	vanha	[ʋanha]
decrépito	ränsistynyt	[rænsistynyt]
moderno	nykyaikainen	[nyky ajkajnen]
de muitos andares	monikerroksinen	[moni kerroksinen]
alto	korkea	[korkea]
andar (m)	kerros	[kerros]
de um andar	yksikerroksinen	[yksikerroksinen]
andar (m) de baixo	alakerros	[alakerros]
andar (m) de cima	yläkerta	[yʎækerta]
telhado (m)	katto	[katto]
chaminé (f)	savupiippu	[saʋupiːippu]
telha (f)	kattotiili	[kattotiːili]
de telha	kattotiili-	[kattotiːili]
sótão (m)	ullakko	[ullakko]
janela (f)	ikkuna	[ikkuna]
vidro (m)	lasi	[lasi]
parapeito (m)	ikkunalauta	[ikkuna lauta]
portadas (f pl)	ikkunaluukut	[ikkuna luːkut]
parede (f)	seinä	[sejɲæ]
varanda (f)	parveke	[parʋeke]
tubo (m) de queda	vesikouru	[ʋesikouru]
em cima	ylhäällä	[ylhæːʎæ]
subir (~ as escadas)	nousta	[nousta]
descer (vi)	laskeutua	[laskeutua]
mudar-se (vr)	muuttaa	[muːttaː]

87. Casa. Entrada. Elevador

entrada (f)	rappu	[rappu]
escada (f)	portaat	[porta:t]
degraus (m pl)	askelmat	[askelmat]
corrimão (m)	kaide	[kajde]
hall (m) de entrada	halli	[halli]

caixa (f) de correio	postilaatikko	[postila:tikko]
caixote (m) do lixo	roskis	[roskis]
conduta (f) do lixo	roskakuilu	[roskakujlu]

elevador (m)	hissi	[hissi]
elevador (m) de carga	tavarahissi	[tavara hissi]
cabine (f)	hissi	[hissi]
pegar o elevador	mennä hissillä	[menjæ hissiʌæ]

apartamento (m)	asunto	[asunto]
moradores (m pl)	asukkaat	[asukka:t]
vizinho (m)	naapuri	[na:puri]
vizinha (f)	naapuri	[na:puri]
vizinhos (pl)	naapurit	[na:purit]

88. Casa. Eletricidade

eletricidade (f)	sähkö	[sæhkø]
làmpada (f)	lamppu	[lamppu]
interruptor (m)	kytkin	[kytkin]
fusível (m)	sulake	[sulake]

fio, cabo (m)	johdin	[øhdin]
instalação (f) elétrica	johde	[øhde]
contador (m) de eletricidade	mittari	[mittari]
leitura (f)	lukema	[lukema]

89. Casa. Portas. Fechaduras

porta (f)	ovi	[ovi]
portão (m)	portti	[portti]
maçaneta (f)	kahva	[kahva]
destrancar (vt)	avata lukko	[avata lukko]
abrir (vt)	avata	[avata]
fechar (vt)	sulkea	[sulkea]

chave (f)	avain	[avajn]
molho (m)	nippu	[nippu]
ranger (vi)	narista	[narista]
rangido (m)	narina	[narina]
dobradiça (f)	sarana	[sarana]
tapete (m) de entrada	matto	[matto]
fechadura (f)	lukko	[lukko]

buraco (m) da fechadura	avaimenreikä	[auajmenrejkæ]
ferrolho (m)	salpa	[salpa]
fecho (ferrolho pequeno)	salpa	[salpa]
cadeado (m)	munalukko	[muna lukko]

tocar (vt)	soittaa	[sojtta:]
toque (m)	soitto	[sojtto]
campainha (f)	ovikello	[ouikello]
botão (m)	nappi	[nappi]
batida (f)	koputus	[koputus]
bater (vi)	koputtaa	[koputta:]

código (m)	koodi	[ko:di]
fechadura (f) de código	koodilukko	[ko:dilukko]
telefone (m) de porta	ovipuhelin	[ouipuhelin]
número (m)	numero	[numero]
placa (f) de porta	taulu	[taulu]
vigia (f), olho (m) mágico	ovisilmä	[ouisilmæ]

90. Casa de campo

aldeia (f)	kylä	[kyʌæ]
horta (f)	kasvitarha	[kasuitarha]
cerca (f)	aita	[ajta]
paliçada (f)	aita	[ajta]
cancela (f) do jardim	portti	[portti]

celeiro (m)	aitta	[ajtta]
adega (f)	kellari	[kellari]
galpão, barracão (m)	vaja	[uaja]
poço (m)	kaivo	[kajuo]

fogão (f)	uuni	[u:ni]
atiçar o fogo	lämmittää	[ʌæmmittæ:]
lenha (carvão ou ~)	polttopuut	[polttopu:t]
acha (lenha)	halko	[halko]

varanda (f)	vilpola	[uilpola]
alpendre (m)	terassi	[terassi]
degraus (m pl) de entrada	kuisti	[kuisti]
balouço (m)	keinu	[kejnu]

91. Moradia. Mansão

casa (f) de campo	maatalo	[ma:talo]
vila (f)	huvila	[huuila]
ala (~ do edifício)	siipi	[si:ipi]

jardim (m)	puutarha	[pu:tarha]
parque (m)	puisto	[pujsto]
estufa (f)	ansari	[ansari]
cuidar de ...	hoitaa	[hojta:]

piscina (f)	uima-allas	[ujma allas]
ginásio (m)	urheiluhalli	[urhejluhalli]
campo (m) de ténis	tenniskenttä	[teɲis kenttæ]
cinema (m)	elokuvateatteri	[elokuʋa teatteri]
garagem (f)	autotalli	[autotalli]

| propriedade (f) privada | yksityisomaisuus | [yksityjs omajsu:s] |
| terreno (m) privado | yksityisomistukset | [yksityjs omistukset] |

| advertência (f) | varoitus | [ʋarojtus] |
| sinal (m) de aviso | varoituskirjoitus | [ʋarojtus kirʰøjtus] |

guarda (f)	vartio	[ʋartio]
guarda (m)	vartija	[ʋartija]
alarme (m)	hälytyslaite	[ɦælytyslajte]

92. Castelo. Palácio

castelo (m)	linna	[liɲa]
palácio (m)	palatsi	[palatsi]
fortaleza (f)	linna	[liɲa]
muralha (f)	seinä	[sejɲæ]
torre (f)	torni	[torni]
torre (f) de menagem	päätorni	[pæ:torni]

grade (f) levadiça	nostoportti	[nosto portti]
passagem (f) subterrânea	maanalainen käytävä	[ma:nalajnen kæytæuæ]
fosso (m)	kaivanto	[kajʋanto]
corrente, cadeia (f)	ketju	[ketju]
seteira (f)	ampuma-aukko	[ampuma aukko]

magnífico	upea	[upea]
majestoso	valtava	[ʋaltaʋa]
inexpugnável	valloittamaton	[ʋallojttamaton]
medieval	keskiaikainen	[keskiajkajnen]

93. Apartamento

apartamento (m)	asunto	[asunto]
quarto (m)	huone	[huone]
quarto (m) de dormir	makuuhuone	[maku: huone]
sala (f) de jantar	ruokailuhuone	[ruokajlu huone]
sala (f) de estar	vierashuone	[ʋieras huone]
escritório (m)	työhuone	[tyøhuone]

antessala (f)	eteinen	[etejnen]
quarto (m) de banho	kylpyhuone	[kylpyhuone]
toilette (lavabo)	vessa	[ʋessa]

teto (m)	katto	[katto]
chão, soalho (m)	lattia	[lattia]
canto (m)	nurkka	[nurkka]

94. Apartamento. Limpeza

arrumar, limpar (vt)	siivota	[si:iʋota]
arrumar, guardar (vt)	korjata pois	[korʰjata pojs]
pó (m)	pöly	[pøly]
empoeirado	pölyinen	[pølyjnen]
limpar o pó	pyyhkiä pölyt pois	[py:hkiæ pølyt pojs]
aspirador (m)	pölynimuri	[pølynimuri]
aspirar (vt)	imuroida	[imurojda]
varrer (vt)	lakaista	[lakajsta]
sujeira (f)	roskat	[roskat]
arrumação (f), ordem (f)	kunto	[kunto]
desordem (f)	epäjärjestys	[epæjærʰjestys]
esfregona (f)	lattiaharja	[lattiaharʰæ]
pano (m), trapo (m)	rätti	[rætti]
vassoura (f)	luuta	[lu:ta]
pá (f) de lixo	rikkalapio	[rikkalapio]

95. Mobiliário. Interior

mobiliário (m)	huonekalut	[huonekalut]
mesa (f)	pöytä	[pøytæ]
cadeira (f)	tuoli	[tuoli]
cama (f)	sänky	[sæŋky]
divã (m)	sohva	[sohʋa]
cadeirão (m)	nojatuoli	[nojatuoli]
estante (f)	kaappi	[ka:ppi]
prateleira (f)	hylly	[hylly]
guarda-vestidos (m)	vaatekaappi	[ʋa:te ka:ppi]
cabide (m) de parede	ripustin	[ripustin]
cabide (m) de pé	naulakko	[naulakko]
cómoda (f)	lipasto	[lipasto]
mesinha (f) de centro	sohvapöytä	[sohʋapøjtæ]
espelho (m)	peili	[pejli]
tapete (m)	matto	[matto]
tapete (m) pequeno	pieni matto	[pjeni matto]
lareira (f)	takka	[takka]
vela (f)	kynttilä	[kynttiʎæ]
castiçal (m)	kynttilänjalka	[kynttiʎænjalka]
cortinas (f pl)	kaihtimet	[kajhtimet]
papel (m) de parede	tapetit	[tapetit]
estores (f pl)	rullaverhot	[rulle ʋerhot]
candeeiro (m) de mesa	pöytälamppu	[pøytæ lamppu]
candeeiro (m) de parede	seinävalaisin	[sejna ʋalajsin]

| candeeiro (m) de pé | lattialamppu | [lattia lamppu] |
| lustre (m) | kattokruunu | [kattokru:nu] |

perna (da cadeira, etc.)	jalka	[jalka]
braço (m)	käsinoja	[kæsinoja]
costas (f pl)	selkänoja	[selkænoja]
gaveta (f)	laatikko	[la:tikko]

96. Quarto de dormir

roupa (f) de cama	vuodevaatteet	[ʋuodeʋa:tte:t]
almofada (f)	tyyny	[ty:ny]
fronha (f)	tyynyliina	[ty:ny li:ina]
cobertor (m)	vuodepeite	[ʋuodepejte]
lençol (m)	lakana	[lakana]
colcha (f)	peite	[pejte]

97. Cozinha

cozinha (f)	keittiö	[kejttiø]
gás (m)	kaasu	[ka:su]
fogão (m) a gás	kaasuliesi	[ka:su liesi]
fogão (m) elétrico	sähköhella	[sæhkø hella]
forno (m)	paistinuuni	[pajstinu:ni]
forno (m) de micro-ondas	mikroaaltouuni	[mikro a:lto u:ni]

frigorífico (m)	jääkaappi	[jæ:ka:ppi]
congelador (m)	pakastin	[pakastin]
máquina (f) de lavar louça	astianpesukone	[astianpesukone]

moedor (m) de carne	lihamylly	[lihamylly]
espremedor (m)	mehunpuristin	[mehun puristin]
torradeira (f)	leivänpaahdin	[lejʋæn pa:hdin]
batedeira (f)	sekoitin	[sekojtin]

máquina (f) de café	kahvinkeitin	[kahʋiŋkejtin]
cafeteira (f)	kahvipannu	[kahʋipaɲu]
moinho (m) de café	kahvimylly	[kahʋimylly]

chaleira (f)	teepannu	[te:paɲu]
bule (m)	teekannu	[te:kaɲu]
tampa (f)	kansi	[kansi]
coador (f) de chá	teesiivilä	[te:si:iʋiʌæ]

colher (f)	lusikka	[lusikka]
colher (f) de chá	teelusikka	[te: lusikka]
colher (f) de sopa	ruokalusikka	[ruoka lusikka]
garfo (m)	haarukka	[ha:rukka]
faca (f)	veitsi	[ʋejtsi]

| louça (f) | astiat | [astiat] |
| prato (m) | lautanen | [lautanen] |

pires (m)	teevati	[te:vɑti]
cálice (m)	pikari	[pikɑri]
copo (m)	lasi	[lɑsi]
chávena (f)	kuppi	[kuppi]

açucareiro (m)	sokeriastia	[sokeriɑstiɑ]
saleiro (m)	suola-astia	[suolɑ ɑstiɑ]
pimenteiro (m)	pippuriastia	[pippuriɑstiɑ]
manteigueira (f)	voiastia	[voiɑstiɑ]

panela, caçarola (f)	kasari	[kɑsɑri]
frigideira (f)	pannu	[pɑɲu]
concha (f)	liemikauha	[liemikɑuhɑ]
passador (m)	lävikkö	[ʎævikkø]
bandeja (f)	tarjotin	[tarʰøtin]

garrafa (f)	pullo	[pullo]
boião (m) de vidro	lasitölkki	[lɑsitølkki]
lata (f)	peltitölkki	[peltitølkki]

abre-garrafas (m)	pullonavaaja	[pullonɑvɑ:jæ]
abre-latas (m)	purkinavaaja	[purkinɑvɑ:jæ]
saca-rolhas (m)	korkkiruuvi	[korkkiru:vi]
filtro (m)	suodatin	[suodɑtin]
filtrar (vt)	suodattaa	[suodɑttɑ:]

| lixo (m) | jätteet | [jætte:t] |
| balde (m) do lixo | roskasanko | [roskɑsɑŋko] |

98. Casa de banho

quarto (m) de banho	kylpyhuone	[kylpyhuone]
água (f)	vesi	[vesi]
torneira (f)	hana	[hɑnɑ]
água (f) quente	kuuma vesi	[ku:mɑ vesi]
água (f) fria	kylmä vesi	[kylmæ vesi]

| pasta (f) de dentes | hammastahna | [hɑmmɑs tɑhnɑ] |
| escovar os dentes | harjata hampaita | [harʰjɑtɑ hɑmpɑjtɑ] |

barbear-se (vr)	ajaa parta	[ɑjɑ: pɑrtɑ:]
espuma (f) de barbear	partavaahdoke	[pɑrtɑvɑ:hdoke]
máquina (f) de barbear	partaveitsi	[pɑrtɑvejtsi]

lavar (vt)	pestä	[pestæ]
lavar-se (vr)	peseytyä	[peseytyæ]
duche (m)	suihku	[sujhku]
tomar um duche	käydä suihkussa	[kæydæ suihkussa]

banheira (f)	amme	[ɑmme]
sanita (f)	vessanpönttö	[vessɑnpønttø]
lavatório (m)	pesuallas	[pesuɑllɑs]
sabonete (m)	saippua	[sɑjppuɑ]
saboneteira (f)	saippuakotelo	[sɑjppuɑ kotelo]

esponja (f)	pesusieni	[pesusieni]
champô (m)	sampoo	[sampo:]
toalha (f)	pyyhe	[py:he]
roupão (m) de banho	froteinen aamutakki	[frotejnen a:mutakki]

lavagem (f)	pyykin pesu	[py:kin pesu]
máquina (f) de lavar	pesukone	[pesu kone]
lavar a roupa	pestä pyykkiä	[pestæ py:kkiæ]
detergente (m)	pesujauhe	[pesujauhe]

99. Eletrodomésticos

televisor (m)	televisio	[televisio]
gravador (m)	nauhuri	[nauhuri]
videogravador (m)	videonauhuri	[videonauhuri]
rádio (m)	vastaanotin	[vasta:notin]
leitor (m)	korvalappustereot	[korvalappustereot]

projetor (m)	videoheitin	[videohejtin]
cinema (m) em casa	kotiteatteri	[kotiteatteri]
leitor (m) de DVD	DVD-soitin	[devede sojtin]
amplificador (m)	vahvistin	[vahvistin]
console (f) de jogos	pelikonsoli	[pelikonsoli]

câmara (f) de vídeo	videokamera	[videokamera]
máquina (f) fotográfica	kamera	[kamera]
câmara (f) digital	digitaalikamera	[digita:li kamera]

aspirador (m)	pölynimuri	[pølynimuri]
ferro (m) de engomar	silitysrauta	[silitys rauta]
tábua (f) de engomar	silityslauta	[silitys lauta]

telefone (m)	puhelin	[puhelin]
telemóvel (m)	matkapuhelin	[matka puhelin]
máquina (f) de escrever	kirjoituskone	[kirʰøjtus kone]
máquina (f) de costura	ompelukone	[ompelu kone]

microfone (m)	mikrofoni	[mikrofoni]
auscultadores (m pl)	kuulokkeet	[ku:lokke:t]
controlo remoto (m)	kaukosäädin	[kaukosæ:din]

CD (m)	CD-levy	[sede levy]
cassete (f)	kasetti	[kasetti]
disco (m) de vinil	levy	[levy]

100. Reparações. Renovação

renovação (f)	remontti	[remontti]
renovar (vt), fazer obras	remontoida	[remontoida]
reparar (vt)	korjata	[korʰjata]
consertar (vt)	panna järjestykseen	[paŋa jærʰjestykse:n]
refazer (vt)	tehdä uudelleen	[tehdæ u:delle:n]

tinta (f)	maali	[maːli]
pintar (vt)	maalata	[maːlɑtɑ]
pintor (m)	maalari	[maːlɑri]
pincel (m)	pensseli	[pensseli]

cal (f)	valkaisu	[ʋɑlkɑjsu]
caiar (vt)	valkaista	[ʋɑlkɑjstɑ]

papel (m) de parede	tapetit	[tɑpetit]
colocar papel de parede	tapetoida	[tɑpetojdɑ]
verniz (m)	lakka	[lɑkkɑ]
envernizar (vt)	lakata	[lɑkɑtɑ]

101. Canalizações

água (f)	vesi	[ʋesi]
água (f) quente	kuuma vesi	[kuːmɑ ʋesi]
água (f) fria	kylmä vesi	[kylmæ ʋesi]
torneira (f)	hana	[hɑnɑ]

gota (f)	pisara	[pisɑrɑ]
gotejar (vi)	tippua	[tippuɑ]
vazar (vt)	vuotaa	[ʋuotɑː]
vazamento (m)	vuoto	[ʋuoto]
poça (f)	lätäkkö	[ʎætækkø]

tubo (m)	putki	[putki]
válvula (f)	venttiili	[ʋenttiːili]
entupir-se (vr)	tukkeutua	[tukkeutuɑ]

ferramentas (f pl)	instrumentti	[instrumentti]
chave (f) inglesa	mutteriavain	[mutteriɑʋɑjn]
desenroscar (vt)	kiertää irti	[kiertæː irti]
enroscar (vt)	kiertää	[kærtæː]

desentupir (vt)	puhdistaa	[puhdistɑː]
canalizador (m)	putkimies	[putkimies]
cave (f)	kellari	[kellɑri]
sistema (m) de esgotos	viemäri	[ʋiemæri]

102. Fogo. Deflagração

incêndio (m)	tuli	[tuli]
chama (f)	liekki	[liekki]
faísca (f)	kipinä	[kipiɲæ]
fumo (m)	savu	[sɑʋu]
tocha (f)	soihtu	[sojhtu]
fogueira (f)	nuotio	[nuotio]

gasolina (f)	bensiini	[bensiːini]
querosene (m)	paloöljy	[pɑloølʰy]
inflamável	poltto-	[poltto]

| explosivo | räjähdysvaarallinen | [ræjæhdys ʋɑːrɑllinen] |
| PROIBIDO FUMAR! | EI SAA POLTTAA! | [ej sɑ: poltta:] |

segurança (f)	turvallisuus	[turʋɑllisuːs]
perigo (m)	vaara	[ʋɑːrɑ]
perigoso	vaarallinen	[ʋɑːrɑlinen]

incendiar-se (vr)	syttyä tuleen	[syttyæ tuleːn]
explosão (f)	räjähdys	[ræjæhdys]
incendiar (vt)	sytyttää	[sytyttæː]
incendiário (m)	palon sytyttäjä	[pɑlon sytyttæjæ]
incêndio (m) criminoso	tuhopoltto	[tuhopoltto]

arder (vi)	leimuta	[lejmutɑ]
queimar (vi)	palaa	[pɑlɑː]
queimar tudo (vi)	palaa loppuun	[pɑlɑ: loppuːn]

bombeiro (m)	palomies	[pɑlomies]
carro (m) de bombeiros	paloauto	[pɑloɑuto]
corpo (m) de bombeiros	palokunta	[pɑlokuntɑ]
escada (f)extensível	tikkaat	[tikkɑːt]

mangueira (f)	letku	[letku]
extintor (m)	tulensammutin	[tulen sɑmmutin]
capacete (m)	kypärä	[kypæræ]
sirene (f)	sireeni	[sireːni]

gritar (vi)	huutaa	[huːtɑ:]
chamar por socorro	kutsua avuksi	[kutsuɑ ɑʋuksi]
salvador (m)	pelastaja	[pelɑstɑjɑ]
salvar, resgatar (vt)	pelastaa	[pelɑstɑ:]

chegar (vi)	saapua	[sɑːpuɑ]
apagar (vt)	sammuttaa	[sɑmmuttɑ:]
água (f)	vesi	[ʋesi]
areia (f)	hiekka	[hiekkɑ]

ruínas (f pl)	rauniot	[rɑuniot]
ruir (vi)	romahtaa	[romɑhtɑ:]
desmoronar (vi),	luhistua	[luhistuɑ]
ir abaixo	luhistua	[luhistuɑ]

| fragmento (m) | pirstale | [pirstɑle] |
| cinza (f) | tuhka | [tuhkɑ] |

| sufocar (vi) | tukehtua | [tukehtuɑ] |
| ser morto, morrer (vi) | tuhoutua | [tuhoutuɑ] |

ATIVIDADES HUMANAS

Emprego. Negócios. Parte 1

103. Escritório. O trabalho no escritório

escritório (~ de advogados)	toimisto	[tojmisto]
escritório (do diretor, etc.)	työhuone	[tyøhuone]
secretário (m)	sihteeri	[sihte:ri]
diretor (m)	johtaja	[øhtaja]
gerente (m)	manageri	[manageri]
contabilista (m)	kirjanpitäjä	[kirʰjanpitæjæ]
empregado (m)	työntekijä	[tyøntekiæ]
mobiliário (m)	huonekalut	[huonekalut]
mesa (f)	pöytä	[pøytæ]
cadeira (f)	nojatuoli	[nojatuoli]
bloco (m) de gavetas	pieni kaappi	[pieni ka:ppi]
cabide (m) de pé	naulakko	[naulakko]
computador (m)	tietokone	[tietokone]
impressora (f)	tulostin	[tulostin]
fax (m)	faksi	[faksi]
fotocopiadora (f)	kopiokone	[kopiokone]
papel (m)	paperi	[paperi]
artigos (m pl) de escritório	toimistotarvikkeet	[tojmisto taruikke:t]
tapete (m) de rato	hiirimatto	[hi:irimatto]
folha (f) de papel	arkki	[arkki]
pasta (f)	kansio	[kansio]
catálogo (m)	luettelo	[luettelo]
diretório (f) telefónico	hakemisto	[hakemisto]
documentação (f)	asiakirjat	[asiakirʰjat]
brochura (f)	brosyyri	[brosy:ri]
flyer (m)	lehtinen	[lehtinen]
amostra (f)	malli	[malli]
formação (f)	harjoittelu	[harʰøjttelu]
reunião (f)	neuvottelu	[neuuottelu]
hora (f) de almoço	ruokatunti	[ruokatunti]
fazer uma cópia	ottaa kopio	[otta: kopio]
tirar cópias	monistaa	[monista:]
receber um fax	saada faksi	[sa:da faksi]
enviar um fax	lähettää faksilla	[ʎæhettæ: faksilla]
fazer uma chamada	soittaa	[sojtta:]
responder (vt)	vastata	[uastata]

passar (vt)	yhdistää	[yhdistæ:]
marcar (vt)	sopia tapaamisesta	[sopia tapa:misesta]
demonstrar (vt)	esittää	[esittæ:]
estar ausente	olla poissa	[olla pojssa]
ausência (f)	poissaolo	[pojssaolo]

104. Processos negociais. Parte 1

ocupação (f)	toimi	[tojmi]
firma, empresa (f)	liike	[li:ike]
companhia (f)	yhtiö	[yhtiø]
corporação (f)	korporaatio	[korpora:tio]
empresa (f)	yritys	[yritys]
agência (f)	toimisto	[tojmisto]

acordo (documento)	sopimus	[sopimus]
contrato (m)	sopimus	[sopimus]
acordo (transação)	kauppa	[kauppa]
encomenda (f)	tilaus	[tilaus]
cláusulas (f pl), termos (m pl)	ehto	[ehto]

por grosso (adv)	tukussa	[tukussa]
por grosso (adj)	tukku-	[tukku]
venda (f) por grosso	tukkumyynti	[tukkumy:nti]
a retalho	vähittäis-	[uæhittæjs]
venda (f) a retalho	vähittäismyynti	[uæhittæjs my:nti]

concorrente (m)	kilpailija	[kilpajlija]
concorrência (f)	kilpailu	[kilpajlu]
competir (vi)	kilpailla	[kilpajlla]

sócio (m)	partneri	[partneri]
parceria (f)	kumppanuus	[kumppanu:s]

crise (f)	kriisi	[kri:isi]
bancarrota (f)	vararikko	[uararikko]
entrar em falência	tehdä vararikko	[tehdæ uararikko]
dificuldade (f)	vaikeus	[uajkeus]
problema (m)	ongelma	[oŋelma]
catástrofe (f)	onnettomuus	[oŋettomu:s]

economia (f)	taloustiede	[taloustiede]
económico	taloudellinen	[taloudellinen]
recessão (f) económica	taloudellinen lasku	[taloudellinen lasku]

objetivo (m)	päämäärä	[pæ:mæ:ræ]
tarefa (f)	tarkoitus	[tarkojtus]

comercializar (vi)	käydä kauppaa	[kæydæ kauppa:]
rede (de distribuição)	verkko	[uerkko]
estoque (m)	varasto	[uarasto]
sortido (m)	valikoima	[uali kojma]
líder (m)	johtaja	[øhtaja]
grande (~ empresa)	suuri	[su:ri]

monopólio (m)	monopoli	[monopoli]
teoria (f)	teoria	[teoria]
prática (f)	käytäntö	[kæyntæntø]
experiência (falar por ~)	kokemus	[kokemus]
tendência (f)	tendenssi	[tendenssi]
desenvolvimento (m)	kehitys	[kehitys]

105. Processos negociais. Parte 2

rentabilidade (f)	etu	[etu]
rentável	edullinen	[edullinen]

delegação (f)	valtuuskunta	[ʋaltu:skunta]
salário, ordenado (m)	palkka	[palkka]
corrigir (um erro)	korjata	[korʰjata]
viagem (f) de negócios	työmatka	[tyømatka]
comissão (f)	lautakunta	[lautakunta]

controlar (vt)	tarkastaa	[tarkasta:]
conferência (f)	konferenssi	[konferenssi]
licença (f)	lisenssi	[lisenssi]
fiável	luotettava	[luotettaʋa]

empreendimento (m)	aloite	[alojte]
norma (f)	normi	[normi]
circunstância (f)	seikka	[sejkka]
dever (m)	velvollisuus	[ʋelʋollisu:s]

empresa (f)	järjestö	[jærʰjestø]
organização (f)	järjestely	[jærʰjestely]
organizado	järjestynyt	[jærʰjestynyt]
anulação (f)	peruutus	[peru:tus]
anular, cancelar (vt)	peruuttaa	[peru:tta:]
relatório (m)	selostus	[selostus]

patente (f)	patentti	[patentti]
patentear (vt)	patentoida	[patentojda]
planear (vt)	suunnitella	[su:ŋitella]

prémio (m)	palkinto	[palkinto]
profissional	ammatti-	[amatti]
procedimento (m)	menettely	[menettely]

examinar (a questão)	käsitellä	[kæsiteʎæ]
cálculo (m)	laskelma	[laskelma]
reputação (f)	maine	[majne]
risco (m)	riski	[riski]

dirigir (~ uma empresa)	johtaa	[øhta:]
informação (f)	tiedot	[tædot]
propriedade (f)	omaisuus	[omajsu:s]
união (f)	liitto	[li:itto]
seguro (m) de vida	hengen vakuutus	[heŋen ʋaku:tus]
fazer um seguro	vakuuttaa	[ʋaku:tta:]

seguro (m)	vakuutus	[ʋaku:tus]
leilão (m)	huutokauppa	[hu:tokauppa]
notificar (vt)	tiedottaa	[tiedotta:]
gestão (f)	hallinto	[hallinto]
serviço (indústria de ~s)	palvelus	[palʋelus]

fórum (m)	foorumi	[fo:rumi]
funcionar (vi)	toimia	[tojmia]
estágio (m)	vaihe	[ʋajhe]
jurídico	oikeustieteellinen	[ojkeus tiete:llinen]
jurista (m)	lakimies	[lakimies]

106. Produção. Trabalhos

usina (f)	tehdas	[tehdas]
fábrica (f)	tehdas	[tehdas]
oficina (f)	osasto	[osasto]
local (m) de produção	tuotanto	[tuotanto]

indústria (f)	teollisuus	[teollisu:s]
industrial	teollinen	[teollinen]
indústria (f) pesada	raskas teollisuus	[raskas teollisu:s]
indústria (f) ligeira	kevyt teollisuus	[keʋyt teollisu:s]

produção (f)	tuotanto	[tuotanto]
produzir (vt)	tuottaa	[tuotta:]
matérias (f pl) primas	raaka-aine	[ra:ka ajne]

chefe (m) de brigada	työnjohtaja	[tø:niohtaæ]
brigada (f)	prikaati	[prika:ti]
operário (m)	työläinen	[työʎæjnen]

dia (m) de trabalho	työpäivä	[työpæjʋæ]
pausa (f)	väliaika	[ʋæliajka]
reunião (f)	kokous	[kokous]
discutir (vt)	käsitellä	[kæsiteʎæ]

plano (m)	suunnitelma	[su:ŋitelma]
cumprir o plano	täyttää suunnitelma	[te:ttæ: su:ŋitelma]
taxa (f) de produção	normi	[normi]

qualidade (f)	laatu	[la:tu]
controlo (m)	tarkastus	[tarkastus]
controlo (m) da qualidade	laadunvalvonta	[la:dun ʋalʋonta]

segurança (f) no trabalho	työturva	[työturʋa]
disciplina (f)	kuri	[kuri]
infração (f)	rikkomus	[rikkomus]
violar (as regras)	rikkoa	[rikkoa]

greve (f)	lakko	[lakko]
grevista (m)	lakkolainen	[lakkolajnen]
estar em greve	lakkoilla	[lakkojla]
sindicato (m)	ammattiliitto	[ammatti li:itto]

inventar (vt)	**keksiä**	[keksiæ]
invenção (f)	**keksintö**	[keksintø]
pesquisa (f)	**tutkimus**	[tutkimus]
melhorar (vt)	**parantaa**	[paranta:]
tecnologia (f)	**teknologia**	[teknologia]
desenho (m) técnico	**piirros**	[pi:irros]

carga (f)	**lasti**	[lasti]
carregador (m)	**lastaaja**	[lasta:ja]
carregar (vt)	**kuormata**	[kuormata]
carregamento (m)	**kuormaaminen**	[kuorma:minen]
descarregar (vt)	**purkaa lasti**	[purka: lasti]
descarga (f)	**purkaminen**	[purkaminen]

transporte (m)	**kulkuneuvot**	[kulkuneuʋot]
companhia (f) de transporte	**kuljetusyhtiö**	[kulʰjetus yhtiø]
transportar (vt)	**kuljettaa**	[kulʰjetta:]

vagão (m) de carga	**tavaravaunu**	[taʋaraʋaunu]
cisterna (f)	**säiliö**	[sæjliø]
camião (m)	**kuorma-auto**	[kuorma auto]

máquina-ferramenta (f)	**kone**	[kone]
mecanismo (m)	**koneisto**	[konejsto]

resíduos (m pl) industriais	**jätteet**	[jætte:t]
embalagem (f)	**pakkaus**	[pakkaus]
embalar (vt)	**pakata**	[pakata]

107. Contrato. Acordo

contrato (m)	**sopimus**	[sopimus]
acordo (m)	**sopimus**	[sopimus]
adenda (f), anexo (m)	**liite**	[li:ite]

assinar o contrato	**tehdä sopimus**	[tehdæ sopimus]
assinatura (f)	**allekirjoitus**	[allekirʰøjtus]

assinar (vt)	**allekirjoittaa**	[allekirʰojtta:]
carimbo (m)	**leima**	[lejma]

objeto (m) do contrato	**sopimuksen aihe**	[sopimuksen ajhe]
cláusula (f)	**kohta**	[kohta]

partes (f pl)	**puolet**	[puolet]
morada (f) jurídica	**juridinen osoite**	[juridinen osojte]

violar o contrato	**rikkoa sopimus**	[rikkoa sopimus]
obrigação (f)	**sitoumus**	[sitoumus]

responsabilidade (f)	**vastuu**	[ʋastu:]
força (f) maior	**yli voimainen este**	[yli ʋojmajnen este]
litígio (m), disputa (f)	**kiista**	[ki:ista]
multas (f pl)	**sakkosanktiot**	[sakko saŋktiot]

108. Importação & Exportação

importação (f)	tuonti	[tuonti]
importador (m)	tuoja	[tuoja]
importar (vt)	tuoda maahan	[tuoda mɑːhɑn]
de importação	tuonti-	[tuonti]
exportador (m)	viejä	[ʋiejæ]
exportar (vt)	viedä	[ʋiedæ]
mercadoria (f)	tavara	[tɑʋɑrɑ]
lote (de mercadorias)	erä	[eræ]
peso (m)	paino	[pɑjno]
volume (m)	tilavuus	[tilɑʋuːs]
metro (m) cúbico	kuutiometri	[kuːtio metri]
produtor (m)	tuottaja	[tuottɑjɑ]
companhia (f) de transporte	liikenneyhtiö	[liːikeɳe yhtiø]
contentor (m)	kontti	[kontti]
fronteira (f)	raja	[rɑjɑ]
alfândega (f)	tulli	[tulli]
taxa (f) alfandegária	tullimaksu	[tulli mɑksu]
funcionário (m) da alfândega	tullimies	[tullimies]
contrabando (atividade)	salakuljetus	[sɑlɑkulʰjetus]
contrabando (produtos)	salakuljetustavara	[sɑlɑ kulʰjetus tɑʋɑrɑ]

109. Finanças

ação (f)	osake	[osɑke]
obrigação (f)	obligaatio	[obligɑːtio]
nota (f) promissória	vekseli	[ʋekseli]
bolsa (f)	pörssi	[pørssi]
cotação (m) das ações	osakkeiden kurssi	[osɑkkejden kurssi]
tornar-se mais barato	halventua	[hɑlʋentuɑ]
tornar-se mais caro	kallistua	[kɑllistuɑ]
parte (f)	osuus	[osuːs]
participação (f) maioritária	osake-enemmistö	[osɑke enemmistø]
investimento (m)	sijoitukset	[siːojtukset]
investir (vt)	investoida	[inʋestojdɑ]
percentagem (f)	prosentti	[prosentti]
juros (m pl)	korko	[korko]
lucro (m)	voitto	[ʋojtto]
lucrativo	edullinen	[edullinen]
imposto (m)	vero	[ʋero]
divisa (f)	valuutta	[ʋɑluːttɑ]
nacional	kansallinen	[kɑnsɑllinen]

câmbio (m)	vaihto	[ʋɑjhto]
contabilista (m)	kirjanpitäjä	[kirʰjɑnpitæjæ]
contabilidade (f)	kirjanpito	[kirʰjɑn pito]

bancarrota (f)	konkurssi	[koŋkursi]
falência (f)	vararikko	[ʋɑrɑrikko]
ruína (f)	perikato	[perikɑto]
arruinar-se (vr)	joutua perikatoon	[øutuɑ perikɑto:n]
inflação (f)	inflaatio	[inflɑ:tio]
desvalorização (f)	devalvointi	[deʋɑlʋojnti]

capital (m)	pääoma	[pæ:omɑ]
rendimento (m)	tulo	[tulo]
volume (m) de negócios	kierto	[kierto]
recursos (m pl)	varat	[ʋɑrɑt]
recursos (m pl) financeiros	rahavarat	[rɑhɑʋɑrɑt]
reduzir (vt)	supistaa	[supistɑ:]

110. Marketing

marketing (m)	markkinointi	[mɑrkkinointi]
mercado (m)	markkinat	[mɑrkkinɑt]
segmento (m) do mercado	markkinoiden segmentti	[mɑrkkinojden segmentti]
produto (m)	tuote	[tuote]
mercadoria (f)	tavara	[tɑʋɑrɑ]

marca (f) comercial	merkki	[merkki]
logotipo (m)	yrityksen merkki	[yrityksen merkki]
logo (m)	logotyyppi	[logoty:ppi]

demanda (f)	kysyntä	[kysyntæ]
oferta (f)	tarjous	[tarʰøus]
necessidade (f)	tarve	[tarʋe]
consumidor (m)	kuluttaja	[kuluttɑjɑ]

análise (f)	analyysi	[ɑnɑly:si]
analisar (vt)	analysoida	[ɑnɑlysojdɑ]
posicionamento (m)	asemointi	[ɑsemojnti]
posicionar (vt)	asemoida	[ɑsemojdɑ]

preço (m)	hinta	[hintɑ]
política (f) de preços	hintapolitiikka	[hintɑ politi:ikkɑ]
formação (f) de preços	hinnanmuodostus	[hiɲɑn muodostus]

111. Publicidade

publicidade (f)	mainos	[mɑjnos]
publicitar (vt)	mainostaa	[mɑjnostɑ:]
orçamento (m)	budjetti	[budʰjetti]

| anúncio (m) publicitário | mainos | [mɑjnos] |
| publicidade (f) televisiva | televisiomainos | [teleʋisio mɑjnos] |

| publicidade (f) na rádio | radiomainos | [radio majnos] |
| publicidade (f) exterior | katumainos | [katumajnos] |

meios (m pl) de comunicação social	joukkotiedotusvälineet	[øukko tiedotus uæline:t]
periódico (m)	aikakausjulkaisu	[ajkakaus julkajsu]
imagem (f)	imago	[imago]

| slogan (m) | iskulause | [iskulause] |
| mote (m), divisa (f) | tunnuslause | [tuŋuslause] |

campanha (f)	kampanja	[kampanʰja]
companha (f) publicitária	mainoskampanja	[majnos kampanʰja]
grupo (m) alvo	kohderyhmä	[kohderyhmæ]

cartão (m) de visita	nimikortti	[nimikortti]
flyer (m)	lehtinen	[lehtinen]
brochura (f)	brosyyri	[brosy:ri]
folheto (m)	kirjanen	[kirʰjænen]
boletim (~ informativo)	vaalilippu	[ua:lilippu]

letreiro (m)	kyltti	[kyltti]
cartaz, póster (m)	juliste	[juliste]
painel (m) publicitário	mainoskilpi	[majnos kilpi]

112. Banca

| banco (m) | pankki | [paŋkki] |
| sucursal, balcão (f) | osasto | [osasto] |

| consultor (m) | neuvoja | [neuuoja] |
| gerente (m) | johtaja | [øhtaja] |

conta (f)	tili	[tili]
número (m) da conta	tilinumero	[tili numero]
conta (f) corrente	käyttötili	[kæyttø tili]
conta (f) poupança	säästötili	[sæ:stø tili]

abrir uma conta	avata tili	[auata tili]
fechar uma conta	kuolettaa tili	[kuoletta: tili]
depositar na conta	panna tilille	[paŋa tilille]
levantar (vt)	nostaa rahat tililtä	[nosta: rahat tililta]

depósito (m)	talletus	[talletus]
fazer um depósito	tallettaa	[talletta:]
transferência (f) bancária	siirto	[si:irto]
transferir (vt)	siirtää	[si:irtæ:]

| soma (f) | summa | [summa] |
| Quanto? | paljonko | [palʰøŋko] |

assinatura (f)	allekirjoitus	[allekirʰøjtus]
assinar (vt)	allekirjoittaa	[allekirʰojtta:]
cartão (m) de crédito	luottokortti	[luotto kortti]

código (m)	koodi	[ko:di]
número (m)	luottokortin numero	[luotto kortin numero]
do cartão de crédito		
Caixa Multibanco (m)	pankkiautomaatti	[paŋkki automa:tti]
cheque (m)	kuitti	[kujtti]
passar um cheque	kirjoittaa shekki	[kirʰojtta: ʃekki]
livro (m) de cheques	sekkivihko	[se:kkiʋihko]
empréstimo (m)	luotto	[luotto]
pedir um empréstimo	hakea luottoa	[hakea luottoa]
obter um empréstimo	saada luotto	[sa:da luotto]
conceder um empréstimo	antaa luottoa	[anta: luottoa]
garantia (f)	takuu	[taku:]

113. Telefone. Conversação telefónica

telefone (m)	puhelin	[puhelin]
telemóvel (m)	matkapuhelin	[matka puhelin]
secretária (f) electrónica	puhelinvastaaja	[puhelin ʋasta:ja]
fazer uma chamada	soittaa	[sojtta:]
chamada (f)	soitto	[sojtto]
marcar um número	valita numero	[ʋalita numero]
Alô!	Hei!	[hej]
perguntar (vt)	kysyä	[kysyæ]
responder (vt)	vastata	[ʋastata]
ouvir (vt)	kuulla	[ku:lla]
bem	hyvin	[hyʋin]
mal	huonosti	[huonosti]
ruído (m)	häiriöt	[ɦæjriøt]
auscultador (m)	kuuloke	[ku:loke]
pegar o telefone	nostaa luuri	[nosta: lu:ri]
desligar (vi)	laskea luuri	[laskea lu:ri]
ocupado	varattu	[ʋarattu]
tocar (vi)	soittaa	[sojtta:]
lista (f) telefónica	puhelinluettelo	[puhelin luettelo]
local	paikallinen	[pajkallinen]
para outra cidade	kauko-	[kauko]
internacional	kansainvälinen	[kansajnʋælinen]

114. Telefone móvel

telemóvel (m)	matkapuhelin	[matka puhelin]
ecrã (m)	näyttö	[ɲæyttø]
botão (m)	nappula	[nappula]
cartão SIM (m)	SIM-kortti	[sim kortti]

bateria (f)	paristo	[paristo]
descarregar-se	olla tyhjä	[olla ty:fʲa]
carregador (m)	laturi	[laturi]

menu (m)	valikko	[ʋalikko]
definições (f pl)	asetukset	[asetukset]
melodia (f)	melodia	[melodia]
escolher (vt)	valita	[ʋalita]

calculadora (f)	laskin	[laskin]
correio (m) de voz	puhelinvastaaja	[puhelin ʋasta:ja]
despertador (m)	herätyskello	[herætys kello]
contatos (m pl)	puhelinluettelo	[puhelin luettelo]

mensagem (f) de texto	SMS-viesti	[esemes ʋiesti]
assinante (m)	tilaaja	[tila:ja]

115. Estacionário

caneta (f)	täytekynä	[tæytekyɲæ]
caneta (f) tinteiro	sulkakynä	[sulkakyɲæ]

lápis (m)	lyijykynä	[ly:kyɲæ]
marcador (m)	korostuskynä	[korostuskyɲæ]
caneta (f) de feltro	huopakynä	[huopakyɲæ]

bloco (m) de notas	lehtiö	[lehtiø]
agenda (f)	päivyri	[pæjʋyri]

régua (f)	viivoitin	[ʋi:iʋojtin]
calculadora (f)	laskin	[laskin]
borracha (f)	kumi	[kumi]
pionés (m)	nasta	[nasta]
clipe (m)	paperiliitin	[paperi li:itin]

cola (f)	liima	[li:ima]
agrafador (m)	nitoja	[nitoja]
furador (m)	rei'itin	[rejɪtin]
afia-lápis (m)	teroitin	[terojtin]

116. Vários tipos de documentos

relatório (m)	selostus	[selostus]
acordo (m)	sopimus	[sopimus]
ficha (f) de inscrição	tilaus	[tilaus]
autêntico	alkuperäinen	[alkuperæjnen]
crachá (m)	rintamerkki	[rintamerkki]
cartão (m) de visita	nimikortti	[nimikortti]

certificado (m)	sertifikaatti	[sertifika:tti]
cheque (m)	sekki	[sekki]
conta (f)	lasku	[lasku]

constituição (f)	perustuslaki	[perustuslaki]
contrato (m)	sopimus	[sopimus]
cópia (f)	kopio	[kopio]
exemplar (m)	kappale	[kappale]

declaração (f) alfandegária	selvityskirja	[selvityskirʰa]
documento (m)	asiakirja	[asiakirʰæ]
carta (f) de condução	ajokortti	[aøkortti]
adenda (ao contrato)	liite	[li:ite]
questionário (m)	lomake	[lomake]

bilhete (m) de identidade	todistus	[todistus]
inquérito (m)	kysely	[kysely]
convite (m)	kutsulippu	[kutsulippu]
fatura (f)	lasku	[lasku]

lei (f)	laki	[laki]
carta (correio)	kirje	[kirʰje]
papel (m) timbrado	lomake	[lomake]
lista (f)	luettelo	[luettelo]
manuscrito (m)	käsikirjoitus	[kæsikirʰøjtus]
boletim (~ informativo)	vaalilippu	[ʋa:lilippu]
bilhete (mensagem breve)	kirjelappu	[kirʰjelappu]

passe (m)	kulkulupa	[kulkulupa]
passaporte (m)	passi	[passi]
permissão (f)	lupa	[lupa]
CV, currículo (m)	ansioluettelo	[ansioluettelo]
vale (nota promissória)	kuitti	[kujtti]
recibo (m)	kuitti	[kujtti]
talão (f)	sekki	[sekki]
relatório (m)	raportti	[raportti]

mostrar (vt)	esittää	[esittæ:]
assinar (vt)	allekirjoittaa	[allekirʰojtta:]
assinatura (f)	allekirjoitus	[allekirʰøjtus]
carimbo (m)	leima	[lejma]
texto (m)	teksti	[teksti]
bilhete (m)	lippu	[lippu]

riscar (vt)	yliviivata	[yliʋi:ʋata]
preencher (vt)	täyttää	[tæyttæ:]

guia (f) de remessa	rahtikirja	[rahtikirʰja]
testamento (m)	testamentti	[testamentti]

117. Tipos de negócios

serviços (m pl) de contabilidade	kirjanpitopalvelut	[kirʰjan pito palʋelut]
publicidade (f)	mainos	[majnos]
agência (f) de publicidade	mainostoimisto	[majnos tojmisto]
ar condicionado (m)	ilmastointilaitteet	[ilmastojnti lajtte:t]
companhia (f) aérea	lentoyhtiö	[lentoyhtiø]

bebidas (f pl) alcoólicas	alkoholijuomat	[alkoholi juomat]
comércio (m) de antiguidades	antiikki	[anti:ikki]
galeria (f) de arte	galleria	[galleria]
serviços (m pl) de auditoria	tilintarkastuspalvelut	[tilin tarkastus paluelut]

negócios (m pl) bancários	pankkitoiminta	[paŋkki tojminta]
bar (m)	baari	[ba:ri]
salão (m) de beleza	kauneushoitola	[kauneus hojtola]
livraria (f)	kirjakauppa	[kirʰja kauppa]
cervejaria (f)	olutpanimo	[olutpanimo]
centro (m) de escritórios	liiketoimisto	[li:ike tojmisto]
escola (f) de negócios	liikekoulu	[li:ike koulu]

casino (m)	kasino	[kasino]
construção (f)	rakennusala	[rakeŋus ala]
serviços (m pl) de consultoria	neuvola	[neuʋola]

estomatologia (f)	hammashoito	[hammas hojto]
design (m)	muotoilu	[muotojlu]
farmácia (f)	apteekki	[apte:kki]
lavandaria (f)	kemiallinen pesu	[kemiallinen pesu]
agência (f) de emprego	henkilöstön valintatoimisto	[heŋkiløstøn ʋalinta tojmisto]

serviços (m pl) financeiros	rahoituspalvelut	[rahojtus paluelut]
alimentos (m pl)	ruokatavarat	[ruoka tauarat]
agência (f) funerária	hautaustoimisto	[hautaus tojmisto]
mobiliário (m)	huonekalut	[huonekalut]
roupa (f)	vaatteet	[ʋa:tte:t]
hotel (m)	hotelli	[hotelli]

gelado (m)	jäätelö	[jæ:telø]
indústria (f)	teollisuus	[teollisu:s]
seguro (m)	vakuutus	[ʋaku:tus]
internet (f)	netti	[netti]
investimento (m)	sijoitukset	[si:ojtukset]

joalheiro (m)	kultaseppä	[kultaseppæ]
joias (f pl)	koruesineet	[koruesine:t]
lavandaria (f)	pesula	[pesula]
serviços (m pl) jurídicos	oikeudelliset palvelut	[ojkeudelliset paluelut]
indústria (f) ligeira	kevyt teollisuus	[keuyt teollisu:s]

revista (f)	aikakauslehti	[ajkakaus lehti]
vendas (f pl) por catálogo	postiluettelokauppa	[posti luettelo kauppa]
medicina (f)	lääketiede	[læ:ketiede]
cinema (m)	elokuvateatteri	[elokuʋa teatteri]
museu (m)	museo	[museo]

agência (f) de notícias	tietotoimisto	[tieto tojmisto]
jornal (m)	lehti	[lehti]
clube (m) noturno	yökerho	[yøkerho]

petróleo (m)	öljy	[ølʰy]
serviço (m) de encomendas	lähetintoimisto	[ʎæhetin tojmisto]
indústria (f) farmacêutica	farmasia	[farmasia]

| poligrafia (f) | kirjapainoala | [kirʰja pajno ala] |
| editora (f) | kustantamo | [kustantamo] |

rádio (m)	radio	[radio]
imobiliário (m)	kiinteistö	[kiːintejstø]
restaurante (m)	ravintola	[rauintola]

empresa (f) de segurança	vartioimisliike	[uartiojmis liːike]
desporto (m)	urheilu	[urhejlu]
bolsa (f)	pörssi	[pørssi]
loja (f)	kauppa	[kauppa]
supermercado (m)	supermarketi	[supermarketi]
piscina (f)	uimahalli	[ujmahalli]

alfaiataria (f)	ateljee	[atelʰjeː]
televisão (f)	televisio	[teleuisio]
teatro (m)	teatteri	[teatteri]
comércio (atividade)	kauppa	[kauppa]
serviços (m pl) de transporte	kuljetukset	[kulʰjetukset]
viagens (m pl)	matkailu	[matkajlu]

veterinário (m)	eläinlääkäri	[eʎæjn læːkari]
armazém (m)	varasto	[uarasto]
recolha (f) do lixo	roskan vienti	[roskan uienti]

Emprego. Negócios. Parte 2

118. Espetáculo. Feira

| feira (f) | näyttely | [ɲæyttely] |
| feira (f) comercial | kauppanäyttely | [kauppɑ ɲæyttely] |

participação (f)	osanotto	[osɑnotto]
participar (vi)	osallistua	[osɑllistuɑ]
participante (m)	osanottaja	[osɑnottɑjɑ]

diretor (m)	johtaja	[øhtɑjɑ]
direção (f)	johtokunta	[øhtokuntɑ]
organizador (m)	järjestäjä	[jærʰjestæjæ]
organizar (vt)	järjestää	[jærʰjestæ:]

ficha (f) de inscrição	hakemus osallistumiseen	[hɑkemus osɑllistumise:n]
preencher (vt)	täyttää	[tæyttæ:]
detalhes (m pl)	yksityiskohdat	[yksityjskohdɑt]
informação (f)	tiedotus	[tiedotus]

preço (m)	hinta	[hintɑ]
incluindo	sisältäen	[sisæltæen]
incluir (vt)	sisältää	[sisæltæ:]
pagar (vt)	maksaa	[mɑksɑ:]
taxa (f) de inscrição	rekisterimaksu	[rekisteri mɑksu]

entrada (f)	pääsy	[pæ:sy]
pavilhão (m)	paviljonki	[pɑʋilʰøŋki]
inscrever (vt)	rekisteröidä	[rekisterøjdæ]
crachá (m)	rintamerkki	[rintɑmerkki]

| stand (m) | näyttelyteline | [ɲæyttely teline] |
| reservar (vt) | reservoida | [reserʋojdɑ] |

vitrina (f)	näyteikkuna	[ɲæyte ikkunɑ]
foco, spot (m)	valaisin	[ʋɑlɑjsin]
design (m)	muotoilu	[muotojlu]
pôr, colocar (vt)	sijoittaa	[si:ojttɑ:]

| distribuidor (m) | tukkumyyjä | [tukkumy:jæ] |
| fornecedor (m) | toimittaja | [tojmittɑjɑ] |

país (m)	maa	[mɑ:]
estrangeiro	ulkomainen	[ulkomɑjnen]
produto (m)	tuote	[tuote]

associação (f)	yhdistys	[yhdistys]
sala (f) de conferências	kokoussali	[kokoussɑli]
congresso (m)	kongressi	[koŋressi]

concurso (m)	kilpailu	[kilpɑjlu]
visitante (m)	kävijä	[kæʋijæ]
visitar (vt)	käydä	[kæydæ]
cliente (m)	tilaaja	[tilɑ:jɑ]

119. Media

jornal (m)	lehti	[lehti]
revista (f)	aikakauslehti	[ɑjkɑkɑus lehti]
imprensa (f)	lehdistö	[lehdistø]
rádio (m)	radio	[rɑdio]
estação (f) de rádio	radioasema	[rɑdio ɑsemɑ]
televisão (f)	televisio	[teleʋisio]

apresentador (m)	juontaja	[juontɑjɑ]
locutor (m)	kuuluttaja	[ku:luttɑjɑ]
comentador (m)	kommentoija	[kommentojɑ]

jornalista (m)	lehtimies	[lehtimies]
correspondente (m)	kirjeenvaihtaja	[kirʰje:n ʋɑjhtɑjɑ]
repórter (m) fotográfico	lehtivalokuvaaja	[lehti ʋɑlo kuʋɑ:jɑ]
repórter (m)	reportteri	[reportteri]

redator (m)	toimittaja	[tojmittɑjɑ]
redätor-chefe (m)	päätoimittaja	[pæ: tojmittɑjɑ]
assinar a ...	tilata	[tilɑtɑ]
assinatura (f)	tilaus	[tilɑus]
assinante (m)	tilaaja	[tilɑ:jɑ]
ler (vt)	lukea	[lukeɑ]
leitor (m)	lukija	[lukijɑ]

tiragem (f)	levikki	[leʋikke]
mensal	kuukautinen	[ku:kɑutinen]
semanal	jokaviikkoinen	[økɑʋi:ikkojnen]
número (jornal, revista)	numero	[numero]
recente	tuore	[tuore]

título (m)	otsikko	[otsikko]
pequeno artigo (m)	lehtikirjoitus	[lehtikirʰøjtus]
coluna (~ semanal)	otsikko	[otsikko]
artigo (m)	artikkeli	[ɑrtikkeli]
página (f)	sivu	[siʋu]

reportagem (f)	reportaasi	[reportɑ:si]
evento (m)	tapahtuma	[tɑpɑhtumɑ]
sensação (f)	sensaatio	[sensɑ:tio]
escândalo (m)	skandaali	[skɑndɑ:li]
escandaloso	skandaalimainen	[skɑndɑ:limɑjnen]
grande	kova	[koʋɑ]

programa (m) de TV	ohjelma	[ohʰjelmɑ]
entrevista (f)	haastattelu	[hɑ:stɑttelu]
transmissão (f) em direto	suora lähetys	[suorɑ ʎæhetys]
canal (m)	kanava	[kɑnɑʋɑ]

120. Agricultura

agricultura (f)	maatalous	[ma:talous]
camponês (m)	talonpoika	[talon pojka]
camponesa (f)	talonpoikaisnainen	[talon pojkajs najnen]
agricultor (m)	farmari	[farmari]
trator (m)	traktori	[traktori]
ceifeira-debulhadora (f)	leikkuupuimuri	[lejkku: pujmuri]
arado (m)	aura	[aura]
arar (vt)	kyntää	[kyntæ:]
campo (m) lavrado	kynnös	[kyŋøs]
rego (m)	vako	[ʋako]
semear (vt)	kylvää	[kylʊæ:]
semeadora (f)	kylvökone	[kylʊøkone]
semeação (f)	kylvö	[kylʊø]
gadanha (f)	viikate	[ʋi:ikate]
gadanhar (vt)	niittää	[ni:ittæ:]
pá (f)	lapio	[lapio]
cavar (vt)	kaivaa	[kajʊa:]
enxada (f)	kuokka	[kuokka]
carpir (vt)	kitkeä	[kitkea]
erva (f) daninha	rikkaruoho	[rikka ruoho]
regador (m)	kastelukannu	[kastelukaŋu]
regar (vt)	kastella	[kastella]
rega (f)	kastelu	[kastelu]
forquilha (f)	hanko	[haŋko]
ancinho (m)	harava	[haraʊa]
fertilizante (m)	lannoite	[laŋojte]
fertilizar (vt)	lannoittaa	[laŋojtta:]
estrume (m)	lanta	[lanta]
campo (m)	pelto	[pelto]
prado (m)	niitty	[ni:itty]
horta (f)	kasvitarha	[kasʊitarha]
pomar (m)	puutarha	[pu:tarha]
pastar (vt)	paimentaa	[pajmenta:]
pastor (m)	paimen	[pajmen]
pastagem (f)	laidun	[lajdun]
pecuária (f)	karjanhoito	[karʰjan hojto]
criação (f) de ovelhas	lampaanhoito	[lampa:n hojto]
plantação (f)	viljelys	[ʋilʰelys]
canteiro (m)	kasvipenkki	[kasʊipeŋkki]
invernadouro (m)	lämpölava	[ʎæmpølaʊa]

| seca (f) | kuivuus | [kujʊu:s] |
| seco (verão ~) | kuiva | [kujʊa] |

| cereais (m pl) | vilja | [ʋilʰja] |
| colher (vt) | korjata | [korʰjata] |

moleiro (m)	mylläri	[myʎæri]
moinho (m)	mylly	[mylly]
moer (vt)	jauhaa viljaa	[jauha: ʋilʰæ:]
farinha (f)	jauhot	[jauhot]
palha (f)	oljet	[olʰjet]

121. Construção. Processo de construção

canteiro (m) de obras	rakennustyömaa	[rakeŋus tyø ma:]
construir (vt)	rakentaa	[rakenta:]
construtor (m)	rakentaja	[rakentaja]

projeto (m)	hanke	[haŋke]
arquiteto (m)	arkkitehti	[arkkitehti]
operário (m)	työläinen	[tyøʎæjnen]

fundação (f)	perustus	[perustus]
telhado (m)	katto	[katto]
estaca (f)	paalu	[pa:lu]
parede (f)	seinä	[sejnæ]

| varões (m pl) para betão | kalusteet | [kaluste:t] |
| andaime (m) | rakennustelineet | [rakeŋus teline:t] |

betão (m)	betoni	[betoni]
granito (m)	graniitti	[grani:itti]
pedra (f)	kivi	[kiʋi]
tijolo (m)	tiili	[ti:ili]

| areia (f) | hiekka | [hiekka] |
| cimento (m) | sementti | [sementti] |

| emboço (m) | rappaus | [rappaus] |
| emboçar (vt) | rapata | [rapata] |

tinta (f)	maali	[ma:li]
pintar (vt)	maalata	[ma:lata]
barril (m)	tynnyri	[tyŋyri]

grua (f), guindaste (m)	nosturi	[nosturi]
erguer (vt)	nostaa	[nosta:]
baixar (vt)	laskea	[laskea]

buldózer (m)	raivaustraktori	[rajʋaus traktori]
escavadora (f)	kaivuri	[kajʊuri]
caçamba (f)	kauha	[kauha]
escavar (vt)	kaivaa	[kajʋa:]
capacete (m) de proteção	kypärä	[kypæræ]

122. Ciência. Investigação. Cientistas

ciência (f)	tiede	[tiede]
científico	tieteellinen	[tiete:llinen]
cientista (m)	tiedemies	[tiedemies]
teoria (f)	teoria	[teoria]

axioma (m)	aksiomi	[aksiomi]
análise (f)	analyysi	[analy:si]
analisar (vt)	analysoida	[analysojda]
argumento (m)	argumentti	[argumentti]
substância (f)	aine	[ajne]

hipótese (f)	hypoteesi	[hypote:si]
dilema (m)	dilemma	[dilemma]
tese (f)	väitöskirja	[uæjtøskir^hja]
dogma (m)	dogmi	[dogmi]

doutrina (f)	oppi	[oppi]
pesquisa (f)	tutkimus	[tutkimus]
pesquisar (vt)	tutkia	[tutkia]
teste (m)	tarkastus	[tarkastus]
laboratório (m)	laboratorio	[laboratorio]

método (m)	metodi	[metodi]
molécula (f)	molekyyli	[moleky:li]
monitoramento (m)	valvonta	[uaʎuonta]
descoberta (f)	löytö	[løytø]

postulado (m)	oletus	[oletus]
princípio (m)	periaate	[peria:te]
prognóstico (previsão)	ennustus	[eŋustus]
prognosticar (vt)	ennustaa	[eŋusta:]

síntese (f)	synteesi	[synte:si]
tendência (f)	tendenssi	[tendenssi]
teorema (m)	olettamus	[olettamus]

ensinamentos (m pl)	oppi	[oppi]
facto (m)	tosiasia	[tosiasia]
expedição (f)	retkikunta	[retkikunta]
experiência (f)	koe	[koe]

académico (m)	akateemikko	[akate:mikko]
bacharel (m)	kandidaatti	[kandida:tti]
doutor (m)	tohtori	[tohtori]
docente (m)	dosentti	[dosentti]
mestre (m)	maisteri	[majsteri]
professor (m) catedrático	professori	[professori]

Profissões e ocupações

123. Procura de emprego. Demissão

trabalho (m)	työ	[tyø]
equipa (f)	henkilökunta	[heŋkiløkunta]
carreira (f)	virkaura	[uirkaura]
perspetivas (f pl)	tulevaisuuden näkymät	[tuleuajsu:den nakymat]
mestria (f)	mestaruus	[mestaru:s]
seleção (f)	valinta	[ualinta]
agência (f) de emprego	työnvälitys toimisto	[tøjnuælitys tojmisto]
CV, currículo (m)	ansioluettelo	[ansioluettelo]
entrevista (f) para um emprego	työhaastattelussa	[tyoha:stattelussa]
vaga (f)	vakanssi	[uakanssi]
salário (m)	palkka	[palkka]
salário (m) fixo	kiinteä palkka	[ki:inteæ palkka]
pagamento (m)	maksu	[maksu]
posto (m)	virka	[uirka]
dever (do empregado)	velvollisuus	[ueluollisu:s]
gama (f) de deveres	velvollisuudet	[ueluollisu:det]
ocupado	varattu	[uarattu]
despedir, demitir (vt)	antaa potkut	[anta: potkut]
demissão (f)	irtisanominen	[irtisanominen]
desemprego (m)	työttömyys	[tyøttømy:s]
desempregado (m)	työtön	[tyøtøn]
reforma (f)	eläke	[eʎæke]
reformar-se	jäädä eläkkeelle	[jæ:dæ eʎække:lle]

124. Gente de negócios

diretor (m)	johtaja	[øhtaja]
gerente (m)	johtaja	[øhtaja]
patrão, chefe (m)	esimies	[esimies]
superior (m)	päällikkö	[pæ:likkø]
superiores (m pl)	päällystö	[pæ:llystø]
presidente (m)	presidentti	[presidentti]
presidente (m) de direção	puheenjohtaja	[puhe:n øhtaja]
substituto (m)	sijainen	[sijajnen]
assistente (m)	apulainen	[apulajnen]

| secretário (m) | sihteeri | [sihte:ri] |
| secretário (m) pessoal | henkilökohtainen avustaja | [heŋkylø kohtajnen auustaæ] |

homem (m) de negócios	liikemies	[li:ikemies]
empresário (m)	yrittäjä	[yrittæjæ]
fundador (m)	perustaja	[perustaja]
fundar (vt)	perustaa	[perusta:]

fundador, sócio (m)	kumppani	[kumppani]
parceiro, sócio (m)	partneri	[partneri]
acionista (m)	osakkeenomistaja	[osakke:n omistaæ]

milionário (m)	miljonääri	[milʰønæ:ri]
bilionário (m)	miljardööri	[milʰærdø:ri]
proprietário (m)	omistaja	[omistaja]
proprietário (m) de terras	maanomistaja	[ma:nomistaja]

cliente (m)	asiakas	[asiakas]
cliente (m) habitual	vakituinen asiakas	[uakitujnen asiakas]
comprador (m)	ostaja	[ostaja]
visitante (m)	kävijä	[kæuijæ]

profissional (m)	ammattilainen	[ammattilajnen]
perito (m)	asiantuntija	[asiantuntija]
especialista (m)	ammattimies	[ammattimies]

| banqueiro (m) | pankkiiri | [paŋkki:iri] |
| corretor (m) | välittäjä | [uælittæjæ] |

caixa (m, f)	kassanhoitaja	[kassanhojtaja]
contabilista (m)	kirjanpitäjä	[kirʰjanpitæjæ]
guarda (m)	vartija	[uartija]

investidor (m)	sijoittaja	[siøjttaja]
devedor (m)	velallinen	[uelallinen]
credor (m)	luotonantaja	[luotonantaja]
mutuário (m)	lainanottaja	[lajnanottajæ]

| importador (m) | maahantuoja | [ma:hantuoja] |
| exportador (m) | viejä | [uiejæ] |

produtor (m)	tuottaja	[tuottaja]
distribuidor (m)	tukkumyyjä	[tukkumy:jæ]
intermediário (m)	välittäjä	[uælittæjæ]

consultor (m)	neuvoja	[neuuoja]
representante (m)	edustaja	[edustaja]
agente (m)	asiamies	[asiamies]
agente (m) de seguros	vakuutusasiamies	[uaku:tus asiamies]

125. Profissões de serviços

| cozinheiro (m) | kokki | [kokki] |
| cozinheiro chefe (m) | keittiömestari | [kejttiø mestari] |

padeiro (m)	leipuri	[lejpuri]
barman (m)	baarimestari	[baːrimestari]
empregado (m) de mesa	tarjoilija	[tarʰøjlija]
empregada (f) de mesa	tarjoilijatar	[tarʰøjlijatar]

advogado (m)	asianajaja	[asianajaja]
jurista (m)	lakimies	[lakimies]
notário (m)	notaari	[notaːri]

eletricista (m)	sähkömies	[sæhkømies]
canalizador (m)	putkimies	[putkimies]
carpinteiro (m)	kirvesmies	[kirʋesmies]

massagista (m)	hieroja	[hieroja]
massagista (f)	naishieroja	[najs hieroja]
médico (m)	lääkäri	[læːkæri]

taxista (m)	taksinkuljettaja	[taksin kuʎjettaja]
condutor (automobilista)	kuljettaja	[kuʎættaja]
entregador (m)	lähetti	[ʎæhetti]

camareira (f)	sisäkkö	[sisækkø]
guarda (m)	vartija	[ʋartija]
hospedeira (f) de bordo	lentoemäntä	[lentoemæntæ]

professor (m)	opettaja	[opettaja]
bibliotecário (m)	kirjastonhoitaja	[kirʰjaston hojtaja]
tradutor (m)	kääntäjä	[kæːntæjæ]
intérprete (m)	tulkki	[tulkki]
guia (pessoa)	opas	[opas]

cabeleireiro (m)	parturi	[parturi]
carteiro (m)	postinkantaja	[postin kantaja]
vendedor (m)	myyjä	[myːjæ]

jardineiro (m)	puutarhuri	[puːtarhuri]
criado (m)	palvelija	[palʋelija]
criada (f)	palvelijatar	[palʋelijatar]
empregada (f) de limpeza	siivooja	[siːʋoːja]

126. Profissões militares e postos

soldado (m) raso	rivimies	[riʋimies]
sargento (m)	kersantti	[kersantti]
tenente (m)	luutnantti	[luːtnantti]
capitão (m)	kapteeni	[kapteːni]

major (m)	majuri	[majuri]
coronel (m)	eversti	[eʋersti]
general (m)	kenraali	[kenraːli]
marechal (m)	marsalkka	[marsalkka]
almirante (m)	amiraali	[amiraːli]
militar (m)	sotilashenkilö	[sotilas heŋkilø]
soldado (m)	sotilas	[sotilas]

oficial (m)	upseeri	[upse:ri]
comandante (m)	komentaja	[komentaja]

guarda (m) fronteiriço	rajavartija	[raja vartija]
operador (m) de rádio	radisti	[radisti]
explorador (m)	tiedustelija	[tiedustelija]
sapador (m)	pioneeri	[pione:ri]
atirador (m)	ampuja	[ampuja]
navegador (m)	perämies	[peræmies]

127. Oficiais. Padres

rei (m)	kuningas	[kuniŋas]
rainha (f)	kuningatar	[kuniŋatar]

príncipe (m)	prinssi	[prinssi]
princesa (f)	prinsessa	[prinsessa]

czar (m)	tsaari	[tsa:ri]
czarina (f)	tsaaritar	[tsa:ritar]

presidente (m)	presidentti	[presidentti]
ministro (m)	ministeri	[ministeri]
primeiro-ministro (m)	pääministeri	[pæ: ministeri]
senador (m)	senaattori	[sena:ttori]

diplomata (m)	diplomaatti	[diploma:tti]
cônsul (m)	konsuli	[konsuli]
embaixador (m)	suurlähettiläs	[su:rʎæhettiʎæs]
conselheiro (m)	neuvos	[neuvos]

funcionário (m)	virkamies	[virkamies]
prefeito (m)	prefekti	[prefekti]
Presidente (m) da Câmara	kaupunginjohtaja	[kaupuŋin øhtaja]

juiz (m)	tuomari	[tuomari]
procurador (m)	syyttäjä	[sy:ttæjæ]

missionário (m)	lähetystyöntekijä	[ʎæhentystyøntekija]
monge (m)	munkki	[muŋkki]
abade (m)	apotti	[apotti]
rabino (m)	rabbi	[rrabbi]

vizir (m)	visiiri	[visi:iri]
xá (m)	šaahi	[ʃa:hi]
xeque (m)	šeikki	[ʃejkki]

128. Profissões agrícolas

apicultor (m)	mehiläishoitaja	[mehiʎæjs hojtaja]
pastor (m)	paimen	[pajmen]
agrónomo (m)	agronomi	[agronomi]

| criador (m) de gado | karjanhoitaja | [karʰjan hojtaja] |
| veterinário (m) | eläinlääkäri | [eʎæjn læ:kari] |

agricultor (m)	farmari	[farmari]
vinicultor (m)	viininvalmistaja	[ʋi:inin ʋalmistaja]
zoólogo (m)	eläintieteilijä	[eʎæjn tietejlijæ]
cowboy (m)	cowboy	[kauboj]

129. Profissões artísticas

| ator (m) | näyttelijä | [ɲæyttelijæ] |
| atriz (f) | näyttelijätär | [ɲæytteʎætær] |

| cantor (m) | laulaja | [laulaja] |
| cantora (f) | naislaulaja | [najslaulaja] |

| bailarino (m) | tanssija | [tanssija] |
| bailarina (f) | tanssijatar | [tanssijatar] |

| artista (m) | näyttelijä | [ɲæyttelijæ] |
| artista (f) | näyttelijätär | [ɲæytteʎætær] |

músico (m)	muusikko	[mu:sikko]
pianista (m)	pianisti	[pianisti]
guitarrista (m)	kitaransoittaja	[kitaran sojttaja]

maestro (m)	kapellimestari	[kapelli mestari]
compositor (m)	säveltäjä	[sæʋeltæjæ]
empresário (m)	järjestäjä	[jærʰjestæjæ]

realizador (m)	ohjaaja	[ohʰja:ja]
produtor (m)	tuottaja	[tuottaja]
argumentista (m)	skenaristi	[skenaristi]
crítico (m)	arvostelija	[arʋostelija]

escritor (m)	kirjailija	[kirʰjajlija]
poeta (m)	runoilija	[runojlija]
escultor (m)	kuvanveistäjä	[kuʋanʋejstæjæ]
pintor (m)	taiteilija	[tajtejlija]

malabarista (m)	jonglööri	[øŋlø:ri]
palhaço (m)	klovni	[kloʋni]
acrobata (m)	akrobaatti	[akroba:tti]
mágico (m)	taikuri	[tajkuri]

130. Várias profissões

médico (m)	lääkäri	[læ:kæri]
enfermeira (f)	sairaanhoitaja	[sajra:n hojtaja]
psiquiatra (m)	psykiatri	[psykiatri]
estomatologista (m)	hammaslääkäri	[hammas læ:kæri]
cirurgião (m)	kirurgi	[kirurgi]

astronauta (m)	astronautti	[astronautti]
astrónomo (m)	tähtitieteilijä	[tæhti tietejlijæ]
piloto (m)	lentäjä	[lentæjæ]
motorista (m)	kuljettaja	[kuʎættaja]
maquinista (m)	junankuljettaja	[yneŋkuʎættaja]
mecânico (m)	mekaanikko	[meka:nikko]
mineiro (m)	kaivosmies	[kajuosmies]
operário (m)	työläinen	[tyøʎæjnen]
serralheiro (m)	viilaaja	[ui:ila:ja]
marceneiro (m)	puuseppä	[pu:seppæ]
torneiro (m)	sorvari	[soruari]
construtor (m)	rakentaja	[rakentaja]
soldado (m)	hitsari	[hitsari]
professor (m) catedrático	professori	[professori]
arquiteto (m)	arkkitehti	[arkkitehti]
historiador (m)	historioitsija	[historiojtsija]
cientista (m)	tiedemies	[tiedemies]
físico (m)	fyysikko	[fy:sikko]
químico (m)	kemisti	[kemisti]
arqueólogo (m)	arkeologi	[arkeologi]
geólogo (m)	geologi	[geologi]
pesquisador (cientista)	tutkija	[tutkija]
babysitter (f)	lastenhoitaja	[lasten hojtaja]
professor (m)	pedagogi	[pedagogi]
redator (m)	toimittaja	[tojmittaja]
redator-chefe (m)	päätoimittaja	[pæ: tojmittaja]
correspondente (m)	kirjeenvaihtaja	[kirʰje:n uajhtaja]
datilógrafa (f)	konekirjoittaja	[kone kirʰøjttaja]
designer (m)	muotoilija	[muotojlija]
especialista (m) em informática	tietokoneasiantuntija	[tietokone asiantuntija]
programador (m)	ohjelmoija	[ohʰjelmoja]
engenheiro (m)	insinööri	[insinø:ri]
marujo (m)	merimies	[merimies]
marinheiro (m)	matruusi	[matru:si]
salvador (m)	pelastaja	[pelastaja]
bombeiro (m)	palomies	[palomies]
polícia (m)	poliisi	[poli:isi]
guarda-noturno (m)	vahti	[uahti]
detetive (m)	etsivä	[etsiuæ]
funcionário (m) da alfândega	tullimies	[tullimies]
guarda-costas (m)	henkivartija	[heŋkiuartija]
guarda (m) prisional	vanginvartija	[uaŋinuartija]
inspetor (m)	tarkastaja	[tarkastaja]
desportista (m)	urheilija	[urhejlija]
treinador (m)	valmentaja	[ualmentaja]

115

talhante (m)	lihanleikkaaja	[lihanlejka:æ]
sapateiro (m)	suutari	[su:tari]
comerciante (m)	liikemies	[li:ikemies]
carregador (m)	lastaaja	[lasta:ja]
estilista (m)	muotisuunnittelija	[muoti su:ŋittelija]
modelo (f)	malli	[malli]

131. Ocupações. Estatuto social

aluno, escolar (m)	koululainen	[koululajnen]
estudante (~ universitária)	ylioppilas	[ylioppilas]
filósofo (m)	filosofi	[filosofi]
economista (m)	taloustieteilijä	[talous tietejlijæ]
inventor (m)	keksijä	[keksiæ]
desempregado (m)	työtön	[tyøtøn]
reformado (m)	eläkeläinen	[eʌækeʌæjnen]
espião (m)	vakoilija	[ʋakojlija]
preso (m)	vanki	[ʋaŋki]
grevista (m)	lakkolainen	[lakkolajnen]
burocrata (m)	virkamies	[ʋirkamies]
viajante (m)	matkailija	[matkajlija]
homossexual (m)	homoseksuaali	[homoseksua:li]
hacker (m)	hakkeri	[hakkeri]
bandido (m)	rosvo	[rosʋo]
assassino (m) a soldo	salamurhaaja	[sala murha:ja]
toxicodependente (m)	narkomaani	[narkoma:ni]
traficante (m)	huumekauppias	[hu:me kauppias]
prostituta (f)	prostituoitu	[prostituojtu]
chulo (m)	sutenööri	[sutenø:ri]
bruxo (m)	noita	[nojta]
bruxa (f)	noita	[nojta]
pirata (m)	merirosvo	[merirosʋo]
escravo (m)	orja	[orʰja]
samurai (m)	samurai	[samuraj]
selvagem (m)	villi-ihminen	[ʋilli ihminen]

Desportos

132. Tipos de desportos. Desportistas

desportista (m)	urheilija	[urhejlija]
tipo (m) de desporto	urheilulaji	[urhejlulɑjı]
basquetebol (m)	koripallo	[koripɑllo]
jogador (m) de basquetebol	koripalloilija	[koripɑllojlijɑ]
beisebol (m)	pesäpallo	[pesæpɑllo]
jogador (m) de beisebol	pesäpallon pelaaja	[pesæpɑllon pelɑ:æ]
futebol (m)	jalkapallo	[jɑlkɑ pɑllo]
futebolista (m)	jalkapalloilija	[jɑlkɑ pɑllojlijɑ]
guarda-redes (m)	maalivahti	[mɑ:liuɑhti]
hóquei (m)	jääkiekko	[jæ:kækko]
jogador (m) de hóquei	jääkiekkoilija	[jæ:kiekkojlijɑ]
voleibol (m)	lentopallo	[lento pɑllo]
jogador (m) de voleibol	lentopalloilija	[lento pɑllojlijɑ]
boxe (m)	nyrkkeily	[nyrkkejly]
boxeador, pugilista (m)	nyrkkeilijä	[nyrkkejlijæ]
luta (f)	taistelu	[tɑjstelu]
lutador (m)	taistelija	[tɑjstelijɑ]
karaté (m)	karate	[kɑrɑte]
karateca (m)	karateka	[kɑrɑtekɑ]
judo (m)	judo	[judo]
judoca (m)	judoka	[judokɑ]
ténis (m)	tennis	[teŋis]
tenista (m)	tenniksen pelaaja	[teŋiksen pelɑ:jɑ]
natação (f)	uinti	[ujnti]
nadador (m)	uimari	[ujmɑri]
esgrima (f)	miekkailu	[miekkɑjlu]
esgrimista (m)	miekkailija	[miekkɑjlijɑ]
xadrez (m)	šakki	[ʃɑkki]
xadrezista (m)	šakinpelaaja	[ʃɑkinpelɑ:jɑ]
alpinismo (m)	vuorikiipeily	[uuoriki:pejly]
alpinista (m)	vuorikiipeilijä	[uuoriki:pejlijæ]
corrida (f)	juoksu	[juoksu]

corredor (m)	juoksija	[juoksija]
atletismo (m)	yleisurheilu	[ylejsurhejlu]
atleta (m)	yleisurheilija	[ylejsurhejlija]

| hipismo (m) | ratsastusurheilu | [ratsastus urhejlu] |
| cavaleiro (m) | ratsastaja | [ratsastaja] |

patinagem (f) artística	taitoluistelu	[tajto lujstelu]
patinador (m)	taitoluistelija	[tajto lujstelija]
patinadora (f)	taitoluistelija	[tajto lujstelija]

| halterofilismo (m) | painonnosto | [pajnoŋosto] |
| halterofilista (m) | painonnostaja | [pajnon nostaja] |

| corrida (f) de carros | kilpa-autoilu | [kilpa autojlu] |
| piloto (m) | kilpa-ajaja | [kilpa ajaja] |

| ciclismo (m) | pyöräily | [pyøræjly] |
| ciclista (m) | pyöräilijä | [pyøræjlijæ] |

salto (m) em comprimento	pituushyppy	[pitu:s hyppy]
salto (m) à vara	seiväshyppy	[sejuæs hyppy]
atleta (m) de saltos	hyppääjä	[hyppæ:jæ]

133. Tipos de desportos. Diversos

futebol (m) americano	Amerikkalainen jalkapallo	[amerikkalajnen jalkapallo]
badminton (m)	sulkapallo	[sulkapallo]
biatlo (m)	ampumahiihto	[ampumahi:ihto]
bilhar (m)	biljardi	[bilʰjardi]

bobsleigh (m)	rattikelkka	[ratti kelkka]
musculação (f)	kehonrakennus	[kehonrakeŋus]
polo (m) aquático	vesipallo	[uesi pallo]
handebol (m)	käsipallo	[kæsi pallo]
golfe (m)	golf	[goʎf]

remo (m)	soutu	[soutu]
mergulho (m)	sukellus	[sukellus]
corrida (f) de esqui	murtomaahiihto	[murtoma:hi:ihto]
ténis (m) de mesa	pöytätennis	[pøytæ teŋis]

vela (f)	purjehdus	[purʰjehdus]
rali (m)	ralli	[ralli]
râguebi (m)	rugby	[ragbi]
snowboard (m)	lumilautailu	[lumi lautajlu]
tiro (m) com arco	jousiammunta	[øusiam munta]

134. Ginásio

| barra (f) | painonnostotanko | [pajnoŋosto taŋko] |
| halteres (m pl) | käsipainot | [kæsipajnot] |

aparelho (m) de musculaçao	kuntolaite	[kuntolɑjte]
bicicleta (f) ergométrica	kuntopyörä	[kuntopyøræ]
passadeira (f) de corrida	juoksurata	[juoksurɑtɑ]

barra (f) fixa	tanko	[tɑŋko]
barras (f) paralelas	nojapuut	[noja pu:t]
cavalo (m)	ratsu	[rɑtsu]
tapete (m) de ginástica	matto	[mɑtto]

aeróbica (f)	aerobick	[ɑerobik]
ioga (f)	jooga	[ø:gɑ]

135. Hoquei

hóquei (m)	jääkiekko	[jæ:kækko]
jogador (m) de hóquei	jääkiekkoilija	[jæ:kiekkojlija]
jogar hóquei	pelata jääkiekkoa	[pelɑtɑ jæ:kjekkoɑ]
gelo (m)	jää	[jæ:]

disco (m)	kiekko	[kækko]
taco (m) de hóquei	maila	[mɑjlɑ]
patins (m pl) de gelo	luistimet	[lujstimet]

muro (m)	laita	[lɑjtɑ]
tiro (m)	laukaus	[lɑukɑus]

guarda-redes (m)	maalivahti	[mɑ:liuɑhti]
golo (m)	maali	[mɑ:li]
marcar um golo	tehdä maali	[tehdæ mɑ:li]

tempo (m)	erä	[eræ]
banco (m) de reservas	varamiespenkki	[uɑrɑmies peŋkki]

136. Futebol

futebol (m)	jalkapallo	[jɑlkɑ pɑllo]
futebolista (m)	jalkapalloilija	[jɑlkɑ pɑllojlija]
jogar futebol	pelata jalkapalloa	[pelɑtɑ ælkɑpɑloɑ]

Liga Principal (f)	korkein liiga	[korkejn li:igɑ]
clube (m) de futebol	jalkapallokerho	[jɑlkɑ pɑllo kerho]
treinador (m)	valmentaja	[uɑlmentɑjɑ]
proprietário (m)	omistaja	[omistɑjɑ]

equipa (f)	joukkue	[øukkue]
capitão (m) da equipa	joukkueen kapteeni	[øukkue:n kɑpte:ni]
jogador (m)	pelaaja	[pelɑ:jɑ]
jogador (m) de reserva	varamies	[uɑrɑmies]

atacante (m)	hyökkääjä	[hyøkkæ:jæ]
avançado (m) centro	keskushyökkääjä	[keskus hyøkkæ:jæ]
marcador (m)	maalintekijä	[mɑ:lintekijæ]

119

| defesa (m) | puolustaja | [puolustaja] |
| médio (m) | tukimies | [tukimies] |

jogo (desafio)	matsi	[matsi]
encontrar-se (vr)	tavata	[tauata]
final (m)	finaali	[fina:li]
meia-final (f)	välierä	[uæli eræ]
campeonato (m)	mestaruuskilpailut	[mestaru:s kilpajlut]

tempo (m)	puoliaika	[puoliajka]
primeiro tempo (m)	ensimmäinen puoliaika	[ensimmæjnen puoliajka]
intervalo (m)	tauko	[tauko]

baliza (f)	maali	[ma:li]
guarda-redes (m)	maalivahti	[ma:liuahti]
trave (f)	poikkihirsi	[pojkki hirsi]
barra (f) transversal	poikkipuu	[pojkki pu:]
rede (f)	verkko	[uerkko]
sofrer um golo	ohita pallo maaliin	[ohita pallo ma:li:in]

bola (f)	pallo	[pallo]
passe (m)	syöttö	[syøttø]
chute (m)	isku	[isku]
chutar (vt)	iskeä	[iskeæ]
tiro (m) livre	rangaistuspotku	[raŋajstus potku]
canto (m)	kulmuri	[kulmuri]

ataque (m)	hyökkäys	[hyøkkæys]
contra-ataque (m)	vastahyökkäys	[uasta hyøkkæys]
combinação (f)	yhdistelmä	[yhdistelmæ]

árbitro (m)	erotuomari	[erotuomari]
apitar (vi)	viheltää	[uiheltæ:]
apito (m)	pilli	[pilli]
falta (f)	rikkomus	[rikkomus]
cometer a falta	rikkoa	[rikkoa]
expulsar (vt)	poistaa kentältä	[pojsta: kentæltæ]

cartão (m) amarelo	keltainen kortti	[keltajnen kortti]
cartão (m) vermelho	punainen kortti	[punajnen kortti]
desqualificação (f)	esteellisuus	[este:llisu:s]
desqualificar (vt)	diskvalifioida	[diskualifiojda]

penálti (m)	rangaistuspotku	[raŋajstus potku]
barreira (f)	seinä	[sejnæ]
marcar (vt)	potkaista	[potkajsta]
golo (m)	maali	[ma:li]
marcar um golo	tehdä maali	[tehdæ ma:li]

substituto (m)	vaihto	[uajhto]
substituir (vt)	vaihtaa	[uajhta:]
regras (f pl)	säännöt	[sæ:ŋøt]
tática (f)	taktiikka	[takti:ikka]

| estádio (m) | urheilukenttä | [urhejlukenttæ] |
| bancadas (f pl) | katsomo | [katsomo] |

| fã, adepto (m) | fani | [fɑni] |
| gritar (vi) | huutaa | [huːtɑ:] |

| marcador (m) | tulostaulu | [tulostɑulu] |
| resultado (m) | maaliluku | [mɑːliluku] |

| derrota (f) | häviö | [hæʋiø] |
| perder (vt) | hävitä | [hæʋitæ] |

| empate (m) | tasapeli | [tɑsɑpeli] |
| empatar (vi) | pelata tasan | [pelɑtɑ tɑsɑn] |

vitória (f)	voitto	[ʋojtto]
ganhar, vencer (vi, vt)	voittaa	[ʋojtta:]
campeão (m)	mestari	[mestɑri]
melhor	paras	[pɑrɑs]
felicitar (vt)	onnitella	[oɲitellɑ]

comentador (m)	kommentoija	[kommentojɑ]
comentar (vt)	kommentoida	[kommentojdɑ]
transmissão (f)	televisiointi	[teleʋisiojnti]

137. Ski Alpino

esqui (m)	sukset	[sukset]
esquiar (vi)	hiihdellä	[hiːhdeʎæ]
estância (f) de esqui	hiihtokeskus	[hiːlhto keskus]
teleférico (m)	hiihtohissi	[hiːlhto hissi]

bastões (m pl) de esqui	suksisauvat	[suksisɑuʋɑt]
declive (m)	rinne	[riɲe]
slalom (m)	pujottelu	[puøttelu]

138. Ténis. Golfe

golfe (m)	golff	[goʎf]
clube (m) de golfe	golfkerho	[goʎf kerho]
jogador (m) de golfe	golfin pelaaja	[goʎfin pelɑ:jɑ]

buraco (m)	kuoppa	[kuoppɑ]
taco (m)	maila	[mɑjlɑ]
trolley (m)	golfkärryt	[goʎf kɑrryt]

| ténis (m) | tennis | [teɲis] |
| quadra (f) de ténis | tenniskenttä | [teɲis kenttæ] |

| saque (m) | syöttö | [syøttø] |
| sacar (vi) | syöttää | [syøttæ:] |

raquete (f)	maila	[mɑjlɑ]
rede (f)	verkko	[ʋerkko]
bola (f)	pallo	[pɑllo]

139. Xadrez

xadrez (m)	šakki	[ʃɑkki]
peças (f pl) de xadrez	šakkinappulat	[ʃɑkki nɑppulɑt]
xadrezista (m)	šakinpelaaja	[ʃɑkinpelɑːjɑ]
tabuleiro (m) de xadrez	šakkilauta	[ʃɑkki lɑutɑ]
peça (f) de xadrez	nappula	[nɑppulɑ]
brancas (f pl)	valkeat	[vɑlkeɑt]
pretas (f pl)	mustat	[mustɑt]
peão (m)	sotilas	[sotilɑs]
bispo (m)	norsu	[norsu]
cavalo (m)	ratsu	[rɑtsu]
torre (f), roque (m)	torni	[torni]
dama (f)	kuningatar	[kuniŋɑtɑr]
rei (m)	kuningas	[kuniŋɑs]
vez (m)	siirto	[siːirto]
mover (vt)	siirtää	[siːirtæː]
sacrificar (vt)	uhrata	[uhrɑtɑ]
roque (m)	linnoitus	[liŋojtus]
xeque (m)	šakki	[ʃɑkki]
xeque-mate (m)	matti	[mɑtti]
torneio (m) de xadrez	šakkiturnaus	[ʃɑkki turnɑus]
grão-mestre (m)	suurmestari	[suːrmestɑri]
combinação (f)	yhdistelmä	[yhdistelmæ]
partida (f)	peli	[peli]
jogo (m) de damas	tammi	[tɑmmi]

140. Boxe

boxe (m)	nyrkkeily	[nyrkkejly]
combate (m)	ottelu	[ottelu]
duelo (m)	nyrkkeilyottelu	[nyrkkejly ottelu]
round, assalto (m)	erä	[eræ]
ringue (m)	kehä	[kehæ]
gongo (m)	gongi	[goŋi]
murro, soco (m)	isku	[isku]
knockdown (m)	knock down	[nokdɑun]
nocaute (m)	tyrmäys	[tyrmæys]
nocautear (vt)	tyrmätä	[tyrmætæ]
luva (f) de boxe	nyrkkeilyhansikas	[nyrkkejlu hɑnsikɑs]
árbitro (m)	tuomari	[tuomɑri]
peso-leve (m)	kevyt sarja	[keʋyt sɑrʰjɑ]
peso-médio (m)	keskisarja	[keskisɑrʰjɑ]
peso-pesado (m)	raskas sarja	[rɑskɑs sɑrʰjɑ]

141. Desportos. Diversos

Jogos (m pl) Olímpicos	Olympiakisat	[olympia kisat]
vencedor (m)	voittaja	[ʋojttaja]
vencer (vi)	voittaa	[ʋojttɑ:]
vencer, ganhar (vi)	voittaa	[ʋojttɑ:]
líder (m)	johtaja	[øhtaja]
liderar (vt)	johtaa	[øhtɑ:]
primeiro lugar (m)	ensimmäinen sija	[ensimmæjnen sija]
segundo lugar (m)	toinen sija	[tojnen sija]
terceiro lugar (m)	kolmas sija	[kolmas sija]
medalha (f)	mitali	[mitali]
troféu (m)	saalis	[sɑ:lis]
taça (f)	pokaali	[pokɑ:li]
prémio (m)	palkinto	[palkinto]
prémio (m) principal	pääpalkinto	[pæ: palkinto]
recorde (m)	ennätys	[eŋætys]
estabelecer um recorde	saavuttaa ennätys	[sɑ:ʋutta: eŋætys]
final (m)	loppuottelu	[loppuottelu]
final	finaali-	[finɑ:li]
campeão (m)	mestari	[mestari]
campeonato (m)	mestaruuskilpailut	[mestaru:s kilpajlut]
estádio (m)	stadion	[stadion]
bancadas (f pl)	katsomo	[katsomo]
fã, adepto (m)	penkkiurheilija	[peŋkki urhejlija]
adversário (m)	vastustaja	[ʋastustaja]
partida (f)	lähtö	[ʎæhtø]
chegada, meta (f)	maali	[mɑ:li]
derrota (f)	häviö	[hæʋiø]
perder (vt)	hävitä	[hæʋitæ]
árbitro (m)	tuomari	[tuomari]
júri (m)	tuomaristo	[tuomaristo]
resultado (m)	maaliluku	[mɑ:liluku]
empate (m)	tasapeli	[tasapeli]
empatar (vi)	pelata tasan	[pelata tasan]
ponto (m)	piste	[piste]
resultado (m) final	tulos	[tulos]
intervalo (m)	tauko	[tauko]
doping (m)	doping	[dopiŋ]
penalizar (vt)	rangaista	[raŋajsta]
desqualificar (vt)	diskvalifioida	[diskʋalifiojda]
aparelho (m)	teline	[teline]
dardo (m)	keihäs	[kejhæs]

| peso (m) | kuula | [ku:lɑ] |
| bola (f) | biljardipallo | [bilʰjɑrdi pɑllo] |

alvo, objetivo (m)	maali	[mɑ:li]
alvo (~ de papel)	maali	[mɑ:li]
atirar, disparar (vi)	ampua	[ɑmpuɑ]
preciso (tiro ~)	tarkka	[tɑrkkɑ]

treinador (m)	valmentaja	[ʋɑlmentɑjɑ]
treinar (vt)	valmentaa	[ʋɑlmentɑ:]
treinar-se (vr)	valmentautua	[ʋɑlmentɑutuɑ]
treino (m)	valmennus	[ʋɑlmeɲus]

ginásio (m)	voimistelusali	[ʋojmistelu sɑli]
exercício (m)	liike	[li:ike]
aquecimento (m)	verryttely	[ʋerryttely]

Educação

142. Escola

escola (f)	koulu	[koulu]
diretor (m) de escola	koulun rehtori	[koulun rehtori]
aluno (m)	oppilas	[oppilas]
aluna (f)	tyttöoppilas	[tyttø oppilas]
escolar (m)	koululainen	[koululɑjnen]
escolar (f)	koululainen	[koululɑjnen]
ensinar (vt)	opettaa	[opetta:]
aprender (vt)	opetella	[opetella]
aprender de cor	oppia ulkoa	[oppia ulkoa]
estudar (vi)	opiskella	[opiskella]
andar na escola	käydä koulua	[kæydæ koulua]
ir à escola	mennä kouluun	[meŋa koulu:n]
alfabeto (m)	aakkoset	[a:kkoset]
disciplina (f)	oppiaine	[oppiɑjne]
sala (f) de aula	luokka	[luokka]
lição (f)	tunti	[tunti]
recreio (m)	tauko	[tauko]
toque (m)	soitto	[sojtto]
carteira (f)	pulpetti	[pulpetti]
quadro (m) negro	taulu	[taulu]
nota (f)	arvosana	[aruosana]
boa nota (f)	hyvä arvosana	[hyuæ aruosana]
nota (f) baixa	huono arvosana	[huono aruosana]
dar uma nota	merkitä arvosana	[merkitæ aruosana]
erro (m)	virhe	[uirhe]
fazer erros	tehdä virheet	[tehdæ uirhe:t]
corrigir (vt)	korjata	[korʰjata]
cábula (f)	lunttilappu	[lunttilappu]
dever (m) de casa	kotitehtävä	[kotitehtæuæ]
exercício (m)	harjoitus	[harʰøjtus]
estar presente	olla läsnä	[olla ʎæsɲæ]
estar ausente	olla poissa	[olla pojssa]
punir (vt)	rangaista	[raŋɑjsta]
punição (f)	rangaistus	[raŋɑjstus]
comportamento (m)	käytös	[kæytøs]
boletim (m) escolar	oppilaan päiväkirja	[oppila:n pæjuækirʰja]

lápis (m)	lyijykynä	[ly:kyŋæ]
borracha (f)	kumi	[kumi]
giz (m)	liitu	[li:itu]
estojo (m)	kynäkotelo	[kyŋækotelo]

pasta (f) escolar	salkku	[salkku]
caneta (f)	kynä	[kyŋæ]
caderno (m)	vihko	[ʋihko]
manual (m) escolar	oppikirja	[oppikirʰja]
compasso (m)	harppi	[harppi]

traçar (vt)	piirtää	[pi:irtæ:]
desenho (m) técnico	piirros	[pi:irros]

poesia (f)	runo	[runo]
de cor	ulkoa	[ulkoa]
aprender de cor	oppia ulkoa	[oppia ulkoa]

férias (f pl)	loma	[loma]
estar de férias	olla lomalla	[olla lomalla]

teste (m)	koe	[koe]
composição, redação (f)	ainekirjoitus	[ajnekirʰøjtus]
ditado (m)	sanelu	[sanelu]

exame (m)	tentti	[tentti]
fazer exame	suorittaa tentit	[suoritta: tentit]
experiência (~ química)	koe	[koe]

143. Colégio. Universidade

academia (f)	akatemia	[akatemia]
universidade (f)	yliopisto	[yliopisto]
faculdade (f)	tiedekunta	[tiede kunta]

estudante (m)	opiskelija	[opiskelija]
estudante (f)	opiskelija	[opiskelija]
professor (m)	opettaja	[opettaja]

sala (f) de palestras	luentosali	[luentosali]
graduado (m)	valmistunut	[ʋalmistunut]

diploma (m)	diplomi	[diplomi]
tese (f)	väitöskirja	[ʋæjtøskirʰja]

estudo (obra)	tutkimus	[tutkimus]
laboratório (m)	laboratorio	[laboratorio]

palestra (f)	luento	[luento]
colega (m) de curso	kurssitoveri	[kurssitoʋeri]

bolsa (f) de estudos	opintotuki	[opinto tuki]
grau (m) académico	oppiarvo	[oppi arʋo]

144. Ciências. Disciplinas

matemática (f)	matematiikka	[matemati:ikka]
álgebra (f)	algebra	[algebra]
geometria (f)	geometria	[geometria]
astronomia (f)	tähtitiede	[tæhti tiede]
biologia (f)	biologia	[biologia]
geografia (f)	maantiede	[ma:ntiede]
geologia (f)	geologia	[geologia]
história (f)	historia	[historia]
medicina (f)	lääketiede	[læ:ketiede]
pedagogia (f)	pedagogiikka	[pedagogi:ikka]
direito (m)	oikeustiede	[ojkeustiede]
física (f)	fysiikka	[fysi:ikka]
química (f)	kemia	[kemia]
filosofia (f)	filosofia	[filosofia]
psicologia (f)	psykologia	[psykologia]

145. Sistema de escrita. Ortografia

gramática (f)	kielioppi	[kielioppi]
vocabulário (m)	sanasto	[sanasto]
fonética (f)	äänneoppi	[æ:ŋeoppi]
substantivo (m)	substantiivi	[substanti:iui]
adjetivo (m)	adjektiivi	[adjekti:iui]
verbo (m)	verbi	[uerbi]
advérbio (m)	adverbi	[aduerbi]
pronome (m)	pronomini	[pronomini]
interjeição (f)	interjektio	[interʰjektio]
preposição (f)	prepositio	[prepositio]
raiz (f) da palavra	sanan kanta	[sanan kanta]
terminação (f)	pääte	[pæ:te]
prefixo (m)	etuliite	[etuli:ite]
sílaba (f)	tavu	[tauu]
sufixo (m)	johdin	[øhdin]
acento (m)	paino	[pajno]
apóstrofo (m)	heittomerkki	[hejttomerkki]
ponto (m)	piste	[piste]
vírgula (f)	pilkku	[pilkku]
ponto e vírgula (m)	puolipiste	[puolipiste]
dois pontos (m pl)	kaksoispiste	[kaksojspiste]
reticências (f pl)	pisteryhmä	[pisteryhmæ]
ponto (m) de interrogação	kysymysmerkki	[kysymys merkki]
ponto (m) de exclamação	huutomerkki	[hu:tomerkki]

aspas (f pl)	lainausmerkit	[lɑjnɑus merkit]
entre aspas	lainausmerkeissä	[lɑjnɑus merkejssæ]
parênteses (m pl)	sulkumerkit	[sulkumerkit]
entre parênteses	sulkumerkeissä	[sulkumerkejssæ]

hífen (m)	tavuviiva	[tɑʋu ʋiːiʋɑ]
travessão (m)	ajatusviiva	[ɑætusʋiːiʋɑ]
espaço (m)	väli	[ʋæli]

| letra (f) | kirjain | [kirʰjɑjn] |
| letra (f) maiúscula | iso kirjain | [iso kirʰjɑjn] |

| vogal (f) | vokaali | [ʋokɑːli] |
| consoante (f) | konsonantti | [konsonɑntti] |

frase (f)	lause	[lɑuse]
sujeito (m)	subjekti	[subʰjekti]
predicado (m)	predikaatti	[predikɑːtti]

linha (f)	rivi	[riʋi]
em uma nova linha	uudella rivillä	[uːdelɑ riʋillɑ]
parágrafo (m)	kappale	[kɑppɑle]

palavra (f)	sana	[sɑnɑ]
grupo (m) de palavras	sanaliitto	[sɑnɑ liːitto]
expressão (f)	ilmaisu	[ilmɑjsu]
sinónimo (m)	synonyymi	[synonyːmi]
antónimo (m)	antonyymi	[ɑntonyːmi]

regra (f)	sääntö	[sæːntø]
exceção (f)	poikkeus	[pojkkeus]
correto	oikea	[ojkeɑ]

conjugação (f)	verbien taivutus	[ʋerbien tɑjuutus]
declinação (f)	nominien taivutus	[nominien tɑjuutus]
caso (m)	sija	[sijɑ]
pergunta (f)	kysymys	[kysymys]
sublinhar (vt)	alleviivata	[alleʋiːiʋɑtɑ]
linha (f) pontilhada	pisteviiva	[pisteʋiːiʋɑ]

146. Línguas estrangeiras

língua (f)	kieli	[kieli]
língua (f) estrangeira	vieras kieli	[ʋierɑs kieli]
estudar (vt)	opiskella	[opiskellɑ]
aprender (vt)	opetella	[opetellɑ]

ler (vt)	lukea	[lukeɑ]
falar (vi)	puhua	[puhuɑ]
compreender (vt)	ymmärtää	[ymmærtæː]
escrever (vt)	kirjoittaa	[kirʰojttɑː]

| rapidamente | nopeasti | [nopeɑsti] |
| devagar | hitaasti | [hitɑːsti] |

fluentemente	sujuvasti	[sujuʋɑsti]
regras (f pl)	säännöt	[sæːŋøt]
gramática (f)	kielioppi	[kielioppi]
vocabulário (m)	sanasto	[sɑnɑsto]
fonética (f)	äänneoppi	[æːŋeoppi]

manual (m) escolar	oppikirja	[oppikirʰjɑ]
dicionário (m)	sanakirja	[sɑnɑkirʰjɑ]
manual (m) de autoaprendizagem	itseopiskeluopas	[itseopiskelu opɑs]
guia (m) de conversação	fraasisanakirja	[frɑːsi sɑnɑkirʲɑ]

cassete (f)	kasetti	[kɑsetti]
vídeo cassete (m)	videokasetti	[ʋideokɑsetti]
CD (m)	CD-levy	[sede leʋy]
DVD (m)	DVD-levy	[deʋede leʋy]

alfabeto (m)	aakkoset	[ɑːkkoset]
soletrar (vt)	tavata	[tɑʋɑtɑ]
pronúncia (f)	ääntäminen	[æːntæminen]

sotaque (m)	korostus	[korostus]
com sotaque	vieraasti korostaen	[ʋierɑːsti korostaen]
sem sotaque	ilman korostusta	[ilmɑn korostusta]

palavra (f)	sana	[sɑnɑ]
sentido (m)	merkitys	[merkitys]

cursos (m pl)	kurssit	[kurssit]
inscrever-se (vr)	ilmoittautua	[ilmojttautuɑ]
professor (m)	opettaja	[opettɑjɑ]

tradução (processo)	kääntäminen	[kæːntæminen]
tradução (texto)	käännös	[kæːŋøs]
tradutor (m)	kääntäjä	[kæːntæjæ]
intérprete (m)	tulkki	[tulkki]

poliglota (m)	monikielinen	[moni kielinen]
memória (f)	muisti	[mujsti]

147. Personagens de contos de fadas

Pai (m) Natal	Santa Claus	[sɑntɑ klɑus]
sereia (f)	merenneito	[mereŋejto]

mago (m)	noita	[nojtɑ]
fada (f)	hyvä noita	[hyʋɑ nojtɑ]
mágico	taika-	[tɑjkɑ]
varinha (f) mágica	taikasauva	[tɑjkɑ sɑuʋɑ]

conto (m) de fadas	satu	[sɑtu]
milagre (m)	ihme	[ihme]
anão (m)	tonttu	[tonttu]
transformar-se em ...	muuttua ...	[muːttuɑ]

129

fantasma (m)	haamu	[ha:mu]
espetro (m)	kummitus	[kummitus]
monstro (m)	hirviö	[hirʋiø]
dragão (m)	lohikäärme	[lohikæ:rme]
gigante (m)	jättiläinen	[jættiʌæjnen]

148. Signos do Zodíaco

Carneiro	Oinas	[ojnɑs]
Touro	Härkä	[hærkæ]
Gémeos	Kaksoset	[kɑksoset]
Caranguejo	Rapu	[rɑpu]
Leão	Leijona	[leiønɑ]
Virgem	Neitsyt	[nejtsyt]

Balança	Vaaka	[ʋɑ:kɑ]
Escorpião	Skorpioni	[skorpioni]
Sagitário	Jousimies	[øusimies]
Capricórnio	Kauris	[kɑuris]
Aquário	Vesimies	[ʋesimies]
Peixes	Kalat	[kɑlɑt]

caráter (m)	luonne	[luoŋe]
traços (m pl) do caráter	luonteenpiirteet	[luonte:n pi:irte:t]
comportamento (m)	käytös	[kæytøs]
predizer (vt)	ennustaa	[eŋustɑ:]
adivinha (f)	ennustaja	[eŋustɑjɑ]
horóscopo (m)	horoskooppi	[horosko:ppi]

Artes

149. Teatro

teatro (m)	teatteri	[teatteri]
ópera (f)	ooppera	[oːppera]
opereta (f)	operetti	[operetti]
balé (m)	baletti	[baletti]
cartaz (m)	juliste	[juliste]
companhia (f) teatral	seurue	[seurue]
turné (digressão)	kiertue	[kjertue]
estar em turné	vierailla	[uierajlla]
ensaiar (vt)	harjoitella	[harʰøjtella]
ensaio (m)	harjoitus	[harʰøjtus]
repertório (m)	ohjelmisto	[ohjelmisto]
apresentação (f)	esitys	[esitys]
espetáculo (m)	näytelmä	[ɲæytelmæ]
peça (f)	näytelmä	[ɲæytelmæ]
bilhete (m)	lippu	[lippu]
bilheteira (f)	lippukassa	[lippukassa]
hall (m)	aula	[aula]
guarda-roupa (m)	naulakko	[naulakko]
senha (f) numerada	vaatelappu	[uaːte lappu]
binóculo (m)	kiikari	[kiːikari]
lanterninha (m)	tarkastaja	[tarkastaja]
plateia (f)	permanto	[permanto]
balcão (m)	parveke	[parueke]
primeiro balcão (m)	ensi parvi	[ensi parui]
camarote (m)	aitio	[ajtio]
fila (f)	rivi	[riui]
assento (m)	paikka	[pajkka]
público (m)	yleisö	[ylejsø]
espetador (m)	katsoja	[katsoja]
aplaudir (vt)	taputtaa käsiä	[taputtaː kæsiæ]
aplausos (m pl)	aplodit	[aplodit]
ovação (f)	suosionosoitukset	[suosionosojtukset]
palco (m)	näyttämö	[ɲæyttæmø]
pano (m) de boca	esirippu	[esirippu]
cenário (m)	lavastus	[lauastus]
bastidores (m pl)	kulissit	[kulissit]
cena (f)	kohtaus	[kohtaus]
ato (m)	näytös	[ɲæutøs]
entreato (m)	väliaika	[uæliajka]

150. Cinema

ator (m)	näyttelijä	[ɲæyttelijæ]
atriz (f)	näyttelijätär	[ɲæytteʌætær]
cinema (m)	elokuvat	[elokuʋɑt]
filme (m)	elokuva	[elokuʋɑ]
episódio (m)	sarja	[sɑrʰjɑ]
filme (m) policial	dekkari	[dekkɑri]
filme (m) de ação	toimintaelokuva	[tojmintɑ elokuʋɑ]
filme (m) de aventuras	seikkailuelokuva	[sejkkɑjlu elokuʋɑ]
filme (m) de ficção científica	tieteisfiktioelokuva	[tjetesfiktio elokuʋɑ]
filme (m) de terror	kauhuelokuva	[kɑuhu elokuʋɑ]
comédia (f)	komedia	[komediɑ]
melodrama (m)	melodraama	[melodrɑːmɑ]
drama (m)	draama	[drɑːmɑ]
filme (m) ficcional	kuvitteellinen elokuva	[kuʋiteːlinen elokuʋɑ]
documentário (m)	dokumenttielokuva	[dokumentti elokuʋɑ]
desenho (m) animado	piirrosfilmi	[piːirros filmi]
cinema (m) mudo	mykkäelokuva	[mykkæ elokuʋɑ]
papel (m)	osa	[osɑ]
papel (m) principal	pääosa	[pæːosɑ]
representar (vt)	näytellä	[ɲæyteʌæ]
estrela (f) de cinema	filmitähti	[filmitæhti]
conhecido	tunnettu	[tuɳettu]
famoso	kuulu	[kuːlu]
popular	suosittu	[suosittu]
argumento (m)	käsikirjoitus	[kæsikirʰøjtus]
argumentista (m)	skenaristi	[skenɑristi]
realizador (m)	ohjaaja	[ohʰjɑːjɑ]
produtor (m)	tuottaja	[tuottɑjɑ]
assistente (m)	avustaja	[ɑʋustɑjɑ]
diretor (m) de fotografia	operaattori	[operɑːttori]
duplo (m)	temppumies	[temppumies]
filmar (vt)	elokuvata	[elokuʋɑtɑ]
audição (f)	kokeilut	[kokejlut]
filmagem (f)	filmaus	[filmɑus]
equipe (f) de filmagem	filmausryhmä	[filmɑus ryhmæ]
set (m) de filmagem	filmauskenttä	[filmɑus kenttæ]
câmara (f)	elokuvakamera	[elokuʋɑ kɑmerɑ]
cinema (m)	elokuvateatteri	[elokuʋɑ teɑtteri]
ecrã (m), tela (f)	valkokangas	[ʋɑlkokɑŋɑs]
exibir um filme	esittää elokuvaa	[esittæ: elokuʋɑ:]
pista (f) sonora	ääniraita	[æːnirɑjtɑ]
efeitos (m pl) especiais	tehosteet	[tehosteːt]
legendas (f pl)	tekstitykset	[tekstitykset]

| crédito (m) | lopputekstit | [lopputekstit] |
| tradução (f) | käännös | [kæːŋøs] |

151. Pintura

arte (f)	taide	[tɑjde]
belas-artes (f pl)	kaunotaiteet	[kɑunotɑjteːt]
galeria (f) de arte	galleria	[gɑlleriɑ]
exposição (f) de arte	taidenäyttely	[tɑjdeɲæyttely]

pintura (f)	maalaustaide	[mɑːlɑus tɑjde]
arte (f) gráfica	piirrostaide	[piːrros tɑjde]
arte (f) abstrata	abstraktinen taide	[ɑbstrɑktinen tɑjde]
impressionismo (m)	impressionismi	[impressionismi]

pintura (f), quadro (m)	taulu	[tɑulu]
desenho (m)	piirros	[piːrros]
cartaz, póster (m)	juliste	[juliste]

ilustração (f)	kuva	[kuʋɑ]
miniatura (f)	pienoiskuva	[pienojskuʋɑ]
cópia (f)	kopio	[kopio]
reprodução (f)	jäljennös	[jælʰjeŋøs]

mosaico (m)	mosaiikki	[mosɑiːikki]
vitral (m)	ikkunamaalaus	[ikkunɑmɑːlɑus]
fresco (m)	fresko	[fresko]
gravura (f)	kaiverrus	[kɑjʋerrus]

busto (m)	rintakuva	[rintɑkuʋɑ]
escultura (f)	kuvanveisto	[kuʋɑnʋejsto]
estátua (f)	kuvapatsas	[kuʋɑpɑtsɑs]
gesso (m)	kipsi	[kipsi]
em gesso	kipsistä	[kipsistæ]

retrato (m)	muotokuva	[muotokuʋɑ]
autorretrato (m)	omakuva	[omɑkuʋɑ]
paisagem (f)	maisemakuva	[mɑjsemɑkuʋɑ]
natureza (f) morta	asetelma	[ɑsetelmɑ]
caricatura (f)	pilakuva	[pilɑkuʋɑ]
esboço (m)	hahmotelma	[hɑhmotelmɑ]

tinta (f)	väri	[ʋæri]
aguarela (f)	akvarelliväri	[ɑkʋɑrelliʋæri]
óleo (m)	öljyväri	[ølʰyʋæri]
lápis (m)	lyijykynä	[lyːkyɲæ]
tinta da China (f)	tussi	[tussi]
carvão (m)	hiili	[hiːli]

| desenhar (vt) | piirtää | [piːrtæː] |
| pintar (vt) | maalata | [mɑːlɑtɑ] |

| posar (vi) | poseerata | [poseːrɑtɑ] |
| modelo (m) | poseeraaja | [poseːrɑːjɑ] |

modelo (f)	poseeraaja	[pose:raːja]
pintor (m)	taiteilija	[tajtejlija]
obra (f)	teos	[teos]
obra-prima (f)	mestariteos	[mestariteos]
estúdio (m)	verstas	[ʋerstas]

tela (f)	kangas	[kaŋas]
cavalete (m)	maalausteline	[maːlausteline]
paleta (f)	paletti	[paletti]

moldura (f)	kehys	[kehys]
restauração (f)	entistys	[entistys]
restaurar (vt)	entistää	[entistæː]

152. Literatura & Poesia

literatura (f)	kirjallisuus	[kirʰjallisuːs]
autor (m)	tekijä	[tekijæ]
pseudónimo (m)	salanimi	[sala nimi]

livro (m)	kirja	[kirʰja]
volume (m)	nide	[nide]
índice (m)	sisällysluettelo	[sisællys luettelo]
página (f)	sivu	[siʋu]
protagonista (m)	päähenkilö	[pæːheŋkilø]
autógrafo (m)	nimikirjoitus	[nimi kirʰøjtus]

conto (m)	kertomus	[kertomus]
novela (f)	novelli	[noʋelli]
romance (m)	romaani	[romaːni]
obra (f)	teos	[teos]
fábula (m)	satu	[satu]
romance (m) policial	salapoliisiromaani	[sala poliːisi romaːni]

poesia (obra)	runo	[runo]
poesia (arte)	runous	[runous]
poema (m)	runoelma	[runoelma]
poeta (m)	runoilija	[runojlija]

ficção (f)	kaunokirjallisuus	[kauno kirʰjallisuːs]
ficção (f) científica	tieteiskirjallisuus	[tietejs kirʰjallisuːs]
aventuras (f pl)	seikkailut	[sejkkajlut]
literatura (f) didática	oppikirjallisuus	[oppi kirʰællisuːs]
literatura (f) infantil	lastenkirjallisuus	[lasten kirʰjallisuːs]

153. Circo

circo (m)	sirkus	[sirkus]
circo (m) ambulante	kiertävä sirkus	[kiertæʋæ sirkus]
programa (m)	ohjelma	[ohʰjelma]
apresentação (f)	esitys	[esitys]
número (m)	numero	[numero]

arena (f)	areena	[are:na]
pantomima (f)	pantomiimi	[pantomi:imi]
palhaço (m)	klovni	[klouni]

acrobata (m)	akrobaatti	[akroba:tti]
acrobacia (f)	voimistelutaito	[uojmistelu tajto]
ginasta (m)	voimistelija	[uojmistelija]
ginástica (f)	voimistelu	[uojmistelu]
salto (m) mortal	hypähdys	[hypæhdys]

homem forte (m)	atleetti	[atle:tti]
domador (m)	kesyttäjä	[kesyttæjæ]
cavaleiro (m) equilibrista	ratsastaja	[ratsastaja]
assistente (m)	avustaja	[auustaja]

truque (m)	trikki	[trikki]
truque (m) de mágica	temppu	[temppu]
mágico (m)	taikuri	[tajkuri]

malabarista (m)	jonglööri	[øŋlø:ri]
fazer malabarismos	jongleerata	[øŋle:rata]
domador (m)	kouluttaja	[kouluttaja]
adestramento (m)	koulutus	[koulutus]
adestrar (vt)	kouluttaa	[koulutta:]

154. Música. Música popular

música (f)	musiikki	[musi:ikki]
músico (m)	muusikko	[mu:sikko]
instrumento (m) musical	soitin	[sojtin]
tocar ...	soittaa	[sojtta:]

guitarra (f)	kitara	[kitara]
violino (m)	viulu	[uiulu]
violoncelo (m)	sello	[sello]
contrabaixo (m)	bassoviulu	[bassouiulu]
harpa (f)	harppu	[harppu]

piano (m)	piano	[piano]
piano (m) de cauda	flyygeli	[fly:geli]
órgão (m)	urut	[urut]

instrumentos (m pl) de sopro	puhallussoitimet	[puhallus sojtimet]
oboé (m)	oboe	[oboj]
saxofone (m)	saksofoni	[saksofoni]
clarinete (m)	klarinetti	[klarinetti]
flauta (f)	huilu	[hujlu]
trompete (m)	torvi	[torui]

acordeão (m)	pianoharmonikka	[piano harmonikka]
tambor (m)	rumpu	[rumpu]

duo, dueto (m)	duo	[duo]
trio (m)	trio	[trio]

quarteto (m)	kvartetti	[kʊartetti]
coro (m)	kuoro	[kuoro]
orquestra (f)	orkesteri	[orkesteri]

música (f) pop	pop musiikki	[pop musiːikki]
música (f) rock	rokki	[rokki]
grupo (m) de rock	rokkiyhtye	[rokki yhtye]
jazz (m)	jatsi	[jatsi]

| ídolo (m) | idoli | [idoli] |
| fã, admirador (m) | ihailija | [ihajlija] |

concerto (m)	konsertti	[konsertti]
sinfonia (f)	sinfonia	[sinfonia]
composição (f)	sävellys	[sæʊellys]
compor (vt)	säveltää	[sæʊeltæː]

canto (m)	laulaminen	[lauluminen]
canção (f)	laulu	[laulu]
melodia (f)	melodia	[melodia]
ritmo (m)	rytmi	[rytmi]
blues (m)	blues	[blyes]

notas (f pl)	nuotit	[nuotit]
batuta (f)	tahtipuikko	[tahti pujkko]
arco (m)	jousi	[øusi]
corda (f)	kieli	[kieli]
estojo (m)	kotelo	[kotelo]

Descanso. Entretenimento. Viagens

155. Viagens

turismo (m)	matkailu	[matkajlu]
turista (m)	matkailija	[matkajlija]
viagem (f)	matka	[matka]
aventura (f)	seikkailu	[sejkkajlu]
viagem (f)	matka	[matka]
férias (f pl)	loma	[loma]
estar de férias	olla lomalla	[olla lomalla]
descanso (m)	lepo	[lepo]
comboio (m)	juna	[juna]
de comboio (chegar ~)	junalla	[junalla]
avião (m)	lentokone	[lentokone]
de avião	lentokoneella	[lentokone:lla]
de carro	autolla	[autolla]
de navio	laivalla	[lajualla]
bagagem (f)	matkatavarat	[matkatavarat]
mala (f)	matkalaukku	[matkalaukku]
carrinho (m)	matkatavarakärryt	[matkatavarat kærryt]
passaporte (m)	passi	[passi]
visto (m)	viisumi	[ui:isumi]
bilhete (m)	lippu	[lippu]
bilhete (m) de avião	lentolippu	[lentolippu]
guia (m) de viagem	opas	[opas]
mapa (m)	kartta	[kartta]
local (m), area (f)	seutu	[seutu]
lugar, sítio (m)	paikka	[pajkka]
exotismo (m)	eksoottisuus	[ekso:ttisu:s]
exótico	eksoottinen	[ekso:ttinen]
surpreendente	ihmeellinen	[ihme:llinen]
grupo (m)	ryhmä	[ryhmæ]
excursão (f)	retki	[retki]
guia (m)	opas	[opas]

156. Hotel

hotel (m)	hotelli	[hotelli]
motel (m)	motelli	[motelli]
três estrelas	kolme tähteä	[kolme tæhteæ]

| cinco estrelas | viisi tähteä | [ui:isi tæhteæ] |
| ficar (~ num hotel) | majoittua | [maøjttua] |

quarto (m)	huone	[huone]
quarto (m) individual	yhden hengen huone	[yhden heŋen huone]
quarto (m) duplo	kahden hengen huone	[kahden heŋen huone]
reservar um quarto	varata huone	[uarata huone]

| meia pensão (f) | puolihoito | [puolihojto] |
| pensão (f) completa | täysihoito | [tæysihojto] |

com banheira	ammeen kanssa	[amme:n kanssa]
com duche	suihkun kanssa	[sujhkun kanssa]
televisão (m) satélite	satelliittitelevisio	[satelli:itti teleuisio]
ar (m) condicionado	ilmastointilaite	[ilmastojntilajte]
toalha (f)	pyyhe	[py:he]
chave (f)	avain	[auajn]

administrador (m)	vastaanottaja	[uasta:nottajæ]
camareira (f)	kerrossiivooja	[kerrossi:iuo:ja]
bagageiro (m)	kantaja	[kantaja]
porteiro (m)	vahtimestari	[uahti mestari]

restaurante (m)	ravintola	[rauintola]
bar (m)	baari	[ba:ri]
pequeno-almoço (m)	aamiainen	[a:miajnen]
jantar (m)	illallinen	[illallinen]
buffet (m)	noutopöytä	[nouto pøytæ]

| hall (m) de entrada | eteishalli | [etejshalli] |
| elevador (m) | hissi | [hissi] |

| NÃO PERTURBE | ÄLKÄÄ HÄIRITKÖ | [ælkæ: ħæjritkø] |
| PROIBIDO FUMAR! | EI SAA POLTTAA! | [ej sa: poltta:] |

157. Livros. Leitura

livro (m)	kirja	[kirʰja]
autor (m)	tekijä	[tekijæ]
escritor (m)	kirjailija	[kirʰjajlija]
escrever (vt)	kirjoittaa	[kirʰojtta:]

leitor (m)	lukija	[lukija]
ler (vt)	lukea	[lukea]
leitura (f)	lukeminen	[lukeminen]

| para si | hiljaa | [hiʎia:] |
| em voz alta | ääneen | [æ:ne:n] |

publicar (vt)	julkaista	[julkajsta]
publicação (f)	julkaisu	[julkajsu]
editor (m)	julkaisija	[julkajsija]
editora (f)	kustantamo	[kustantamo]
sair (vi)	ilmestyä	[ilmestyæ]

| lançamento (m) | julkaisu | [julkajsu] |
| tiragem (f) | painosmäärä | [pajnosmæ:ræ] |

| livraria (f) | kirjakauppa | [kirʰja kauppa] |
| biblioteca (f) | kirjasto | [kirʰjasto] |

novela (f)	novelli	[novelli]
conto (m)	kertomus	[kertomus]
romance (m)	romaani	[roma:ni]
romance (m) policial	salapoliisiromaani	[sala poli:isi roma:ni]

memórias (f pl)	muistelmat	[mujstelmat]
lenda (f)	tarina	[tarina]
mito (m)	myytti	[my:tti]

poesia (f)	runot	[runot]
autobiografia (f)	omaelämäkerta	[omaeʎæmækerta]
obras (f pl) escolhidas	valitut teokset	[valitut teokset]
ficção (f) científica	tieteiskirjallisuus	[tietejs kirʰjallisu:s]

título (m)	nimi	[nimi]
introdução (f)	johdanto	[øhdanto]
folha (f) de rosto	nimilehti	[nimilehti]

capítulo (m)	luku	[luku]
excerto (m)	katkelma	[katkelma]
episódio (m)	jakso	[jakso]

tema (m)	juoni	[juoni]
conteúdo (m)	sisältö	[sisæltø]
índice (m)	sisällysluettelo	[sisællys luettelo]
protagonista (m)	pääsankari	[pæ: saŋkari]

tomo, volume (m)	nide	[nide]
capa (f)	kansi	[kansi]
encadernação (f)	sidonta	[sidonta]
marcador (m) de livro	kirjanmerkki	[kirʰjanmerkki]

página (f)	sivu	[sivu]
folhear (vt)	selailla	[selajlla]
margem (f)	reunat	[reunat]
anotação (f)	merkintä	[merkintæ]
nota (f) de rodapé	huomautus	[huomautus]

texto (m)	teksti	[teksti]
fonte (f)	kirjainlaji	[kirʰjajnlajı]
gralha (f)	painovirhe	[pajnovirhe]

tradução (f)	käännös	[kæ:ŋøs]
traduzir (vt)	kääntää	[kæ:ntæ:]
original (m)	alkuperäiskappale	[alkuperæjskappale]

famoso	kuulu	[ku:lu]
desconhecido	tuntematon	[tuntematon]
interessante	mielenkiintoinen	[mielen ki:intojnen]
best-seller (m)	menekkiteos	[menekkiteos]

dicionário (m)	sanakirja	[sanakirʰja]
manual (m) escolar	oppikirja	[oppikirʰja]
enciclopédia (f)	tietosanakirja	[tietosanakirʰja]

158. Caça. Pesca

caça (f)	metsästys	[metsæstys]
caçar (vi)	metsästää	[metsæstæ:]
caçador (m)	metsästäjä	[metsæstæjæ]

atirar (vi)	ampua	[ampua]
caçadeira (f)	pyssy	[pyssy]
cartucho (m)	patruuna	[patru:na]
chumbo (m) de caça	haulit	[haulit]

armadilha (f)	raudat	[raudat]
armadilha (com corda)	pyydys	[py:dys]
pôr a armadilha	asettaa raudat	[asetta: raudat]
caçador (m) furtivo	salametsästäjä	[salametsæstæjæ]
caça (f)	riista	[ri:ista]
cão (m) de caça	metsästyskoira	[metsæstyskojra]
safári (m)	safari	[safari]
animal (m) empalhado	täytetty eläin	[tæytetty eʎæjn]

pescador (m)	kalastaja	[kalastaja]
pesca (f)	kalastus	[kalastus]
pescar (vt)	kalastaa	[kalasta:]
cana (f) de pesca	onki	[oŋki]
linha (f) de pesca	siima	[si:ima]
anzol (m)	koukku	[koukku]
boia (f)	koho	[koho]
isca (f)	syötti	[syøtti]

lançar a linha	heittää onki	[hejttæ: oŋki]
morder (vt)	käydä onkeen	[kæydæ oŋke:n]
pesca (f)	saalis	[sa:lis]
buraco (m) no gelo	avanto	[avanto]

rede (f)	verkko	[verkko]
barco (m)	vene	[vene]
pescar com rede	laskea verkot	[laskea verkot]
lançar a rede	heittää verkko	[hejttæ: verkko]
puxar a rede	vetää verkko	[vetæ: verkko]

baleeiro (m)	valaanpyytäjä	[vala:n py:tæjæ]
baleeira (f)	valaanpyyntialus	[vala:n py:ntialus]
arpão (m)	harppuuna	[harppu:na]

159. Jogos. Bilhar

bilhar (m)	biljardi	[bilʰjardi]
sala (f) de bilhar	biljardisali	[bilʰjardi sali]

bola (f) de bilhar	biljardipallo	[bilʰjardi pallo]
embolsar uma bola	työntää pallo pussiin	[tyøntæ: pallo pussi:in]
taco (m)	biljardikeppi	[bilʰjardi keppi]
bolsa (f)	pussi	[pussi]

160. Jogos. Jogar cartas

ouros (m pl)	ruutu	[ru:tu]
espadas (f pl)	pata	[pata]
copas (f pl)	hertta	[hertta]
paus (m pl)	risti	[risti]

ás (m)	ässä	[æssæ]
rei (m)	kuningas	[kuniŋas]
dama (f)	rouva	[rouʋa]
valete (m)	sotamies	[sotamies]

carta (f) de jogar	kortti	[kortti]
cartas (f pl)	kortit	[kortit]
trunfo (m)	valtti	[ʋaltti]
baralho (m)	pakka	[pakka]

dar, distribuir (vt)	jakaa	[jaka:]
embaralhar (vt)	sekoittaa	[sekojtta:]
vez, jogada (f)	siirto	[si:irto]
batoteiro (m)	korttihuijari	[korttihuijari]

161. Casino. Roleta

casino (m)	kasino	[kasino]
roleta (f)	ruletti	[ruletti]
aposta (f)	panos	[panos]
apostar (vt)	panna panos	[paŋa panos]

vermelho (m)	punainen	[punajnen]
preto (m)	musta	[musta]
apostar no vermelho	panna panos punaisen varaan	[paŋa panos punajsen ʋara:n]
apostar no preto	panna panos mustan varaan	[paŋa panos mustan ʋara:n]

crupiê (m, f)	pelipankin hoitaja	[peli paŋkin hojtaja]
girar a roda	pyörittää	[pyørittæ:]
regras (f pl) do jogo	pelisäännöt	[pelisæ:ŋøt]
ficha (f)	peliraha	[peliraha]

ganhar (vi, vt)	voittaa	[ʋojtta:]
ganho (m)	voitto	[ʋojtto]

perder (dinheiro)	hävitä	[hæʋitæ]
perda (f)	häviö	[hæʋiø]
jogador (m)	pelaaja	[pela:ja]

141

blackjack (m)	Black Jack	[blek dʒek]
jogo (m) de dados	noppapeli	[noppapeli]
máquina (f) de jogo	peliautomaatti	[peli automa:tti]

162. Descanso. Jogos. Diversos

passear (vi)	kävellä	[kæʋeʌæ]
passeio (m)	kävely	[kæʋely]
viagem (f) de carro	retki	[retki]
aventura (f)	seikkailu	[sejkkajlu]
piquenique (m)	piknikki	[piknikki]

jogo (m)	peli	[peli]
jogador (m)	pelaaja	[pela:ja]
partida (f)	erä	[eræ]

colecionador (m)	keräilijä	[keræjlijæ]
colecionar (vt)	keräillä	[keræjʌæ]
coleção (f)	kokoelma	[kokoelma]

palavras (f pl) cruzadas	sanaristikko	[sanaristikko]
hipódromo (m)	ravirata	[raʋirata]
discoteca (f)	disko	[disko]

| sauna (f) | sauna | [sauna] |
| lotaria (f) | arpajaiset | [arpajajset] |

campismo (m)	retki	[retki]
acampamento (m)	leiri	[lejri]
tenda (f)	teltta	[teltta]
bússola (f)	kompassi	[kompassi]
campista (m)	retkeilijä	[retkejlijæ]

ver (vt), assistir à ...	katsoa	[katsoa]
telespectador (m)	television katsoja	[teleʋision katsoja]
programa (m) de TV	televisiolähetys	[teleʋisio ʌæhetys]

163. Fotografia

| máquina (f) fotográfica | kamera | [kamera] |
| foto, fotografia (f) | valokuva | [ʋalokuʋa] |

fotógrafo (m)	valokuvaaja	[ʋalokuʋa:ja]
estúdio (m) fotográfico	valokuvaamo	[ʋalokuʋa:mo]
álbum (m) de fotografias	valokuvakansio	[ʋalokuʋakansio]

objetiva (f)	objektiivi	[objekti:iʋi]
teleobjetiva (f)	teleobjektiivi	[teleobjekti:iʋi]
filtro (m)	suodatin	[suodatin]
lente (f)	linssi	[linssi]
ótica (f)	optiikka	[opti:ikka]
abertura (f)	himmennin	[himmeŋin]

| exposição (f) | valotus | [ʋalotus] |
| visor (m) | tähtäin | [tæhtæjn] |

câmara (f) digital	digitaalikamera	[digita:li kamera]
tripé (m)	jalusta	[jalusta]
flash (m)	leimahdus	[lejmahdus]

fotografar (vt)	valokuvata	[ʋalokuʋata]
tirar fotos	kuvata	[kuʋata]
fotografar-se	käydä valokuvassa	[kæydæ ʋalokuʋassa]

foco (m)	terävyys	[teræʋy:s]
focar (vt)	tarkentaa	[tarkenta:]
nítido	terävä	[teræʋæ]
nitidez (f)	terävyys	[teræʋy:s]

| contraste (m) | kontrasti | [kontrasti] |
| contrastante | kontrasti- | [kontrasti] |

retrato (m)	kuva	[kuʋa]
negativo (m)	negatiivi	[negati:iʋi]
filme (m)	filmi	[filmi]
fotograma (m)	otos	[otos]
imprimir (vt)	painaa	[pajna:]

164. Praia. Natação

praia (f)	uimaranta	[ujmaranta]
areia (f)	hiekka	[hiekka]
deserto	aavikko-	[a:ʋikko]

bronzeado (m)	rusketus	[rusketus]
bronzear-se (vr)	ottaa aurinkoa	[otta: auriŋkoa]
bronzeado	ruskettunut	[ruskettunut]
protetor (m) solar	aurinkovoide	[auriŋko ʋojde]

biquíni (m)	bikinit	[bikinit]
fato (m) de banho	uimapuku	[ujmapuku]
calção (m) de banho	uimahousut	[ujmahousut]

piscina (f)	uimahalli	[ujmahalli]
nadar (vi)	uida	[ujda]
duche (m)	suihku	[sujhku]
mudar de roupa	vaihtaa vaatteet	[ʋajhta: ʋa:tte:t]
toalha (f)	pyyhe	[py:he]

| barco (m) | vene | [ʋene] |
| lancha (f) | moottorivene | [mo:ttoriʋene] |

esqui (m) aquático	vesihiihto	[ʋesi hi:ihto]
barco (m) de pedais	vesipolkupyörä	[ʋesi polkupyøræ]
surf (m)	lainelautailu	[lajnelautajlu]
surfista (m)	lainelautailija	[lajnelautajlija]
scuba (m)	happilaite	[happilajte]

barbatanas (f pl)	räpylät	[ræpyʎæt]
máscara (f)	naamari	[nɑ:mɑri]
mergulhador (m)	sukeltaja	[sukeltɑjɑ]
mergulhar (vi)	sukeltaa	[sukeltɑ:]
debaixo d'água	veden alla	[ʋeden ɑllɑ]

guarda-sol (m)	sateenvarjo	[sɑte:nʋɑrø]
espreguiçadeira (f)	telttatuoli	[telttɑtuoli]
óculos (m pl) de sol	aurinkolasit	[ɑuriŋkolɑsit]
colchão (m) de ar	uimapatja	[ujmɑpɑtjɑ]

| brincar (vi) | leikkiä | [lejkkiæ] |
| ir nadar | kylpeä | [kylpeæ] |

bola (f) de praia	pallo	[pɑllo]
encher (vt)	puhaltaa täyteen	[puhɑltɑ: tæyte:n]
inflável, de ar	ilma-	[ilmɑ]

onda (f)	aalto	[ɑ:lto]
boia (f)	poiju	[poiju]
afogar-se (pessoa)	hukkua	[hukkuɑ]

salvar (vt)	pelastaa	[pelɑstɑ:]
colete (m) salva-vidas	pelastusliivi	[pelɑstusli:iʋi]
observar (vt)	valvoa	[ʋɑlʋoɑ]
nadador-salvador (m)	pelastaja	[pelɑstɑjɑ]

EQUIPAMENTO TÉCNICO. TRANSPORTES

Equipamento técnico. Transportes

165. Computador

computador (m)	tietokone	[tietokone]
portátil (m)	kannettava tietokone	[kaŋettaʋa tietokone]
ligar (vt)	avata	[aʋata]
desligar (vt)	sammuttaa	[sammutta:]
teclado (m)	näppäimistö	[ɲæppæjmistø]
tecla (f)	näppäin	[ɲæppæjn]
rato (m)	hiiri	[hi:iri]
tapete (m) de rato	hiirimatto	[hi:irimatto]
botão (m)	näppäin	[ɲæppæjn]
cursor (m)	kursori	[kursori]
monitor (m)	monitori	[monitori]
ecrã (m)	näyttö	[ɲæyttø]
disco (m) rígido	kiintolevy	[ki:intoleʋy]
capacidade (f) do disco rígido	levytila	[leʋytila]
memória (f)	muisti	[mujsti]
memória (f) operativa	työmuisti	[tyømujsti]
ficheiro (m)	tiedosto	[tædosto]
pasta (f)	kansio	[kansio]
abrir (vt)	avata	[aʋata]
fechar (vt)	sulkea	[sulkea]
guardar (vt)	tallentaa	[tallenta:]
apagar, eliminar (vt)	poistaa	[pojsta:]
copiar (vt)	kopioida	[kopiojda]
ordenar (vt)	lajitella	[lajɪtella]
copiar (vt)	kopioida	[kopiojda]
programa (m)	ohjelma	[ohʰjelma]
software (m)	ohjelmisto	[ohjelmisto]
programador (m)	ohjelmoija	[ohʰjelmoja]
programar (vt)	ohjelmoida	[ohʰjelmojda]
hacker (m)	murtaja	[murtaja]
senha (f)	tunnussana	[tuŋussana]
vírus (m)	virus	[ʋirus]
detetar (vt)	löytää	[løytæ:]
byte (m)	tavu	[taʋu]

megabyte (m)	megatavu	[megatɑuu]
dados (m pl)	tiedot	[tædot]
base (f) de dados	tietokanta	[tieto kanta]

cabo (m)	kaapeli	[kɑ:peli]
desconectar (vt)	kytkeä irti	[kytkeæ irti]
conetar (vt)	yhdistää	[yhdistæ:]

166. Internet. E-mail

internet (f)	netti	[netti]
browser (m)	selain	[selɑjn]
motor (m) de busca	hakupalvelu	[hakupaluelu]
provedor (m)	internet-palveluntarjoaja	[internet paluelun tarʰøɑja]

webmaster (m)	webmaster	[uebmɑster]
website, sítio web (m)	nettisivusto	[nettisiuusto]
página (f) web	nettisivu	[nettisiuu]

endereço (m)	osoite	[osojte]
livro (m) de endereços	osoitekirja	[osojte kirʰja]

caixa (f) de correio	postilaatikko	[postilɑ:tikko]
correio (m)	posti	[posti]

mensagem (f)	viesti	[uiesti]
remetente (m)	lähettäjä	[ʎæhettæjæ]
enviar (vt)	lähettää	[ʎæhettæ:]
envio (m)	kirjeen lähetys	[kirʰje:n ʎæhetys]

destinatário (m)	saaja	[sɑ:ja]
receber (vt)	saada	[sɑ:dɑ]

correspondência (f)	kirjeenvaihto	[kirʰje:n uɑjhto]
corresponder-se (vr)	olla kirjeenvaihdossa	[olla kirʰje:n uɑjhdossɑ]

ficheiro (m)	tiedosto	[tædosto]
fazer download, baixar	jäljentää	[jæljentæ:]
criar (vt)	luoda	[luoda]
apagar, eliminar (vt)	poistaa	[pojstɑ:]
eliminado	poistettu	[pojstettu]

ligação (f)	yhteys	[yhteys]
velocidade (f)	nopeus	[nopeus]
modem (m)	modeemi	[mode:mi]

acesso (m)	saavutus	[sɑ:uutus]
porta (f)	portti	[portti]

conexão (f)	liittymä	[li:ittymæ]
conetar (vi)	liittyä	[li:ittyæ]

escolher (vt)	valita	[uɑlita]
buscar (vt)	etsiä	[etsiæ]

167. Eletricidade

eletricidade (f)	sähkö	[sæhkø]
elétrico	sähkö-	[sæhkø]
central (f) elétrica	voimala	[ʋojmala]
energia (f)	energia	[energia]
energia (f) elétrica	sähköenergia	[sæhkøenergia]
lâmpada (f)	lamppu	[lamppu]
lanterna (f)	taskulamppu	[taskulamppu]
poste (m) de iluminação	lyhty	[lyhty]
luz (f)	valo	[ʋalo]
ligar (vt)	sytyttää	[sytyttæ:]
desligar (vt)	katkaista	[katkajsta]
apagar a luz	sammuttaa valo	[sammutta: ʋalo]
fundir (vi)	lamppu on palanut	[lamppu on palanut]
curto-circuito (m)	oikosulku	[ojkosulku]
rutura (f)	katkeama	[katkeama]
contacto (m)	kontakti	[kontakti]
interruptor (m)	katkaisin	[katkajsin]
tomada (f)	pistorasia	[pistorasia]
ficha (f)	pistoke	[pistoke]
extensão (f)	pistoliitin	[pistoli:itin]
fusível (m)	suojalaite	[suojalajte]
fio, cabo (m)	johdin	[øhdin]
instalação (f) elétrica	johde	[øhde]
ampere (m)	ampeeri	[ampe:ri]
amperagem (f)	virran voimakkuus	[ʋirran ʋojmakku:s]
volt (m)	voltti	[ʋoltti]
voltagem (f)	jännite	[jæŋite]
aparelho (m) elétrico	sähkölaite	[sæhkølajte]
indicador (m)	indikaattori	[indika:ttori]
eletricista (m)	sähkömies	[sæhkømies]
soldar (vt)	juottaa	[juotta:]
ferro (m) de soldar	juotin	[juotin]
corrente (f) elétrica	virta	[ʋirta]

168. Ferramentas

ferramenta (f)	työkalu	[tyøkalu]
ferramentas (f pl)	työkalut	[tyøkalut]
equipamento (m)	varusteet	[ʋaruste:t]
martelo (m)	vasara	[ʋasara]
chave (f) de fendas	ruuvitaltta	[ru:ʋitaltta]
machado (m)	kirves	[kirʋes]

serra (f)	saha	[sɑhɑ]
serrar (vt)	sahata	[sɑhɑtɑ]
plaina (f)	höylä	[høyʎæ]
aplainar (vt)	höylätä	[høyʎætæ]
ferro (m) de soldar	juotin	[juotin]
soldar (vt)	juottaa	[juottɑ:]

lima (f)	viila	[ʋi:ilɑ]
tenaz (f)	pihdit	[pihdit]
alicate (m)	laakapihdit	[lɑ:kɑpihdit]
formão (m)	taltta	[tɑlttɑ]

broca (f)	pora	[porɑ]
berbequim (f)	porakone	[porɑkone]
furar (vt)	porata	[porɑtɑ]

faca (f)	veitsi	[ʋejtsi]
lâmina (f)	terä	[teræ]

afiado	terävä	[teræʋæ]
cego	tylsä	[tylsæ]
embotar-se (vr)	tylsyttyä	[tylsyttyæ]
afiar, amolar (vt)	teroittaa	[terojttɑ:]

parafuso (m)	pultti	[pultti]
porca (f)	mutteri	[mutteri]
rosca (f)	kierre	[kierre]
parafuso (m) para madeira	ruuvi	[ru:ʋi]

prego (m)	naula	[nɑulɑ]
cabeça (f) do prego	kanta	[kɑntɑ]

régua (f)	viivoitin	[ʋi:iʋojtin]
fita (f) métrica	mittanauha	[mittɑnɑuhɑ]
nível (m)	taso	[tɑso]
lupa (f)	suurennuslasi	[su:reŋuslɑsi]

medidor (m)	mittauslaite	[mittɑuslɑjte]
medir (vt)	mitata	[mitɑtɑ]
escala (f)	asteikko	[ɑstejkko]
leitura (f)	lukema	[lukemɑ]

compressor (m)	kompressori	[kompressori]
microscópio (m)	mikroskooppi	[mikrosko:ppi]

bomba (f)	pumppu	[pumppu]
robô (m)	robotti	[robotti]
laser (m)	laser	[lɑser]

chave (f) de boca	ruuviavain	[ru:ʋiɑʋɑjn]
fita (f) adesiva	teippi	[tejppi]
cola (f)	liima	[li:imɑ]

lixa (f)	hiomapaperi	[hiomɑpɑperi]
mola (f)	jousi	[øusi]
íman (m)	magneetti	[mɑgne:tti]

luvas (f pl)	käsineet	[kæsine:t]
corda (f)	nuora	[nuora]
cordel (m)	punos	[punos]
fio (m)	johdin	[øhdin]
cabo (m)	kaapeli	[ka:peli]

marreta (f)	moukari	[moukari]
pé de cabra (f)	rautakanki	[rautakaŋki]
escada (f) de mão	tikapuut	[tikapu:t]
escadote (m)	tikkaat	[tikka:t]

enroscar (vt)	kiertää	[kærtæ:]
desenroscar (vt)	kiertää auki	[kiertæ: auki]
apertar (vt)	puristaa	[purista:]
colar (vt)	liimata	[li:imata]
cortar (vt)	leikata	[lejkata]

falha (mau funcionamento)	vika	[ʋika]
conserto (m)	korjaus	[korʰjaus]
consertar, reparar (vt)	korjata	[korʰjata]
regular, ajustar (vt)	säädellä	[sæ:deʎæ]

verificar (vt)	tarkastaa	[tarkasta:]
verificação (f)	tarkastus	[tarkastus]
leitura (f)	lukema	[lukema]

seguro	varma	[ʋarma]
complicado	monimutkainen	[monimutkajnen]

enferrujar (vi)	ruostua	[ruostua]
enferrujado	ruosteinen	[ruostejnen]
ferrugem (f)	ruoste	[ruoste]

Transportes

169. Avião

avião (m)	lentokone	[lentokone]
bilhete (m) de avião	lentolippu	[lentolippu]
companhia (f) aérea	lentoyhtiö	[lentoyhtiø]
aeroporto (m)	lentoasema	[lentoasema]
supersónico	äänen nopeuden ylittävä	[æ:nen nopeuden ylittæuæ]
comandante (m) do avião	lentokoneen päällikkö	[lentokone:n pæ:llikkø]
tripulação (f)	miehistö	[mæhisto]
piloto (m)	lentäjä	[lentæjæ]
hospedeira (f) de bordo	lentoemäntä	[lentoemæntæ]
copiloto (m)	perämies	[peræmies]
asas (f pl)	siivet	[si:iuet]
cauda (f)	pyrstö	[pyrstø]
cabine (f) de pilotagem	hytti	[hytti]
motor (m)	moottori	[mo:ttori]
trem (m) de aterragem	laskuteline	[laskuteline]
turbina (f)	turbiini	[turbi:ini]
hélice (f)	propelli	[propelli]
caixa-preta (f)	musta laatikko	[musta la:tikko]
coluna (f) de controlo	ruoriratas	[ruoriratas]
combustível (m)	polttoaine	[polttoajne]
instruções (f pl) de segurança	ohje	[ohⁿje]
máscara (f) de oxigénio	happinaamari	[happina:mari]
uniforme (m)	univormu	[uniuormu]
colete (m) salva-vidas	pelastusliivi	[pelastusli:iui]
paraquedas (m)	laskuvarjo	[lasku uarⁿø]
descolagem (f)	ilmaannousu	[ilma:ŋousu]
descolar (vi)	nousta ilmaan	[nousta ilma:n]
pista (f) de descolagem	kiitorata	[ki:itorata]
visibilidade (f)	näkyvyys	[ɲækyuy:s]
voo (m)	lento	[lento]
altura (f)	korkeus	[korkeus]
poço (m) de ar	ilmakuoppa	[ilmakuoppa]
assento (m)	paikka	[pajkka]
auscultadores (m pl)	kuulokkeet	[ku:lokke:t]
mesa (f) rebatível	kääntöpöytä	[kæ:ntøpøytæ]
vigia (f)	ikkuna	[ikkuna]
passagem (f)	käytävä	[kæytæuæ]

170. Comboio

comboio (m)	juna	[juna]
comboio (m) suburbano	sähköjuna	[sæhkøjuna]
comboio (m) rápido	pikajuna	[pikajuna]
locomotiva (f) diesel	moottoriveturi	[moːttoriueturi]
comboio (m) a vapor	veturi	[ueturi]

carruagem (f)	vaunu	[uaunu]
carruagem restaurante (f)	ravintolavaunu	[rauintola uaunu]

carris (m pl)	ratakiskot	[ratakiskot]
caminho de ferro (m)	rautatie	[rautatie]
travessa (f)	ratapölkky	[ratapølkky]

plataforma (f)	asemalaituri	[asema lajturi]
linha (f)	raide	[rajde]
semáforo (m)	siipiopastin	[siːipi opastin]
estação (f)	asema	[asema]

maquinista (m)	junankuljettaja	[yneŋkuʎættaja]
bagageiro (m)	kantaja	[kantaja]
hospedeiro, -a (da carruagem)	vaununhoitaja	[uaunun hojtaja]
passageiro (m)	matkustaja	[matkustaja]
revisor (m)	tarkastaja	[tarkastaja]

corredor (m)	käytävä	[kæytæuæ]
freio (m) de emergência	hätäjarru	[hætæjarru]

compartimento (m)	vaununosasto	[uaunun osasto]
cama (f)	vuode	[uuode]
cama (f) de cima	ylävuode	[yʎæuuode]
cama (f) de baixo	alavuode	[alauuode]
roupa (f) de cama	vuodevaatteet	[uuodeuaːtteːt]

bilhete (m)	lippu	[lippu]
horário (m)	aikataulu	[ajkataulu]
painel (m) de informação	ilmoitustaulu	[ilmojtustaulu]

partir (vt)	lähteä	[ʎæhteæ]
partida (f)	junan lähtö	[junan ʎæhtø]

chegar (vi)	saapua	[saːpua]
chegada (f)	saapuminen	[saːpuminen]

chegar de comboio	tulla junalla	[tulla junalla]
apanhar o comboio	nousta junaan	[nousta junaːn]
sair do comboio	nousta junasta	[nousta junasta]

acidente (m) ferroviário	onnettomuus	[oŋettomuːs]
comboio (m) a vapor	veturi	[ueturi]
fogueiro (m)	lämmittäjä	[ʎæmmittæjæ]
fornalha (f)	lämmitys	[ʎæmmitys]
carvão (m)	hiili	[hiːili]

171. Barco

| navio (m) | laiva | [lɑjʋɑ] |
| embarcação (f) | alus | [ɑlus] |

vapor (m)	höyrylaiva	[højrylɑjʋɑ]
navio (m)	jokilaiva	[økilɑjʋɑ]
transatlântico (m)	risteilijä	[ristejlijæ]
cruzador (m)	risteilijä	[ristejlijæ]

iate (m)	pursi	[pursi]
rebocador (m)	hinausköysi	[hinɑuskøysi]
barcaça (f)	proomu	[pro:mu]
ferry (m)	lautta	[lɑuttɑ]

| veleiro (m) | purjealus | [purʰjeɑlus] |
| bergantim (m) | merirosvot | [merirosʋot] |

| quebra-gelo (m) | jäänmurtaja | [jæ:nmurtɑjɑ] |
| submarino (m) | sukellusvene | [sukellusʋene] |

bote, barco (m)	jolla	[øllɑ]
bote, dingue (m)	vene	[ʋene]
bote (m) salva-vidas	pelastusvene	[pelɑstus ʋene]
lancha (f)	moottorivene	[mo:ttoriʋene]

capitão (m)	kapteeni	[kɑpte:ni]
marinheiro (m)	matruusi	[mɑtru:si]
marujo (m)	merimies	[merimies]
tripulação (f)	miehistö	[mæhisto]

contramestre (m)	pursimies	[pursimies]
grumete (m)	laivapoika	[lɑjʋɑ pojkɑ]
cozinheiro (m) de bordo	kokki	[kokki]
médico (m) de bordo	laivalääkäri	[lɑjʋɑ læ:kæri]

convés (m)	kansi	[kɑnsi]
mastro (m)	masto	[mɑsto]
vela (f)	purje	[purʰje]

porão (m)	ruuma	[ru:mɑ]
proa (f)	keula	[keulɑ]
popa (f)	perä	[peræ]
remo (m)	airo	[ɑjro]
hélice (f)	potkuri	[potkuri]

camarote (m)	hytti	[hytti]
sala (f) dos oficiais	upseerimessi	[upse:ri messi]
sala (f) das máquinas	konehuone	[konehuone]
ponte (m) de comando	komentosilta	[komentosiltɑ]
sala (f) de comunicações	radiohuone	[rɑdiohuone]
onda (f) de rádio	aalto	[ɑ:lto]
diário (m) de bordo	laivapäiväkirja	[lɑjʋɑ pæjʋækirʰjɑ]
luneta (f)	kaukoputki	[kɑukoputki]
sino (m)	kello	[kello]

bandeira (f)	lippu	[lippu]
cabo (m)	köysi	[køysi]
nó (m)	solmu	[solmu]

| corrimão (m) | käsipuu | [kæsipu:] |
| prancha (f) de embarque | portaat | [portɑ:t] |

âncora (f)	ankkuri	[aŋkkuri]
recolher a âncora	nostaa ankkuri	[nostɑ: aŋkkuri]
lançar a âncora	heittää ankkuri	[hejttæ: aŋkkuri]
amarra (f)	ankkuriketju	[aŋkkuriketju]

porto (m)	satama	[sɑtɑmɑ]
cais, amarradouro (m)	laituri	[lɑjturi]
atracar (vi)	laskea laituriin	[lɑskeɑ lɑjturi:in]
desatracar (vi)	irtautua	[irtɑutuɑ]

viagem (f)	matka	[mɑtkɑ]
cruzeiro (m)	laivamatka	[lɑjʋɑmɑtkɑ]
rumo (m), rota (f)	kurssi	[kurssi]
itinerário (m)	reitti	[rejtti]

canal (m) navegável	väylä	[ʋæyʎæ]
baixio (m)	matalikko	[mɑtɑlikko]
encalhar (vt)	ajautua matalikolle	[ɑjautuɑ mɑtɑlikolle]

tempestade (f)	myrsky	[myrsky]
sinal (m)	merkki	[merkki]
afundar-se (vr)	upota	[upotɑ]
SOS	SOS	[sos]
boia (f) salva-vidas	pelastusrengas	[pelɑstus reŋɑs]

172. Aeroporto

aeroporto (m)	lentoasema	[lentoɑsemɑ]
avião (m)	lentokone	[lentokone]
companhia (f) aérea	lentoyhtiö	[lentoyhtiø]
controlador (m) de tráfego aéreo	valvoja	[ʋɑlʋojɑ]

partida (f)	lentoonlähtö	[lento:nʎæhtø]
chegada (f)	tulo	[tulo]
chegar (~ de avião)	lentää	[lentæ:]

| hora (f) de partida | lähtöaika | [ʎæhtø ɑjkɑ] |
| hora (f) de chegada | saapumisaika | [sɑ:pumis ɑjkɑ] |

| estar atrasado | myöhästyä | [myøɦæstyæ] |
| atraso (m) de voo | lennon viivytys | [leŋon ʋi:ʋytys] |

painel (m) de informação	tiedotustaulu	[tiedotus taulu]
informação (f)	tiedotus	[tiedotus]
anunciar (vt)	ilmoittaa	[ilmojttɑ:]
voo (m)	lento	[lento]

alfândega (f)	tulli	[tulli]
funcionário (m) da alfândega	tullimies	[tullimies]

declaração (f) alfandegária	tullausilmoitus	[tullaus ilmojtus]
preencher a declaração	täyttää tullausilmoitus	[tæyttæ: tullaus ilmojtus]
controlo (m) de passaportes	passintarkastus	[passin tarkastus]

bagagem (f)	matkatavarat	[matkatauarat]
bagagem (f) de mão	käsimatkatavara	[kæsimatkatauara]
carrinho (m)	matkatavarakärryt	[matkatauarat kærryt]

aterragem (f)	lasku	[lasku]
pista (f) de aterragem	laskurata	[laskurata]
aterrar (vi)	laskeutua	[laskeutua]
escada (f) de avião	portaat	[porta:t]

check-in (m)	rekisteröinti	[rekisterøinti]
balcão (m) do check-in	rekisteröintitiski	[rekisterøinti tiski]
fazer o check-in	ilmoittautua	[ilmojttautua]
cartão (m) de embarque	lippu	[lippu]
porta (f) de embarque	lentokoneen pääsy	[lentokone:n pæ:sy]

trânsito (m)	kauttakulku	[kauttakulku]
esperar (vi, vt)	odottaa	[odotta:]
sala (f) de espera	odotussali	[odotussali]
despedir-se de ...	saattaa	[sa:tta:]
despedir-se (vr)	hyvästellä	[hyuæsteʎæ]

173. Bicicleta. Motocicleta

bicicleta (f)	polkupyörä	[polkupyøræ]
scotter, lambreta (f)	skootteri	[sko:tteri]
mota (f)	moottoripyörä	[mo:ttori pyøræ]

ir de bicicleta	pyöräillä	[pyøræjʎæ]
guiador (m)	ohjaustanko	[ohʰjaus taŋko]
pedal (m)	poljin	[polʰjɪn]
travões (m pl)	jarrut	[jarrut]
selim (m)	satula	[satula]

bomba (f) de ar	pumppu	[pumppu]
porta-bagagens (m)	tavarateline	[tauarateline]
lanterna (f)	lyhty	[lyhty]
capacete (m)	kypärä	[kypæræ]

roda (f)	pyörä	[pyøræ]
guarda-lamas (m)	siipi	[si:ipi]
aro (m)	kehä	[kehæ]
raio (m)	puola	[puola]

Carros

174. Tipos de carros

carro, automóvel (m)	auto	[auto]
carro (m) desportivo	urheiluauto	[urhejlu auto]

limusine (f)	limusiini	[limousi:ine]
todo o terreno (m)	maastoauto	[ma:sto auto]
descapotável (m)	kabrioletti	[kabrioletti]
minibus (m)	pikkubussi	[pikkubussi]

ambulância (f)	ambulanssi	[ambulanssi]
limpa-neve (m)	lumiaura	[lumiaura]

camião (m)	kuorma-auto	[kuorma auto]
camião-cisterna (m)	bensiinisäiliöauto	[bensi:ini sæjliø auto]
carrinha (f)	kuomuauto	[kuomu auto]
camião-trator (m)	veturi	[ueturi]
atrelado (m)	perävaunu	[peræivaunu]

confortável	mukava	[mukava]
usado	käytetty	[kæutetty]

175. Carros. Carroçaria

capô (m)	suojuskoppa	[suojuskoppa]
guarda-lamas (m)	lokasuojat	[lokasuojat]
tejadilho (m)	katto	[katto]

para-brisa (m)	tuulilasi	[tu:lilasi]
espelho (m) retrovisor	taustapeili	[taustapejli]
lavador (m)	tuulilasinpesin	[tu:lilasin pesin]
limpa-para-brisas (m)	tuulilasinpyyhkimet	[tu:lilasin py:hkimet]

vidro (m) lateral	sivulasi	[sivulasi]
elevador (m) do vidro	lasinosturi	[lasinosturi]
antena (f)	antenni	[anteŋi]
teto solar (m)	luukku	[lu:kku]

para-choques (m pl)	puskuri	[puskuri]
bagageira (f)	tavaratila	[tavaratila]
porta (f)	ovi	[ovi]
maçaneta (f)	ripa	[ripa]
fechadura (f)	lukko	[lukko]

matrícula (f)	numero	[numero]
silenciador (m)	vaimennin	[vajmeŋin]

tanque (m) de gasolina	bensiinitankki	[bensi:ini taŋkki]
tubo (m) de escape	pakoputki	[pakoputki]
acelerador (m)	kaasu	[ka:su]
pedal (m)	poljin	[polʰjın]
pedal (m) do acelerador	kaasupoljin	[ka:supolʰjın]
travão (m)	jarru	[jarru]
pedal (m) do travão	jarrupoljin	[jarrupolʰjın]
travar (vt)	jarruttaa	[jarrutta:]
travão (m) de mão	käsijarru	[kæsijarru]
embraiagem (f)	kytkin	[kytkin]
pedal (m) da embraiagem	kytkinpoljin	[kytkin polʰjın]
disco (m) de embraiagem	kytkinlevy	[kytkin leʋy]
amortecedor (m)	iskunvaimennin	[iskunʋajmeŋin]
roda (f)	rengas	[reŋas]
pneu (m) sobresselente	vararengas	[ʋarareŋas]
tampão (m) de roda	vanne	[ʋaŋe]
rodas (f pl) motrizes	vetorenkaat	[ʋetoreŋka:t]
de tração dianteira	etuveto-	[etuʋeto]
de tração traseira	takaveto-	[takaʋeto]
de tração às 4 rodas	täysveto-	[tæysʋeto]
caixa (f) de mudanças	vaihdelaatikko	[ʋajhdela:tikko]
automático	automaattinen	[automa:ttinen]
mecânico	mekaaninen	[meka:ninen]
alavanca (f) das mudanças	vaihdetanko	[ʋajhdetaŋko]
farol (m)	etulyhty	[etulyhty]
faróis, luzes	lyhdyt	[lyhdyt]
médios (m pl)	lähivalot	[ʎæhiʋalot]
máximos (m pl)	kaukovalot	[kaukoʋalot]
luzes (f pl) de stop	pysäköintivalo	[pysækøintiʋalo]
mínimos (m pl)	perävalot	[peræʋalot]
luzes (f pl) de emergência	hätävilkut	[hætæʋilkut]
faróis (m pl) antinevoeiro	sumuvalot	[sumuʋalot]
pisca-pisca (m)	kääntymisvalo	[kæ:ntymisʋalo]
luz (f) de marcha atrás	taaksepäin käynti	[ta:ksepæjn kæuntti]

176. Carros. Habitáculo

interior (m) do carro	salonki	[saloŋki]
de couro, de pele	nahka-	[nahka]
de veludo	veluuri-	[ʋelu:ri]
estofos (m pl)	päällys	[pæ:llys]
indicador (m)	koje	[koje]
painel (m) de instrumentos	kojelauta	[kojelauta]
velocímetro (m)	nopeusmittari	[nopeusmittari]

ponteiro (m)	osoitin	[osojtin]
conta-quilómetros (m)	matkamittari	[matkamittari]
sensor (m)	indikaattori	[indika:ttori]
nível (m)	taso	[taso]
luz (f) avisadora	lamppu	[lamppu]

volante (m)	ratti	[ratti]
buzina (f)	torvi	[torui]
botão (m)	näppäin	[ɲæppæjn]
interruptor (m)	kytkin	[kytkin]

assento (m)	istuin	[istujn]
costas (f pl) do assento	selkänoja	[selkænoja]
cabeceira (f)	päänalunen	[pæ:n alunen]
cinto (m) de segurança	turvavyö	[turuauyø]
apertar o cinto	kiinnittää turvavyö	[ki:iɲittæ: turuauyø]
regulação (f)	säännöstely	[sæ:ŋøstely]

airbag (m)	turvatyyny	[turua ty:ny]
ar (m) condicionado	ilmastointilaite	[ilmastojntilajte]

rádio (m)	radio	[radio]
leitor (m) de CD	CD-levysoitin	[sede leuysojtin]
ligar (vt)	avata	[auata]
antena (f)	antenni	[anteɲi]
porta-luvas (m)	hylly	[hylly]
cinzeiro (m)	tuhkakuppi	[tuhkakuppi]

177. Carros. Motor

motor (m)	moottori	[mo:ttori]
diesel	diesel-	[dieseʌ]
a gasolina	bensiini-	[bensi:ini]

cilindrada (f)	moottorin tilavuus	[mo:ttorin tilauu:s]
potência (f)	teho	[teho]
cavalo-vapor (m)	hevosvoima	[heuosuojma]
pistão (m)	mäntä	[mæntæ]
cilindro (m)	sylinteri	[sylinteri]
válvula (f)	läppä	[ʌæppæ]

injetor (m)	injektori	[inʰjektori]
gerador (m)	generaattori	[genera:ttori]
carburador (m)	kaasutin	[ka:sutin]
óleo (m) para motor	koneöljy	[kone ølʰy]

radiador (m)	jäähdytin	[jæ:hdytin]
refrigerante (m)	jäähdytysneste	[jæ:hdytys neste]
ventilador (m)	tuuletin	[tu:letin]

bateria (f)	akku	[akku]
dispositivo (m) de arranque	käynnistin	[kæyŋistin]
ignição (f)	sytytys	[sytytys]
vela (f) de ignição	sytytystulppa	[sytytys tulppa]

borne (m)	liitin	[li:itin]
borne (m) positivo	plus	[plus]
borne (m) negativo	miinus	[mi:inus]
fusível (m)	varoke	[ʋaroke]

filtro (m) de ar	ilmasuodatin	[ilma suodatin]
filtro (m) de óleo	öljysuodatin	[ølʰy suodatin]
filtro (m) de combustível	polttoainesuodatin	[polttoajne suodatin]

178. Carros. Batidas. Reparação

acidente (m) de carro	vaurio	[ʋaurio]
acidente (m) rodoviário	kolari	[kolari]
ir contra ...	törmätä	[tørmætæ]
sofrer um acidente	särkyä	[særkyæ]
danos (m pl)	vaurio	[ʋaurio]
intato	ehjä	[ehʰjæ]

| avariar (vi) | mennä rikki | [meŋæ rikki] |
| cabo (m) de reboque | hinausvaijeri | [hinaus ʋaijeri] |

furo (m)	reikä	[rejkæ]
estar furado	päästää ilma	[pæ:stæ: ilma]
encher (vt)	pumpata	[pumpata]
pressão (f)	paine	[pajne]
verificar (vt)	tarkastaa	[tarkasta:]

reparação (f)	korjaus	[korʰjaus]
oficina (f) de reparação de carros	korjaamo	[korʰja:mo]
peça (f) sobresselente	varaosa	[ʋaraosa]
peça (f)	osa	[osa]

parafuso (m)	pultti	[pultti]
parafuso (m)	ruuvi	[ru:ʋi]
porca (f)	mutteri	[mutteri]
anilha (f)	pesin	[pesin]
rolamento (m)	laakeri	[la:keri]

tubo (m)	putki	[putki]
junta (f)	välike	[ʋælike]
fio, cabo (m)	johdin	[øhdin]

macaco (m)	tunkki	[tuŋkki]
chave (f) de boca	ruuviavain	[ru:ʋiaʋajn]
martelo (m)	vasara	[ʋasara]
bomba (f)	pumppu	[pumppu]
chave (f) de fendas	ruuvitaltta	[ru:ʋitaltta]

| extintor (m) | sammutin | [sammutin] |
| triângulo (m) de emergência | heijastin | [hejastin] |

| parar (vi) (motor) | sammua | [sammua] |
| paragem (f) | sammutus | [sammutus] |

estar quebrado	olla rikki	[olla rikki]
superaquecer-se (vr)	kuumeta liikaa	[ku:meta li:ika:]
congelar (vi)	jäätyä	[jæ:tyæ]
rebentar (vi)	haljeta	[halʰjeta]

pressão (f)	paine	[pajne]
nível (m)	taso	[taso]
frouxo	heikko	[hejkko]

mossa (f)	lommo	[lommo]
ruído (m)	kolina	[kolina]
fissura (f)	halkeama	[halkeama]
aranhão (m)	naarmu	[na:rmu]

179. Carros. Estrada

estrada (f)	tie	[tie]
autoestrada (f)	liikennetie	[li:ikeɲetie]
rodovia (f)	maantie	[ma:ntie]
direção (f)	suunta	[su:nta]
distância (f)	välimatka	[ʋælimatka]

ponte (f)	silta	[silta]
parque (m) de estacionamento	parkkipaikka	[parkki pajkka]
praça (f)	aukio	[aukio]
nó (m) rodoviário	liittymä	[li:ittymæ]
túnel (m)	tunneli	[tuɲeli]

posto (m) de gasolina	bensiiniasema	[bensi:ini asema]
parque (m) de estacionamento	parkkipaikka	[parkki pajkka]
bomba (f) de gasolina	bensiinipumppu	[bensi:ini pumppu]
oficina (f) de reparação de carros	autotalli	[autotalli]
abastecer (vi)	tankata	[taŋkata]
combustível (m)	polttoaine	[polttoajne]
bidão (m) de gasolina	kanisteri	[kanisteri]

asfalto (m)	asfaltti	[asfaltti]
marcação (f) de estradas	merkintä	[merkintæ]
lancil (m)	reunakiveys	[reunakiʋeus]
proteção (f) guard-rail	suojakaide	[suojakajde]
valeta (f)	oja	[oja]
berma (f) da estrada	piennar	[pæɲar]
poste (m) de luz	pylväs	[pylʋæs]

conduzir, guiar (vt)	ajaa	[aja:]
virar (ex. ~ à direita)	kääntää	[kæ:ntæ:]
dar retorno	tehdä u-käännös	[teɦdæ u:kæ:ɲøs]
marcha-atrás (f)	peruutus	[peru:tus]

buzinar (vi)	antaa äänimerkki	[anta: æ:nimerkki]
buzina (f)	äänimerkki	[æ:nimerkki]
atolar-se (vr)	juuttua	[ju:ttua]
patinar (na lama)	jumiutua	[jumiutua]

desligar (vt)	sammuttaa	[sammutta:]
velocidade (f)	nopeus	[nopeus]
exceder a velocidade	ajaa ylinopeutta	[aja: ylinopeutta]
multar (vt)	sakottaa	[sakotta:]
semáforo (m)	liikennevalot	[li:ikeŋeʋalot]
carta (f) de condução	ajokortti	[aøkortti]

passagem (f) de nível	ylitys	[ylitys]
cruzamento (m)	risteys	[risteys]
passadeira (f)	suojatie	[suojatæ]
curva (f)	mutka	[mutka]
zona (f) pedonal	liikenteeltä suljettu alue	[li:ikente:ltæ sulʰjettu alue]

180. Sinais de trânsito

código (m) da estrada	liikennesäännöt	[li:ikeŋe sæ:ŋøt]
sinal (m) de trânsito	liikennemerkki	[li:ikeŋe merkki]
ultrapassagem (f)	ohitus	[ohitus]
curva (f)	käännös	[kæ:ŋøs]
inversão (f) de marcha	U-käännös	[u:kæ:ŋøs]
rotunda (f)	Liikenneympyrä	[li:ikeŋe ympyra]

sentido proibido	Kielletty ajosuunta	[kielletty aøsu:nta]
trânsito proibido	Ajoneuvolla ajo kielletty	[aønøuʋolla aø kielletty]
proibição de ultrapassar	Ohituskielto	[ohituskielto]
estacionamento proibido	Pysäköinti kielletty	[pysækøinti kielletty]
paragem proibida	Pysäyttäminen kielletty	[pysæjttaminen kielletty]

curva (f) perigosa	jyrkkä mutka	[yrkkæ mutka]
descida (f) perigosa	jyrkkä alamäki	[yrkkæ alamæki]
trânsito de sentido único	Yksisuuntainen katu	[yksi su:ntajnen katu]
passadeira (f)	suojatie	[suojatæ]
pavimento (m) escorregadio	Liukas ajorata	[liukas aørata]
cedência de passagem	Kärkikolmio	[kærkikolmio]

PESSOAS. EVENTOS

Eventos

181. Férias. Evento

festa (f)	juhla	[juhlɑ]
festa (f) nacional	kansallisjuhla	[kɑnsɑllis juhlɑ]
feriado (m)	juhlapäivä	[juhlɑpæjʋæ]
festejar (vt)	juhlia	[juhliɑ]
evento (festa, etc.)	tapahtuma	[tɑpɑhtumɑ]
evento (banquete, etc.)	tilaisuus	[tilɑjsu:s]
banquete (m)	banketti	[bɑŋketti]
receção (f)	vastaanotto	[ʋɑstɑ:notto]
festim (m)	pidot	[pidot]
aniversário (m)	vuosipäivä	[ʋuosipæjʋæ]
jubileu (m)	vuosipäivä	[ʋuosipæjʋæ]
celebrar (vt)	pitää	[pitæ:]
Ano (m) Novo	Uusivuosi	[u:siʋuosi]
Feliz Ano Novo!	Hyvää uutta vuotta!	[hyʋæ: u:ttɑ ʋuottɑ]
Natal (m)	Joulu	[øulu]
Feliz Natal!	Hyvää joulua!	[hyʋæ: øuluɑ]
árvore (f) de Natal	joulukuusi	[øuluku:si]
fogo (m) de artifício	ilotulitus	[ilotulitus]
boda (f)	häät	[hæ:t]
noivo (m)	sulhanen	[sulhɑnen]
noiva (f)	morsian	[morsiɑn]
convidar (vt)	kutsua	[kutsuɑ]
convite (m)	kutsu	[kutsu]
convidado (m)	vieras	[ʋierɑs]
visitar (vt)	käydä kylässä	[kɑ:ydɑ kylɑ:ssɑ:]
receber os hóspedes	ottaa vieraita vastaan	[ottɑ: ʋierɑjtɑ ʋɑstɑ:n]
presente (m)	lahja	[lɑhʲjɑ]
oferecer (vt)	lahjoittaa	[lɑhʲøjttɑ:]
receber presentes	saada lahjat	[sɑ:dɑ lɑhʲjɑt]
ramo (m) de flores	kukkakimppu	[kukkɑkimppu]
felicitações (f pl)	onnittelu	[oɲittelu]
felicitar (dar os parabéns)	onnitella	[oɲitellɑ]
cartão (m) de parabéns	onnittelukortti	[oɲittelukortti]
enviar um postal	lähettää kortti	[ʎæhettæ: kortti]

receber um postal	saada kortti	[sɑ:dɑ kortti]
brinde (m)	maljapuhe	[malʰjapuhe]
oferecer (vt)	kestitä	[kestitæ]
champanhe (m)	samppanja	[samppanʰja]

divertir-se (vr)	huvitella	[huʋitella]
diversão (f)	ilo, hilpeys	[ilo], [hilbeus]
alegria (f)	ilo	[ilo]

| dança (f) | tanssi | [tanssi] |
| dançar (vi) | tanssia | [tanssia] |

| valsa (f) | valssi | [ʋalssi] |
| tango (m) | tango | [taŋo] |

182. Funerais. Enterro

cemitério (m)	hautausmaa	[hautausmɑ:]
sepultura (f), túmulo (m)	hauta	[hauta]
cruz (f)	risti	[risti]
lápide (f)	hautamuistomerkki	[hautamujsto merkki]
cerca (f)	aita	[ajta]
capela (f)	kappeli	[kappeli]

morte (f)	kuolema	[kuolema]
morrer (vi)	kuolla	[kuolla]
defunto (m)	vainaja	[ʋajnaja]
luto (m)	suru	[suru]

enterrar, sepultar (vt)	haudata	[haudata]
agência (f) funerária	hautaustoimisto	[hautaus tojmisto]
funeral (m)	hautajaiset	[hautajajset]

coroa (f) de flores	seppele	[seppele]
caixão (m)	ruumisarkku	[ru:misarkku]
carro (m) funerário	ruumisvaunut	[ru:misʋaunut]
mortalha (f)	kuolinvaate	[kuolinʋɑ:te]

| urna (f) funerária | uurna | [u:rna] |
| crematório (m) | krematorio | [krematorio] |

obituário (m), necrologia (f)	muistokirjoitus	[mujstokirʰøjtus]
chorar (vi)	itkeä	[itkeæ]
soluçar (vi)	nyyhkyttää	[ny:hkyttæ:]

183. Guerra. Soldados

pelotão (m)	joukkue	[øukkue]
companhia (f)	komppania	[komppania]
regimento (m)	rykmentti	[rykmentti]
exército (m)	armeija	[a:rmeja]
divisão (f)	divisioona	[diʋisio:na]

| destacamento (m) | joukko | [øukko] |
| hoste (f) | armeija | [ɑːrmejɑ] |

| soldado (m) | sotilas | [sotilɑs] |
| oficial (m) | upseeri | [upseːri] |

soldado (m) raso	rivimies	[riʋimies]
sargento (m)	kersantti	[kersɑntti]
tenente (m)	luutnantti	[luːtnɑntti]
capitão (m)	kapteeni	[kɑpteːni]
major (m)	majuri	[mɑjuri]
coronel (m)	eversti	[eʋersti]
general (m)	kenraali	[kenrɑːli]

marujo (m)	merimies	[merimies]
capitão (m)	kapteeni	[kɑpteːni]
contramestre (m)	pursimies	[pursimies]

artilheiro (m)	tykkimies	[tykkimies]
soldado (m) paraquedista	desantti	[desɑntti]
piloto (m)	lentäjä	[lentæjæ]
navegador (m)	perämies	[peræmies]
mecânico (m)	konemestari	[konemestɑri]

sapador (m)	pioneeri	[pioneːri]
paraquedista (m)	laskuvarjohyppääjä	[lɑskuʋɑrʰøhyppæːjæ]
explorador (m)	tiedustelija	[tiedustelijɑ]
franco-atirador (m)	tarkka-ampuja	[tɑrkkɑ ɑmpujɑ]

patrulha (f)	partio	[pɑrtio]
patrulhar (vt)	partioida	[pɑrtiojdɑ]
sentinela (f)	vartiomies	[ʋɑrtiomies]

guerreiro (m)	soturi	[soturi]
patriota (m)	isänmaanystävä	[isænmɑːnystæʋæ]
herói (m)	sankari	[sɑŋkɑri]
heroína (f)	sankaritar	[sɑŋkɑritɑr]

traidor (m)	petturi	[petturi]
desertor (m)	karkuri	[kɑrkuri]
desertar (vt)	karata	[kɑrɑtɑ]

mercenário (m)	palkkasoturi	[pɑlkkɑsoturi]
recruta (m)	alokas	[ɑlokɑs]
voluntário (m)	vapaaehtoinen	[ʋɑpɑː ehtojnen]

morto (m)	kaatunut	[kɑːtunut]
ferido (m)	haavoittunut	[hɑːʋojttunut]
prisioneiro (m) de guerra	vanki	[ʋɑŋki]

184. Guerra. Ações militares. Parte 1

| guerra (f) | sota | [sotɑ] |
| guerrear (vt) | sotia | [sotiɑ] |

guerra (f) civil	kansalaissota	[kansalajs sota]
perfidamente	petollisesti	[petollisesti]
declaração (f) de guerra	julistus	[julistus]
declarar (vt) guerra	julistaa	[julista:]
agressão (f)	vihaisuus	[uihajsu:s]
atacar (vt)	hyökätä	[hyøkætæ]
invadir (vt)	vallata	[uallata]
invasor (m)	valloittaja	[uallojttaja]
conquistador (m)	valloittaja	[uallojttaja]
defesa (f)	puolustus	[puolustus]
defender (vt)	puolustaa	[puolusta:]
defender-se (vr)	puolustautua	[puolustautua]
inimigo (m)	vihollinen	[uihollinen]
adversário (m)	vastustaja	[uastustaja]
inimigo	vihollisen	[uihollisen]
estratégia (f)	strategia	[strategia]
tática (f)	taktiikka	[takti:ikka]
ordem (f)	käsky	[kæsky]
comando (m)	komento	[komento]
ordenar (vt)	käskeä	[kæskeæ]
missão (f)	tehtävä	[tehtæuæ]
secreto	salainen	[salajnen]
batalha (f), combate (m)	taistelu	[tajstelu]
ataque (m)	hyökkäys	[hyøkkæys]
assalto (m)	rynnäkkö	[ryŋækkø]
assaltar (vt)	rynnätä	[ryŋætæ]
assédio, sítio (m)	piiritys	[pi:iritys]
ofensiva (f)	hyökkäys	[hyøkkæys]
passar à ofensiva	hyökätä	[hyøkætæ]
retirada (f)	perääntyminen	[peræ:ntyminen]
retirar-se (vr)	perääntyä	[peræ:ntyæ]
cerco (m)	saarto	[sa:rto]
cercar (vt)	saarrostaa	[sa:rrosta:]
bombardeio (m)	pommitus	[pommitus]
lançar uma bomba	heittää pommi	[hejttæ: pommi]
bombardear (vt)	pommittaa	[pommitta:]
explosão (f)	räjähdys	[ræjæhdys]
tiro (m)	laukaus	[laukaus]
disparar um tiro	laukaista	[laukajsta]
tiroteio (m)	ammunta	[ammunta]
apontar para ...	tähdätä	[tæhdætæ]
apontar (vt)	suunnata	[su:ŋata]
acertar (vt)	osua	[osua]
afundar (um navio)	upottaa	[upotta:]

| brecha (f) | aukko | [aukko] |
| afundar (vi) | painua pohjaan | [pajnua pohʰjɑ:n] |

frente (m)	rintama	[rintama]
evacuação (f)	evakuointi	[euakuojnti]
evacuar (vt)	evakuoida	[euakuojda]

trincheira (f)	taisteluhauta	[tajsteluhauta]
arame (m) farpado	piikkilanka	[pi:ikkilaŋka]
obstáculo (m) anticarro	este	[este]
torre (f) de vigia	torni	[torni]

hospital (m)	sotilassairaala	[sotilas sajra:la]
ferir (vt)	haavoittaa	[ha:uojtta:]
ferida (f)	haava	[ha:ua]
ferido (m)	haavoittunut	[ha:uojttunut]
ficar ferido	haavoittua	[ha:uojttua]
grave (ferida ~)	vaikea	[uajkea]

185. Guerra. Ações militares. Parte 2

cativeiro (m)	sotavankeus	[sotauaŋkeus]
capturar (vt)	ottaa vangiksi	[otta: uaŋiksi]
estar em cativeiro	olla sotavankeudessa	[olla sotauaŋkeudessa]
ser aprisionado	joutua sotavankeuteen	[øutua sotauaŋkeute:n]

campo (m) de concentração	keskitysleiri	[keskityslejri]
prisioneiro (m) de guerra	vanki	[uaŋki]
escapar (vi)	karata	[karata]

trair (vt)	pettää	[pettæ:]
traidor (m)	pettäjä	[pettæjæ]
traição (f)	petos	[petos]

| fuzilar, executar (vt) | ampua | [ampua] |
| fuzilamento (m) | ampuminen | [ampuminen] |

equipamento (m)	vaatetus	[ua:tetus]
platina (f)	olkain	[olkajn]
máscara (f) antigás	kaasunaamari	[ka:suna:mari]

rádio (m)	radiopuhelin	[radiopuhelin]
cifra (f), código (m)	salakirjoitus	[salakirʰøjtus]
conspiração (f)	salatoiminta	[salatojminta]
senha (f)	tunnussana	[tuŋussana]

mina (f)	miina	[mi:ina]
minar (vt)	miinoittaa	[mi:inojtta:]
campo (m) minado	miinakenttä	[mi:inakenttæ]

alarme (m) aéreo	ilmahälytys	[ilmaɦælytys]
alarme (m)	hälytys	[ɦælytys]
sinal (m)	signaali	[signa:li]
sinalizador (m)	signaaliohjus	[signa:li ohʰjus]

estado-maior (m)	esikunta	[esikunta]
reconhecimento (m)	tiedustelu	[tiedustelu]
situação (f)	tilanne	[tilaɲe]
relatório (m)	raportti	[raportti]
emboscada (f)	väijytys	[ʋæytys]
reforço (m)	lisävoimat	[lisæʋojmat]

alvo (m)	maali	[mɑːli]
campo (m) de tiro	ampuma-ala	[ampuma ala]
manobras (f pl)	manööverit	[manøːʋerit]

pânico (m)	pakokauhu	[pakokauhu]
devastação (f)	rappio	[rappio]
ruínas (f pl)	hävitykset	[hæʋitykset]
destruir (vt)	hävittää	[hæʋittæː]

sobreviver (vi)	jäädä eloon	[jæːdæ eloːn]
desarmar (vt)	riisua aseista	[riːisua asejsta]
manusear (vt)	käyttää	[kæyttæː]

| Firmes! | Asento! | [asento] |
| Descansar! | Lepo! | [lepo] |

façanha (f)	urotyö	[urotyø]
juramento (m)	vala	[ʋala]
jurar (vi)	vannoa	[ʋaɲoa]

condecoração (f)	palkinto	[palkinto]
condecorar (vt)	palkita	[palkita]
medalha (f)	mitali	[mitali]
ordem (f)	kunniamerkki	[kuɲia merkki]

vitória (f)	voitto	[ʋojtto]
derrota (f)	tappio	[tappio]
armistício (m)	välirauha	[ʋæli rauha]

bandeira (f)	lippu	[lippu]
glória (f)	maine	[majne]
desfile (m) militar	paraati	[paraːti]
marchar (vi)	marssia	[marssia]

186. Armas

arma (f)	ase	[ase]
arma (f) de fogo	ampuma-ase	[ampuma ase]
arma (f) branca	teräase	[teræase]

arma (f) química	kemiallinen ase	[kemiallinen ase]
nuclear	ydin-	[ydin]
arma (f) nuclear	ydinase	[ydinase]

bomba (f)	pommi	[pommi]
bomba (f) atómica	ydinpommi	[ydinpommi]
pistola (f)	pistooli	[pistoːli]

caçadeira (f)	**pyssy**	[pyssy]
pistola-metralhadora (f)	**konepistooli**	[konepisto:li]
metralhadora (f)	**konekivääri**	[konekiʋæ:ri]
boca (f)	**suu**	[su:]
cano (m)	**piippu**	[pi:ippu]
calibre (m)	**kaliiperi**	[kali:iperi]
gatilho (m)	**hana**	[hana]
mira (f)	**tähtäin**	[tæhtæjn]
carregador (m)	**lipas**	[lipas]
coronha (f)	**perä**	[peræ]
granada (f) de mão	**kranaatti**	[krana:tti]
explosivo (m)	**räjähdysaine**	[ræjæhdysajne]
bala (f)	**luoti**	[luoti]
cartucho (m)	**patruuna**	[patru:na]
carga (f)	**lataus**	[lataus]
munições (f pl)	**ampumatarvikkeet**	[ampuma tarʋikke:t]
bombardeiro (m)	**pommikone**	[pommikone]
avião (m) de caça	**hävittäjä**	[hæʋittæjæ]
helicóptero (m)	**helikopteri**	[helikopteri]
canhão (m) antiaéreo	**ilmatorjuntatykki**	[ilmatorʰjunta tykki]
tanque (m)	**panssarivaunu**	[panssariʋaunu]
canhão (de um tanque)	**tykki**	[tykki]
artilharia (f)	**tykistö**	[tykistø]
canhão (m)	**tykki**	[tykki]
fazer a pontaria	**suunnata**	[su:ŋata]
obus (m)	**ammus**	[ammus]
granada (f) de morteiro	**kranaatti**	[krana:tti]
morteiro (m)	**kranaatinheitin**	[krana:tinhejtin]
estilhaço (m)	**sirpale**	[sirpale]
submarino (m)	**sukellusvene**	[sukellusʋene]
torpedo (m)	**torpedo**	[torpedo]
míssil (m)	**raketti**	[raketti]
carregar (uma arma)	**ladata**	[ladata]
atirar, disparar (vi)	**ampua**	[ampua]
apontar para ...	**tähdätä**	[tæhdætæ]
baioneta (f)	**pistin**	[pistin]
espada (f)	**miekka**	[miekka]
sabre (m)	**sapeli**	[sapeli]
lança (f)	**keihäs**	[kejħæs]
arco (m)	**jousi**	[øusi]
flecha (f)	**nuoli**	[nuoli]
mosquete (m)	**musketti**	[musketti]
besta (f)	**jalkajousi**	[jalkaøusi]

187. Povos da antiguidade

primitivo	alkukantainen	[alkukantajnen]
pré-histórico	esihistoriallinen	[esihistoriallinen]
antigo	muinainen	[mujnajnen]
Idade (f) da Pedra	kivikausi	[kiʋikausi]
Idade (f) do Bronze	pronssikausi	[pronssikausi]
período (m) glacial	jääkausi	[jæ:kausi]
tribo (f)	heimo	[hejmo]
canibal (m)	ihmissyöjä	[ihmissyøjæ]
caçador (m)	metsästäjä	[metsæstæjæ]
caçar (vi)	metsästää	[metsæstæ:]
mamute (m)	mammutti	[mammutti]
caverna (f)	luola	[luola]
fogo (m)	tuli	[tuli]
fogueira (f)	nuotio	[nuotio]
pintura (f) rupestre	kalliopiirros	[kalliopi:rros]
ferramenta (f)	työväline	[tyøʋæline]
lança (f)	keihäs	[kejħæs]
machado (m) de pedra	kivikirves	[kiʋikirʋes]
guerrear (vt)	sotia	[sotia]
domesticar (vt)	kesyttää	[kesyttæ:]
ídolo (m)	epäjumala	[epæjumala]
adorar, venerar (vt)	palvoa	[palʋoa]
superstição (f)	taikausko	[tajkausko]
evolução (f)	evoluutio	[eʋolu:tio]
desenvolvimento (m)	kehitys	[kehitys]
desaparecimento (m)	katoaminen	[katoaminen]
adaptar-se (vr)	sopeutua	[sopeutua]
arqueologia (f)	arkeologia	[arkeologia]
arqueólogo (m)	arkeologi	[arkeologi]
arqueológico	muinaistieteellinen	[mujnajs tiete:llinen]
local (m) das escavações	kaivaukset	[kajʋaukset]
escavações (f pl)	kaivaukset	[kajʋaukset]
achado (m)	löytö	[løytø]
fragmento (m)	katkelma	[katkelma]

188. Idade média

povo (m)	kansa	[kansa]
povos (m pl)	kansat	[kansat]
tribo (f)	heimo	[hejmo]
tribos (f pl)	heimot	[hejmot]
bárbaros (m pl)	barbaarit	[barba:rit]
gauleses (m pl)	gallialaiset	[gallialajset]

godos (m pl)	gootit	[go:tit]
eslavos (m pl)	slaavit	[sla:ʋit]
víquingues (m pl)	viikingit	[ʋi:ikiŋit]
romanos (m pl)	roomalaiset	[ro:malɑjset]
romano	roomalainen	[ro:malɑjnen]
bizantinos (m pl)	bysanttilaiset	[bysɑnttilɑjset]
Bizâncio	Bysantti	[bysɑntti]
bizantino	bysanttilainen	[bysɑnttilɑjnen]
imperador (m)	keisari	[kejsɑri]
líder (m)	päällikkö	[pæ:likkø]
poderoso	voimakas	[ʋojmɑkɑs]
rei (m)	kuningas	[kuniŋɑs]
governante (m)	hallitsija	[hallitsija]
cavaleiro (m)	ritari	[ritɑri]
senhor feudal (m)	feodaaliherra	[feodɑ:li herrɑ]
feudal	feodaali-	[feodɑ:li]
vassalo (m)	vasalli	[ʋasalli]
duque (m)	herttua	[herttuɑ]
conde (m)	kreivi	[krejʋi]
barão (m)	paroni	[pɑroni]
bispo (m)	piispa	[pi:ispɑ]
armadura (f)	rautavaateet	[rɑutaʋɑ:tte:t]
escudo (m)	kilpi	[kilpi]
espada (f)	miekka	[miekkɑ]
viseira (f)	visiiri	[ʋisi:iri]
cota (f) de malha	teräspaita	[teræspɑjtɑ]
cruzada (f)	ristiretki	[ristiretki]
cruzado (m)	ristiretkeläinen	[ristiretkeʎæjnen]
território (m)	alue	[ɑlue]
atacar (vt)	hyökätä	[hyøkætæ]
conquistar (vt)	valloittaa	[ʋallojtta:]
ocupar, invadir (vt)	siepata	[siepɑtɑ]
assédio, sítio (m)	piiritys	[pi:iritys]
sitiado	piiritetty	[pi:iritetty]
assediar, sitiar (vt)	piirittää	[pi:irittæ:]
inquisição (f)	inkvisitio	[iŋkʋisitio]
inquisidor (m)	inkvisiittori	[iŋkʋisi:ittori]
tortura (f)	kidutus	[kidutus]
cruel	julma	[julmɑ]
herege (m)	harhaoppinen	[harhɑoppinen]
heresia (f)	harhaoppi	[harhɑoppi]
navegação (f) marítima	merenkulku	[mereŋkulku]
pirata (m)	merirosvo	[merirosʋo]
pirataria (f)	merirosvous	[merirosʋous]
abordagem (f)	hyökkäys	[hyøkkæys]

| saque (m), pulhagem (f) | saalis | [sɑ:lis] |
| tesouros (m pl) | aarteet | [ɑ:rte:t] |

descobrimento (m)	avaus	[ɑʋɑus]
descobrir (novas terras)	avata	[ɑʋɑtɑ]
expedição (f)	retki	[retki]

mosqueteiro (m)	muskettisoturi	[muskettisoturi]
cardeal (m)	kardinaali	[kardinɑ:li]
heráldica (f)	heraldiikka	[heraldi:ikkɑ]
heráldico	heraldinen	[heraldinen]

189. Líder. Chefe. Autoridades

rei (m)	kuningas	[kuniŋɑs]
rainha (f)	kuningatar	[kuniŋɑtar]
real	kuningas-	[kuniŋɑs]
reino (m)	kuningaskunta	[kuniŋɑskuntɑ]

| príncipe (m) | prinssi | [prinssi] |
| princesa (f) | prinsessa | [prinsessɑ] |

presidente (m)	presidentti	[presidentti]
vice-presidente (m)	varapresidentti	[ʋɑrɑ presidentti]
senador (m)	senaattori	[senɑ:ttori]

monarca (m)	monarkki	[monɑrkki]
governante (m)	hallitsija	[hallitsija]
ditador (m)	diktaattori	[diktɑ:ttori]
tirano (m)	tyranni	[tyrɑŋi]
magnata (m)	magnaatti	[mɑgnɑ:tti]

diretor (m)	johtaja	[øhtɑja]
chefe (m)	esimies	[esimies]
dirigente (m)	johtaja	[øhtɑja]
patrão (m)	pomo	[pomo]
dono (m)	omistaja	[omistɑja]

líder, chefe (m)	johtaja	[øhtɑja]
chefe (~ de delegação)	johtaja	[øhtɑja]
autoridades (f pl)	viranomaiset	[ʋiranomɑjset]
superiores (m pl)	päällystö	[pæ:llystø]

governador (m)	kuvernööri	[kuʋernø:ri]
cônsul (m)	konsuli	[konsuli]
diplomata (m)	diplomaatti	[diplomɑ:tti]

| prefeito (m) | kaupunginjohtaja | [kɑupuŋin øhtɑja] |
| xerife (m) | seriffi | [seriffi] |

imperador (m)	keisari	[kejsɑri]
czar (m)	tsaari	[ʦɑ:ri]
faraó (m)	farao	[fɑrɑo]
cã (m)	kaani	[kɑ:ni]

190. Estrada. Caminho. Direções

estrada (f)	tie	[tie]
caminho (m)	tie	[tie]
rodovia (f)	maantie	[mɑ:ntie]
autoestrada (f)	liikennetie	[li:ikeŋetie]
estrada (f) nacional	kansallistie	[kɑnsɑllistie]
estrada (f) principal	päätie	[pæ:tie]
caminho (m) de terra batida	kylätie	[kyʎætie]
trilha (f)	polku	[polku]
vereda (f)	polku	[polku]
Onde?	Missä?	[missæ]
Para onde?	Mihin?	[mihin]
De onde?	Mistä?	[mistæ]
direção (f)	suunta	[su:ntɑ]
indicar (orientar)	osoittaa	[osojttɑ:]
para esquerda	vasemmalle	[ʋɑsemmɑlle]
para direita	oikealle	[ojkeɑlle]
em frente	suoraan	[suorɑ:n]
para trás	takaisin	[tɑkɑjsin]
curva (f)	mutka	[mutkɑ]
virar (ex. ~ à direita)	kääntää	[kæ:ntæ:]
dar retorno	tehdä u-käännös	[tehdæ u:kæ:ŋøs]
estar visível	näkyä	[næky̆æ]
aparecer (vi)	ilmestyä	[ilmesty̆æ]
paragem (pausa)	pysäytys	[pysæytys]
descansar (vi)	levätä	[leʋætæ]
descanso (m)	lepo	[lepo]
perder-se (vr)	eksyä	[eksy̆æ]
conduzir (caminho)	viedä	[ʋiedæ]
chegar a ...	tulla kohti	[tullɑ kohti]
trecho (m)	osa	[osɑ]
asfalto (m)	asfaltti	[ɑsfɑltti]
lancil (m)	bordyyri	[bordy:ri]
valeta (f)	oja	[ojɑ]
tampa (f) de esgoto	luukku	[lu:kku]
berma (f) da estrada	piennar	[pæŋɑr]
buraco (m)	kuoppa	[kuoppɑ]
ir (a pé)	mennä	[menŋæ]
ultrapassar (vt)	ohittaa	[ohittɑ:]
passo (m)	askel	[ɑskel]
a pé	jalkaisin	[jɑlkɑjsin]

bloquear (vt)	estää pääsy	[estæ: pæ:sy]
cancela (f)	puomi	[puomi]
beco (m) sem saída	umpikuja	[umpikuja]

191. Viloação da lei. Criminosos. Parte 1

bandido (m)	rosvo	[rosʋo]
crime (m)	rikos	[rikos]
criminoso (m)	rikollinen	[rikollinen]
ladrão (m)	varas	[ʋaras]
roubar (vt)	varastella	[ʋarastella]
furto, roubo (m)	varkaus	[ʋarkaus]
raptar (ex. ~ uma criança)	ryöstää ihmisen	[ryøstæ: ihmisen]
rapto (m)	ihmisryöstö	[ihmisryøstø]
raptor (m)	ihmisryöstäjä	[ihmisryøstæjæ]
resgate (m)	lunastus	[lunastus]
pedir resgate	vaatia lunastus	[ʋa:tia lunastus]
roubar (vt)	ryöstää	[ryøstæ:]
assalto, roubo (m)	ryöstö	[ryøstø]
assaltante (m)	ryöstäjä	[ryøstæjæ]
extorquir (vt)	kiristää	[kiristæ:]
extorsionário (m)	kiristäjä	[kiristæjæ]
extorsão (f)	kiristys	[kiristys]
matar, assassinar (vt)	murhata	[murhata]
homicídio (m)	murha	[murha]
homicida, assassino (m)	murhaaja	[murha:ja]
tiro (m)	laukaus	[laukaus]
dar um tiro	laukaista	[laukajsta]
matar a tiro	ampua	[ampua]
atirar, disparar (vi)	ampua	[ampua]
tiroteio (m)	ammunta	[ammunta]
acontecimento (m)	tapahtuma	[tapahtuma]
porrada (f)	tappelu	[tappelu]
vítima (f)	uhri	[uhri]
danificar (vt)	vaurioittaa	[ʋauriojtta:]
dano (m)	vahinko	[ʋahiŋko]
cadáver (m)	ruumis	[ru:mis]
grave	törkeä	[tørkeæ]
atacar (vt)	hyökätä	[hyøkætæ]
bater (espancar)	lyödä	[lyødæ]
espancar (vt)	piestä	[piestæ]
tirar, roubar (dinheiro)	ottaa pois	[otta: pojs]
esfaquear (vt)	teurastaa	[teurasta:]
mutilar (vt)	runnella	[ruɲella]

ferir (vt)	haavoittaa	[haːʋojttɑː]
chantagem (f)	kiristys	[kiristys]
chantagear (vt)	kiristää	[kiristæː]
chantagista (m)	kiristäjä	[kiristæjæ]

extorsão (em troca de proteção)	kiristys	[kiristys]
extorsionário (m)	kiristäjä	[kiristæjæ]
gângster (m)	gangsteri	[gɑŋsteri]
máfia (f)	mafia	[mɑfiɑ]

carteirista (m)	taskuvaras	[tɑskuʋɑrɑs]
assaltante, ladrão (m)	murtovaras	[murtoʋɑrɑs]
contrabando (m)	salakuljetus	[sɑlɑkulʰjetus]
contrabandista (m)	salakuljettaja	[sɑlɑkulʰjettɑjɑ]

falsificação (f)	väärennös	[ʋæːreŋøs]
falsificar (vt)	väärentää	[ʋæːrentæː]
falsificado	väärennetty	[ʋæːreŋetty]

192. Viloação da lei. Criminosos. Parte 2

violação (f)	raiskaus	[rɑjskɑus]
violar (vt)	raiskata	[rɑjskɑtɑ]
violador (m)	raiskaaja	[rɑjskɑːjɑ]
maníaco (m)	maanikko	[mɑːnikko]

prostituta (f)	prostituoitu	[prostituojtu]
prostituição (f)	prostituutio	[prostituːtio]
chulo (m)	sutenööri	[sutenøːri]

| toxicodependente (m) | narkomaani | [nɑrkomɑːni] |
| traficante (m) | huumekauppias | [huːme kɑuppiɑs] |

explodir (vt)	räjäyttää	[ræjæyttæː]
explosão (f)	räjähdys	[ræjæhdys]
incendiar (vt)	sytyttää	[sytyttæː]
incendiário (m)	palon sytyttäjä	[pɑlon sytyttæjæ]

terrorismo (m)	terrorismi	[terrorismi]
terrorista (m)	terroristi	[terroristi]
refém (m)	panttivanki	[pɑntti ʋɑŋki]

enganar (vt)	pettää	[pettæː]
engano (m)	petos	[petos]
vigarista (m)	huijari	[huijɑri]

subornar (vt)	lahjoa	[lɑhʰøɑ]
suborno (atividade)	lahjonta	[lɑhʰønta]
suborno (dinheiro)	lahjus	[lɑhʰjus]

veneno (m)	myrkky	[myrkky]
envenenar (vt)	myrkyttää	[myrkyttæː]
envenenar-se (vr)	myrkyttää itsensä	[myrkyttæː itsensɑ]

173

suicídio (m)	itsemurha	[itsemurha]
suicida (m)	itsemurhaaja	[itsemurha:ja]

ameaçar (vt)	uhata	[uhata]
ameaça (f)	uhkaus	[uhkaus]
atentar contra a vida de ...	tehdä murhayritys	[tehdæ murhayritys]
atentado (m)	murhayritys	[murhayritys]

roubar (o carro)	viedä	[ʋiedæ]
desviar (o avião)	kaapata	[ka:pata]

vingança (f)	kosto	[kosto]
vingar (vt)	kostaa	[kosta:]

torturar (vt)	kiduttaa	[kidutta:]
tortura (f)	kidutus	[kidutus]
atormentar (vt)	piinata	[pi:inata]

pirata (m)	merirosvo	[merirosʋo]
desordeiro (m)	huligaani	[huliga:ni]
armado	aseellinen	[ase:llinen]
violência (f)	väkivalta	[ʋækiʋalta]

espionagem (f)	vakoilu	[ʋakojlu]
espionar (vi)	vakoilla	[ʋakojlla]

193. Polícia. Lei. Parte 1

justiça (f)	oikeudenmukaisuus	[ojkeudenmukajsu:s]
tribunal (m)	oikeus	[ojkeus]

juiz (m)	tuomari	[tuomari]
jurados (m pl)	valamiehistö	[ʋalamiehistø]
tribunal (m) do júri	valamiesoikeus	[ʋalamiesojkeus]
julgar (vt)	käsitellä oikeudessa	[kæsiteʎæ ojkeudessa]

advogado (m)	asianajaja	[asianajaja]
réu (m)	syytetty	[sy:tetty]
banco (m) dos réus	syytettyjen penkki	[sy:tettyjen peŋkki]

acusação (f)	syyte	[sy:te]
acusado (m)	syytetty	[sy:tetty]

sentença (f)	tuomio	[tuomio]
sentenciar (vt)	tuomita	[tuomita]

culpado (m)	syypää	[sy:pæ:]
punir (vt)	rangaista	[raŋajsta]
punição (f)	rangaistus	[raŋajstus]

multa (f)	sakko	[sakko]
prisão (f) perpétua	elinkautinen vankeustuomio	[eliŋkautinen ʋaŋkeustuomio]
pena (f) de morte	kuolemanrangaistus	[kuoleman raŋajstus]

| cadeira (f) elétrica | sähkötuoli | [sæhkøtuoli] |
| forca (f) | hirsipuu | [hirsipu:] |

| executar (vt) | teloittaa | [telojtta:] |
| execução (f) | teloitus | [telojtus] |

| prisão (f) | vankila | [ʋaŋkila] |
| cela (f) de prisão | selli | [selli] |

escolta (f)	saattovartio	[sa:ttoʋartio]
guarda (m) prisional	valvoja	[ʋalʋoja]
preso (m)	vanki	[ʋaŋki]

| algemas (f pl) | käsiraudat | [kæsiraudat] |
| algemar (vt) | panna käsiraudat | [paŋa kæsiraudat] |

fuga, evasão (f)	karkaus	[karkaus]
fugir (vi)	karata	[karata]
desaparecer (vi)	kadota	[kadota]
soltar, libertar (vt)	päästää vapaaksi	[pæ:stæ: ʋapa:ksi]
amnistia (f)	armahdus	[armahdus]

polícia (instituição)	poliisi	[poli:isi]
polícia (m)	poliisi	[poli:isi]
esquadra (f) de polícia	poliisiasema	[poli:isi asema]
cassetete (m)	kumipamppu	[kumipamppu]
megafone (m)	megafoni	[megafoni]

carro (m) de patrulha	vartioauto	[ʋartio auto]
sirene (f)	sireeni	[sire:ni]
ligar a sirene	käynnistää sireeni	[kæyɲistæ: sire:ni]
toque (m) da sirene	sireenin ulvonta	[sire:nin ulʋonta]

cena (f) do crime	tapahtumapaikka	[tapahtuma pajkka]
testemunha (f)	todistaja	[todistaja]
liberdade (f)	vapaus	[ʋapaus]
cúmplice (m)	rikoskumppani	[rikos kumppani]
escapar (vi)	piileksiä	[pi:ileksiæ]
traço (não deixar ~s)	jälki	[jælki]

194. Polícia. Lei. Parte 2

procura (f)	etsintä	[etsintæ]
procurar (vt)	etsiä	[etsiæ]
suspeita (f)	epäily	[epæjly]
suspeito	epäilyttävä	[epæjlyttæʋæ]
parar (vt)	pysäyttää	[pysæyttæ:]
deter (vt)	pidättää	[pidættæ:]

caso (criminal)	asia	[asia]
investigação (f)	tutkinta	[tutkinta]
detetive (m)	etsivä	[etsiʋæ]
investigador (m)	rikostutkija	[rikos tutkija]
versão (f)	versio	[ʋersio]

175

motivo (m)	**syy**	[sy:]
interrogatório (m)	**kuulustelu**	[ku:lustelu]
interrogar (vt)	**kuulustella**	[ku:lustella]
questionar (vt)	**kuulustella**	[ku:lustella]
verificação (f)	**tarkastus**	[tarkastus]
rusga (f)	**ratsia**	[ratsia]
busca (f)	**etsintä**	[etsintæ]
perseguição (f)	**takaa-ajo**	[taka: aø]
perseguir (vt)	**takaa-ajaja**	[taka: ajajæ]
seguir (vt)	**vakoilla**	[vakojlla]
prisão (f)	**vangitseminen**	[vaŋitseminen]
prender (vt)	**vangita**	[vaŋita]
pegar, capturar (vt)	**ottaa kiinni**	[otta: ki:iŋi]
captura (f)	**kiinniotto**	[ki:iŋiotto]
documento (m)	**asiakirja**	[asiakirʰæ]
prova (f)	**todiste**	[todiste]
provar (vt)	**todistaa**	[todista:]
pegada (f)	**jälki**	[jælki]
impressões (f pl) digitais	**sormenjäljet**	[sormenjælʰjet]
prova (f)	**todiste**	[todiste]
álibi (m)	**alibi**	[alibi]
inocente	**syytön**	[sy:tøn]
injustiça (f)	**epäoikeudenmukaisuus**	[epæojkeuden mukajsu:s]
injusto	**epäoikeudenmukainen**	[epæojkeuden mukajnen]
criminal	**rikosuutiset**	[rikosu:tiset]
confiscar (vt)	**takavarikoida**	[takavarikojda]
droga (f)	**huume**	[hu:me]
arma (f)	**ase**	[ase]
desarmar (vt)	**riisua aseista**	[ri:isua asejsta]
ordenar (vt)	**käskeä**	[kæskeæ]
desaparecer (vi)	**kadota**	[kadota]
lei (f)	**laki**	[laki]
legal	**laillinen**	[la:jlinen]
ilegal	**laiton**	[lajton]
responsabilidade (f)	**vastuu**	[vastu:]
responsável	**vastuunalainen**	[vastu:nalajnen]

NATUREZA

A Terra. Parte 1

195. Espaço sideral

cosmos (m)	avaruus	[ɑuɑru:s]
cósmico	avaruus-	[ɑuɑru:s]
espaço (m) cósmico	avaruus	[ɑuɑru:s]
mundo (m)	maailma	[mɑ:ilmɑ]
universo (m)	maailmankaikkeus	[mɑ:ilmɑn kɑjkkeus]
galáxia (f)	galaksi	[gɑlɑksi]
estrela (f)	tähti	[tæhti]
constelação (f)	tähtikuvio	[tæhtikuuio]
planeta (m)	planeetta	[plɑne:ttɑ]
satélite (m)	satelliitti	[sɑtelli:itti]
meteorito (m)	meteoriitti	[meteori:itti]
cometa (m)	pyrstötähti	[pyrstøtæhti]
asteroide (m)	asteroidi	[ɑsterojdi]
órbita (f)	kiertorata	[kiertorɑtɑ]
girar (vi)	kiertää	[kærtæ:]
atmosfera (f)	ilmakehä	[ilmɑkeɦæ]
Sol (m)	Aurinko	[ɑuriŋko]
Sistema (m) Solar	Aurinkokunta	[ɑuriŋko kuntɑ]
eclipse (m) solar	auringonpimennys	[ɑuriŋon pimeŋys]
Terra (f)	Maa	[mɑ:]
Lua (f)	Kuu	[ku:]
Marte (m)	Mars	[mɑrs]
Vénus (m)	Venus	[uenus]
Júpiter (m)	Jupiter	[jupiter]
Saturno (m)	Saturnus	[sɑturnus]
Mercúrio (m)	Merkurius	[merkurius]
Urano (m)	Uranus	[urɑnus]
Neptuno (m)	Neptunus	[neptunus]
Plutão (m)	Pluto	[pluto]
Via Láctea (f)	Linnunrata	[liŋunrɑtɑ]
Ursa Maior (f)	Otava	[otɑuɑ]
Estrela Polar (f)	Pohjantähti	[pohʰjɑntæhti]
marciano (m)	marsilainen	[mɑrsilɑjnen]
extraterrestre (m)	avaruusolio	[ɑuɑru:soʎio]

| alienígena (m) | humanoidi | [humanojdi] |
| disco (m) voador | lentävä lautanen | [lentæʋæ lautanen] |

nave (f) espacial	avaruusalus	[aʋaru:salus]
estação (f) orbital	avaruusasema	[aʋaru:sasema]
lançamento (m)	startti	[startti]

motor (m)	moottori	[mo:ttori]
bocal (m)	suutin	[su:tin]
combustível (m)	polttoaine	[polttoajne]

cabine (f)	hytti	[hytti]
antena (f)	antenni	[anteɲi]
vigia (f)	ikkuna	[ikkuna]
bateria (f) solar	aurinkokennosto	[auriŋkokeŋosto]
traje (m) espacial	avaruuspuku	[aʋaru:spuku]

| imponderabilidade (f) | painottomuus | [pajnottomu:s] |
| oxigénio (m) | happi | [happi] |

| acoplagem (f) | telakointi | [telakojnti] |
| fazer uma acoplagem | tehdä telakointi | [tehdæ telakojnti] |

observatório (m)	observatorio	[obserʋatorio]
telescópio (m)	teleskooppi	[telesko:ppi]
observar (vt)	seurata	[seurata]
explorar (vt)	tutkia	[tutkia]

196. A Terra

Terra (f)	Maa	[ma:]
globo terrestre (Terra)	maapallo	[ma:pallo]
planeta (m)	planeetta	[plane:tta]

atmosfera (f)	ilmakehä	[ilmakeħæ]
geografia (f)	maantiede	[ma:ntiede]
natureza (f)	luonto	[luonto]

globo (mapa esférico)	karttapallo	[karttapallo]
mapa (m)	kartta	[kartta]
atlas (m)	atlas	[atlas]

| Europa (f) | Eurooppa | [euro:ppa] |
| Ásia (f) | Aasia | [a:sia] |

| África (f) | Afrikka | [afrikka] |
| Austrália (f) | Australia | [australia] |

América (f)	Amerikka	[amerikka]
América (f) do Norte	Pohjois-Amerikka	[pohʰøjs amerikka]
América (f) do Sul	Etelä-Amerikka	[eteʎæ amerikka]

| Antártida (f) | Etelämanner | [eteʎæmaɲer] |
| Ártico (m) | Arktis | [arktis] |

197. Pontos cardeais

norte (m)	pohjola	[pohʰøla]
para norte	pohjoiseen	[pohʰøjse:n]
no norte	pohjoisessa	[pohʰøjsessa]
do norte	pohjoinen	[pohʰøjnen]

sul (m)	etelä	[eteʎæ]
para sul	etelään	[etelæ:n]
no sul	etelässä	[eteʎæssæ]
do sul	eteläinen	[eteʎæjnen]

oeste, ocidente (m)	länsi	[ʎænsi]
para oeste	länteen	[ʎænte:n]
no oeste	lännessä	[ʎæŋessæ]
ocidental	läntinen	[ʎæntinen]

leste, oriente (m)	itä	[itæ]
para leste	itään	[itæ:n]
no leste	idässä	[idæssæ]
oriental	itäinen	[itæjnen]

198. Mar. Oceano

mar (m)	meri	[meri]
oceano (m)	valtameri	[ʋaltameri]
golfo (m)	lahti	[lahti]
estreito (m)	salmi	[salmi]

terra (f) firme	maa	[mɑ:]
continente (m)	manner	[maŋer]
ilha (f)	saari	[sɑ:ri]
península (f)	niemimaa	[niemimɑ:]
arquipélago (m)	saaristo	[sɑ:risto]

baía (f)	poukama	[poukama]
porto (m)	satama	[satama]
lagoa (f)	laguuni	[lagu:ni]
cabo (m)	niemi	[niemi]

atol (m)	atolli	[atolli]
recife (m)	riutta	[riutta]
coral (m)	koralli	[koralli]
recife (m) de coral	koralliriutta	[koralli riutta]

profundo	syvä	[syʋæ]
profundidade (f)	syvyys	[syʋy:s]
abismo (m)	kuilu	[kujlu]
fossa (f) oceânica	vajoama	[ʋaøama]

corrente (f)	virta	[ʋirta]
banhar (vt)	huuhdella	[hu:hdella]
litoral (m)	merenranta	[merenranta]

costa (f)	rannikko	[raŋikko]
maré (f) alta	vuoksi	[ʋuoksi]
maré (f) baixa	pakovesi	[pakoʋesi]
restinga (f)	matalikko	[matalikko]
fundo (m)	pohja	[pohʰja]

onda (f)	aalto	[aːlto]
crista (f) da onda	aallonharja	[aːllonharʰja]
espuma (f)	vaahto	[ʋaːhto]

tempestade (f)	myrsky	[myrsky]
furacão (m)	hirmumyrsky	[hirmumyrsky]
tsunami (m)	tsunami	[tsunami]
calmaria (f)	tyyni	[tyːyni]
calmo	rauhallinen	[rauhallinen]

| polo (m) | napa | [napa] |
| polar | napa | [napa] |

latitude (f)	leveys	[leʋeys]
longitude (f)	pituus	[pituːs]
paralela (f)	leveyspiiri	[leʋeyspiːiri]
equador (m)	päiväntasaaja	[pæejʋæntasaːja]

céu (m)	taivas	[tajʋas]
horizonte (m)	taivaanranta	[tajʋaːnranta]
ar (m)	ilma	[ilma]

farol (m)	majakka	[majakka]
mergulhar (vi)	sukeltaa	[sukelta:]
afundar-se (vr)	upota	[upota]
tesouros (m pl)	aarteet	[aːrteːt]

199. Nomes de Mares e Oceanos

Oceano (m) Atlântico	Atlantin valtameri	[atlantin ʋalta meri]
Oceano (m) Índico	Intian valtameri	[intian ʋalta meri]
Oceano (m) Pacífico	Tyynimeri	[tyːni meri]
Oceano (m) Ártico	Pohjoinen jäämeri	[pohʰøjnen jæː meri]

Mar (m) Negro	Mustameri	[musta meri]
Mar (m) Vermelho	Punainenmeri	[punajnen meri]
Mar (m) Amarelo	Keltainenmeri	[keltajnen meri]
Mar (m) Branco	Vienanmeri	[ʋjenanmeri]

Mar (m) Cáspio	Kaspianmeri	[kaspian meri]
Mar (m) Morto	Kuollutmeri	[kuollut meri]
Mar (m) Mediterrâneo	Välimeri	[ʋæli meri]

| Mar (m) Egeu | Egeanmeri | [egean meri] |
| Mar (m) Adriático | Adrianmeri | [adrian meri] |

| Mar (m) Arábico | Arabianmeri | [arabian meri] |
| Mar (m) do Japão | Japaninmeri | [japanin meri] |

| tremedal (m) | hete | [hete] |
| remoinho (m) | pyörre | [pyørre] |

arroio, regato (m)	puro	[puro]
potável	juoma-	[yoma]
doce (água)	makea	[makea]

| gelo (m) | jää | [jæ:] |
| congelar-se (vr) | jäätyä | [jæ:tyæ] |

203. Nomes de rios

| rio Sena (m) | Seine | [sejne] |
| rio Loire (m) | Loire | [lojre] |

rio Tamisa (m)	Thames	[thames]
rio Reno (m)	Rein	[rejn]
rio Danúbio (m)	Tonava	[tonaua]

rio Volga (m)	Volga	[uolga]
rio Don (m)	Don	[don]
rio Lena (m)	Lena	[lena]

rio Amarelo (m)	Keltainenjoki	[keltajnenøki]
rio Yangtzé (m)	Jangtse	[jaŋdse]
rio Mekong (m)	Mekong	[mekoŋ]
rio Ganges (m)	Ganges	[gaŋes]

rio Nilo (m)	Niili	[ni:ili]
rio Congo (m)	Kongo	[koŋo]
rio Cubango (m)	Okavango	[okauaŋo]
rio Zambeze (m)	Sambesi	[sambesi]
rio Limpopo (m)	Limpopojoki	[limpopoøki]
rio Mississípi (m)	Mississippi	[mississippi]

204. Floresta

| floresta (f), bosque (m) | metsä | [metsæ] |
| florestal | metsä- | [metsæ] |

mata (f) cerrada	tiheikkö	[tihejkkø]
arvoredo (m)	lehto	[lehto]
clareira (f)	aho	[aho]

| matagal (f) | tiheikkö | [tihejkkø] |
| mato (m) | pensaikko | [pensajkko] |

| vereda (f) | polku | [polku] |
| ravina (f) | rotko | [rotko] |

| árvore (f) | puu | [pu:] |
| folha (f) | lehti | [lehti] |

folhagem (f)	**lehdistö**	[lehdistø]
queda (f) das folha	**lehdenlähtö**	[lehdenʎæhtø]
cair (vi)	**karista**	[karista]
topo (m)	**latva**	[latʋa]

ramo (m)	**oksa**	[oksa]
galho (m)	**oksa**	[oksa]
botão, rebento (m)	**silmu**	[silmu]
agulha (f)	**neulanen**	[neulanen]
pinha (f)	**käpy**	[kæpy]

buraco (m) de árvore	**ontelo**	[ontelo]
ninho (m)	**pesä**	[pesæ]
toca (f)	**kolo**	[kolo]

tronco (m)	**runko**	[ruŋko]
raiz (f)	**juuri**	[juːri]
casca (f) de árvore	**kuori**	[kuori]
musgo (m)	**sammal**	[sammal]

arrancar pela raiz	**juuria**	[juːria]
cortar (vt)	**hakata**	[hakata]
desflorestar (vt)	**hakata**	[hakata]
toco, cepo (m)	**kanto**	[kanto]

fogueira (f)	**nuotio**	[nuotio]
incêndio (m) florestal	**palo**	[palo]
apagar (vt)	**sammuttaa**	[sammuttaː]

guarda-florestal (m)	**metsänvartija**	[metsænʋartija]
proteção (f)	**suojelu**	[suojelu]
proteger (a natureza)	**suojella**	[suojella]
caçador (m) furtivo	**salametsästäjä**	[salametsæstæjæ]
armadilha (f)	**raudat**	[raudat]

colher (cogumelos)	**sienestää**	[sienestæː]
colher (bagas)	**marjastaa**	[marʲjastaː]
perder-se (vr)	**eksyä**	[eksyæ]

205. Recursos naturais

recursos (m pl) naturais	**luonnonvarat**	[luoŋonʋarat]
minerais (m pl)	**mineraalit**	[mineraːlit]
depósitos (m pl)	**esiintymä**	[esiːintymæ]
jazida (f)	**esiintymä**	[esiːintymæ]

extrair (vt)	**louhia**	[louhia]
extração (f)	**kaivostoiminta**	[kajʋostojminta]
minério (m)	**malmi**	[malmi]
mina (f)	**kaivos**	[kajʋos]
poço (m) de mina	**kaivos**	[kajʋos]
mineiro (m)	**kaivosmies**	[kajʋosmies]
gás (m)	**kaasu**	[kaːsu]
gasoduto (m)	**kaasujohto**	[kaːsuøhto]

petróleo (m)	öljy	[ølʰy]
oleoduto (m)	öljyjohto	[ølʰy øhto]
poço (m) de petróleo	öljynporausreikä	[ølʰyn poraus rejkæ]
torre (f) petrolífera	öljynporaustorni	[ølʰyn poraus torni]
petroleiro (m)	tankkilaiva	[taŋkki lajʋa]
areia (f)	hiekka	[hiekka]
calcário (m)	kalkkikivi	[kalkkikiʋi]
cascalho (m)	sora	[sora]
turfa (f)	turve	[turʋe]
argila (f)	savi	[saʋi]
carvão (m)	hiili	[hi:ili]
ferro (m)	rauta	[rauta]
ouro (m)	kulta	[kulta]
prata (f)	hopea	[hopea]
níquel (m)	nikkeli	[nikkeli]
cobre (m)	kupari	[kupari]
zinco (m)	sinkki	[siŋkki]
manganês (m)	mangaani	[maŋa:ni]
mercúrio (m)	elohopea	[elo hopea]
chumbo (m)	lyijy	[lyiy]
mineral (m)	mineraali	[minera:li]
cristal (m)	kristalli	[kristalli]
mármore (m)	marmori	[marmori]
urânio (m)	uraani	[ura:ni]

A Terra. Parte 2

206. Tempo

tempo (m)	sää	[sæ:]
previsão (f) do tempo	sääennuste	[sæ:eŋuste]
temperatura (f)	lämpötila	[ʎæmpøtila]
termómetro (m)	lämpömittari	[ʎæmpømittari]
barómetro (m)	ilmapuntari	[ilmapuntari]
humidade (f)	kosteus	[kosteus]
calor (m)	helle	[helle]
cálido	kuuma	[ku:ma]
está muito calor	on kuumaa	[on ku.mu.]
está calor	on lämmintä	[on ʎæmmintæ]
quente	lämmin	[ʎæmmin]
está frio	on kylmää	[on kylmæ:]
frio	kylmä	[kylmæ]
sol (m)	aurinko	[auriŋko]
brilhar (vi)	paistaa	[pajsta:]
de sol, ensolarado	aurinkoinen	[auriŋkojnen]
nascer (vi)	nousta	[nousta]
pôr-se (vr)	laskea	[laskea]
nuvem (f)	pilvi	[pilʋi]
nublado	pilvinen	[pilʋinen]
nuvem (f) preta	pilvi	[pilʋi]
escuro, cinzento	pilvinen	[pilʋinen]
chuva (f)	sade	[sade]
está a chover	sataa vettä	[sata: ʋettæ]
chuvoso	sateinen	[satejnen]
chuviscar (vi)	vihmoa	[ʋihmoa]
chuva (f) torrencial	kaatosade	[ka:tosade]
chuvada (f)	rankka sade	[raŋkkasade]
forte (chuva)	rankka	[raŋkka]
poça (f)	lätäkkö	[ʎætækkø]
molhar-se (vr)	kastua	[kastua]
nevoeiro (m)	sumu	[sumu]
de nevoeiro	sumuinen	[sumujnen]
neve (f)	lumi	[lumi]
está a nevar	sataa lunta	[sata: lunta]

207. Tempo extremo. Catástrofes naturais

trovoada (f)	ukkonen	[ukkonen]
relâmpago (m)	salama	[salama]
relampejar (vi)	kimaltaa	[kimaltɑ:]
trovão (m)	ukkonen	[ukkonen]
trovejar (vi)	jyristä	[yristæ]
está a trovejar	ukkonen jyrisee	[ukkonen yrise:]
granizo (m)	raesade	[raesade]
está a cair granizo	sataa rakeita	[sata: rakejta]
inundar (vt)	upottaa	[upottɑ:]
inundação (f)	tulva	[tulʋa]
terremoto (m)	maanjäristys	[mɑ:njaristys]
abalo, tremor (m)	maantärähdys	[mɑ:ntæræhdys]
epicentro (m)	keskus	[keskus]
erupção (f)	purkaus	[purkaus]
lava (f)	laava	[lɑ:ʋa]
turbilhão (m)	pyörre	[pyørre]
tornado (m)	tornado	[tornado]
tufão (m)	pyörremyrsky	[pyørremyrsky]
furacão (m)	hirmumyrsky	[hirmumyrsky]
tempestade (f)	myrsky	[myrsky]
tsunami (m)	tsunami	[tsunami]
ciclone (m)	sykloni	[sykloni]
mau tempo (m)	koiran ilma	[kojran ilma]
incêndio (m)	palo	[palo]
catástrofe (f)	katastrofi	[katastrofi]
meteorito (m)	meteoriitti	[meteori:itti]
avalanche (f)	lumivyöry	[lumiʋyøry]
deslizamento (f) de neve	lumivyöry	[lumiʋyøry]
nevasca (f)	pyry	[pyry]
tempestade (f) de neve	pyry	[pyry]

208. Ruídos. Sons

silêncio (m)	hiljaisuus	[hilʰjɑjsu:s]
som (m)	ääni	[æ:ni]
ruído, barulho (m)	melu	[melu]
fazer barulho	meluta	[meluta]
ruidoso, barulhento	meluisa	[melujsa]
alto (adv)	äänekkäästi	[æ:nekkæ:sti]
alto (adj)	äänekäs	[æ:nekæs]
constante (ruído, etc.)	vakinainen	[ʋakinajnen]

grito (m)	huuto	[hu:to]
gritar (vi)	huutaa	[hu:ta:]
sussurro (m)	kuiskaus	[kujskaus]
sussurrar (vt)	kuiskata	[kujskata]

| latido (m) | haukunta | [haukunta] |
| latir (vi) | haukkua | [haukkua] |

gemido (m)	vaikerrus	[ʋajkerrus]
gemer (vi)	vaikertaa	[ʋajkerta:]
tosse (f)	yskä	[yskæ]
tossir (vi)	yskiä	[yskiæ]

assobio (m)	vihellys	[ʋihellys]
assobiar (vi)	viheltää	[ʋiheltæ:]
batida (f)	koputus	[koputus]
bater (vi)	koputtaa	[koputta:]

| estalar (vi) | ritistä | [ritistæ] |
| estalido (m) | ryske | [ryske] |

sirene (f)	sireeni	[sire:ni]
apito (m)	puhallus	[puhallus]
apitar (vi)	puhaltaa	[puhalta:]
buzina (f)	signaali	[signa:li]
buzinar (vi)	tuutata	[tu:tata]

209. Inverno

inverno (m)	talvi	[talʋi]
de inverno	talvinen	[talʋinen]
no inverno	talvella	[talʋella]

neve (f)	lumi	[lumi]
está a nevar	sataa lunta	[sata: lunta]
queda (f) de neve	lumikuuro	[lumiku:ro]
amontoado (m) de neve	lumikinos	[lumikinos]

floco (m) de neve	lumihiutale	[lumihiutale]
bola (f) de neve	lumipallo	[lumipallo]
boneco (m) de neve	lumiukko	[lumiukko]
sincelo (m)	jääpuikko	[jæ:pujkko]

dezembro (m)	joulukuu	[øuluku:]
janeiro (m)	tammikuu	[tammiku:]
fevereiro (m)	helmikuu	[helmiku:]

| gelo (m) | pakkanen | [pakkanen] |
| gelado, glacial | pakkas- | [pakkas] |

abaixo de zero	nollan alapuolella	[nollan alapuolella]
geada (f)	halla	[halla]
geada (f) branca	huurre	[hu:rre]
frio (m)	kylmyys	[kylmy:s]

está frio	on kylmää	[on kylmæ:]
casaco (m) de peles	turkki	[turkki]
mitenes (f pl)	lapaset	[lapaset]

adoecer (vi)	sairastua	[sajrastua]
constipação (f)	vilustus	[ʋilustus]
constipar-se (vr)	vilustua	[ʋilustua]

gelo (m)	jää	[jæ:]
gelo (m) na estrada	iljanne	[ilʲjaŋe]
congelar-se (vr)	jäätyä	[jæ:tyæ]
bloco (m) de gelo	jäälohkare	[jæ:lohkare]

esqui (m)	sukset	[sukset]
esquiador (m)	hiihtäjä	[hi:ihtæjæ]
esquiar (vi)	hiihdellä	[hi:ihdeʎæ]
patinar (vi)	luistella	[luistella]

Fauna

210. Mamíferos. Predadores

predador (m)	peto	[peto]
tigre (m)	tiikeri	[ti:ikeri]
leão (m)	leijona	[leiøna]
lobo (m)	susi	[susi]
raposa (f)	kettu	[kettu]
jaguar (m)	jaguaari	[jagua:ri]
leopardo (m)	leopardi	[leopardi]
chita (f)	gepardi	[gepardi]
pantera (f)	pantteri	[pantteri]
puma (m)	puuma	[pu:ma]
leopardo-das-neves (m)	lumileopardi	[lumi leopardi]
lince (m)	ilves	[ilʋes]
coiote (m)	kojootti	[koø:tti]
chacal (m)	sakaali	[saka:li]
hiena (f)	hyeena	[hye:na]

211. Animais selvagens

animal (m)	eläin	[eʌæjn]
besta (f)	eläin	[eʌæjn]
esquilo (m)	orava	[oraʋa]
ouriço (m)	siili	[si:ili]
lebre (f)	jänis	[jænis]
coelho (m)	kaniini	[kani:ini]
texugo (m)	mäyrä	[mæuræ]
guaxinim (m)	pesukarhu	[pesukarhu]
hamster (m)	hamsteri	[hamsteri]
marmota (f)	murmeli	[murmeli]
toupeira (f)	maamyyrä	[ma:my:ræ]
rato (m)	hiiri	[hi:iri]
ratazana (f)	rotta	[rotta]
morcego (m)	lepakko	[lepakko]
arminho (m)	kärppä	[kærppæ]
zibelina (f)	soopeli	[so:peli]
marta (f)	näätä	[næ:tæ]
doninha (f)	lumikko	[lumikko]
vison (m)	minkki	[miŋkki]

| castor (m) | majava | [majɑʋɑ] |
| lontra (f) | saukko | [sɑukko] |

cavalo (m)	hevonen	[heʋonen]
alce (m) americano	hirvi	[hirʋi]
veado (m)	poro	[poro]
camelo (m)	kameli	[kɑmeli]

bisão (m)	biisoni	[bi:isoni]
auroque (m)	visentti	[ʋisentti]
búfalo (m)	puhveli	[puhʋeli]

zebra (f)	seepra	[se:prɑ]
antílope (m)	antilooppi	[ɑntilo:ppi]
corça (f)	metsäkauris	[metsæ kɑuris]
gamo (m)	kuusipeura	[ku:si peurɑ]
camurça (f)	gemssi	[gemssi]
javali (m)	villisika	[ʋilli sikɑ]

baleia (f)	valas	[ʋɑlɑs]
foca (f)	hylje	[hylʰje]
morsa (f)	mursu	[mursu]
urso-marinho (m)	merikarhu	[merikɑrhu]
golfinho (m)	delfiini	[delfi:ini]

urso (m)	karhu	[kɑrhu]
urso (m) branco	jääkarhu	[jæ:kɑrhu]
panda (m)	panda	[pɑndɑ]

macaco (em geral)	apina	[ɑpinɑ]
chimpanzé (m)	simpanssi	[simpɑnssi]
orangotango (m)	oranki	[orɑŋki]
gorila (m)	gorilla	[gorillɑ]
macaco (m)	makaki	[mɑkɑki]
gibão (m)	gibboni	[gibboni]

elefante (m)	norsu	[norsu]
rinoceronte (m)	sarvikuono	[sɑrʋikuono]
girafa (f)	kirahvi	[kirɑhʋi]
hipopótamo (m)	virtahepo	[ʋirtɑ hepo]

| canguru (m) | kenguru | [keŋuru] |
| coala (m) | pussikarhu | [pussikɑrhu] |

mangusto (m)	faaraorotta	[fɑ:rɑorottɑ]
chinchila (f)	sinsilla	[sinsillɑ]
doninha-fedorenta (f)	haisunäätä	[hɑjsunæ:tæ]
porco-espinho (m)	piikkisika	[pi:ikkisikɑ]

212. Animais domésticos

gata (f)	kissa	[kissɑ]
gato (m) macho	kollikissa	[kollikissɑ]
cão (m)	koira	[kojrɑ]

cavalo (m)	hevonen	[heʋonen]
garanhão (m)	ori	[ori]
égua (f)	tamma	[tamma]

vaca (f)	lehmä	[lehmæ]
touro (m)	sonni	[soŋi]
boi (m)	härkä	[hærkæ]

ovelha (f)	lammas	[lammas]
carneiro (m)	pässi	[pæssi]
cabra (f)	vuohi	[ʋuohi]
bode (m)	pukki	[pukki]

burro (m)	aasi	[ɑ:si]
mula (f)	muuli	[mu:li]

porco (m)	sika	[sikɑ]
porquinho (m)	porsas	[porsɑs]
coelho (m)	kaniini	[kɑni:ini]

galinha (f)	kana	[kɑnɑ]
galo (m)	kukko	[kukko]

pato (m), pata (f)	ankka	[aŋkkɑ]
pato (macho)	urosankka	[urosaŋkkɑ]
ganso (m)	hanhi	[hanhi]

peru (m)	uroskalkkuna	[uroskalkkunɑ]
perua (f)	naaraskalkkuna	[nɑ:raskalkkunɑ]

animais (m pl) domésticos	kotieläimet	[kotieʎæjmet]
domesticado	kesy	[kesy]
domesticar (vt)	kesyttää	[kesyttæ:]
criar (vt)	kasvattaa	[kasʋatta:]

quinta (f)	farmi	[farmi]
aves (f pl) domésticas	siipikarja	[si:ipikarʰja]
gado (m)	karja	[karʰja]
rebanho (m), manada (f)	lauma	[lauma]

estábulo (m)	hevostalli	[heʋostalli]
pocilga (f)	sikala	[sikɑlɑ]
estábulo (m)	navetta	[naʋetta]
coelheira (f)	kanikoppi	[kɑnikoppi]
galinheiro (m)	kanala	[kɑnɑlɑ]

213. Cães. Raças de cães

cão (m)	koira	[kojra]
cão pastor (m)	paimenkoira	[pajmeŋkojra]
caniche (m)	villakoira	[ʋillakojra]
teckel (m)	mäyräkoira	[mæurækojra]
buldogue (m)	bulldoggi	[bulldoggi]
boxer (m)	bokseri	[bokseri]

mastim (m)	mastiffi	[mɑstiffi]
rottweiler (m)	rottweiler	[rottuɑjler]
dobermann (m)	dobermanni	[dobermɑɲi]

basset (m)	basset	[bɑsset]
pastor inglês (m)	bobtail, lampuri	[bobtejl], [ʎæmpuri]
dálmata (m)	dalmatiankoira	[dalmɑtiɑnikojrɑ]
cocker spaniel (m)	cockerspanieli	[kokker spanieli]

| terra-nova (m) | newfoundlandinkoira | [ɲjyfɑundlɑndin kojrɑ] |
| são-bernardo (m) | bernhardinkoira | [bernhɑrdin kojrɑ] |

husky (m)	siperianhusky	[siperiɑn husky]
Chow-chow (m)	kiinanpystykorva	[kiːinɑnpysty koruɑ]
spitz alemão (m)	kääpiöpystykorva	[kæːpiøpysty koruɑ]
carlindogue (m)	mopsi	[mopsi]

214. Sons produzidos pelos animais

latido (m)	haukunta	[hɑukuntɑ]
latir (vi)	haukkua	[hɑukkuɑ]
miar (vi)	naukua	[nɑukuɑ]
ronronar (vi)	kehrätä	[kehrætæ]

mugir (vaca)	ammua	[ɑmmuɑ]
bramir (touro)	ulvoa	[uluoɑ]
rosnar (vi)	möristä	[møristæ]

uivo (m)	ulvonta	[uluontɑ]
uivar (vi)	ulvoa	[uluoɑ]
ganir (vi)	inistä	[inistæ]

balir (vi)	määkiä	[mæːkiæ]
grunhir (porco)	röhkiä	[røhkiæ]
guinchar (vi)	vinkua	[uiŋkuɑ]

coaxar (sapo)	kurnuttaa	[kurnuttɑ:]
zumbir (inseto)	surista	[suristɑ]
estridular, ziziar (vi)	sirittää	[sirittæ:]

215. Animais jovens

cria (f), filhote (m)	pentu	[pentu]
gatinho (m)	kissanpentu	[kissɑn pentu]
ratinho (m)	hiirenpoika	[hiːiren pojkɑ]
cãozinho (m)	koiranpentu	[kojrɑn pentu]

filhote (m) de lebre	jäniksenpoika	[jæniksen pojkɑ]
coelhinho (m)	kaniininpoikanen	[kɑniːinin pojkɑnen]
lobinho (m)	sudenpentu	[suden pentu]
raposinho (m)	ketunpentu	[ketun pentu]
ursinho (m)	karhunpentu	[kɑrhun pentu]

leãozinho (m)	leijonanpentu	[leiønan pentu]
filhote (m) de tigre	tiikerinpentu	[ti:ikerin pentu]
filhote (m) de elefante	norsunpoikanen	[norsun pojkanen]

porquinho (m)	porsas	[porsas]
bezerro (m)	vasikka	[ʋasikka]
cabrito (m)	kili	[kili]
cordeiro (m)	karitsa	[karitsa]
cria (f) de veado	poronvasa	[poron ʋasa]
cria (f) de camelo	kamelin varsa	[kamelin ʋarsa]

filhote (m) de serpente	käärmeenpoikanen	[kæ:rme:n pojkanen]
cria (f) de rã	sammakonpoikanen	[sammakon pojkanen]

cria (f) de ave	linnunpoika	[liŋun pojka]
pinto (m)	kananpoika	[kanan pojka]
patinho (m)	ankanpoikanen	[aŋkan pojkanen]

216. Pássaros

pássaro, ave (m)	lintu	[lintu]
pombo (m)	kyyhky	[ky:hky]
pardal (m)	varpunen	[ʋarpunen]
chapim-real (m)	tiainen	[tiajnen]
pega-rabuda (f)	harakka	[harakka]

corvo (m)	korppi	[korppi]
gralha (f) cinzenta	varis	[ʋaris]
gralha-de-nuca-cinzenta (f)	naakka	[na:kka]
gralha-calva (f)	mustavaris	[musta ʋaris]

pato (m)	ankka	[aŋkka]
ganso (m)	hanhi	[hanhi]
faisão (m)	fasaani	[fasa:ni]

águia (f)	kotka	[kotka]
açor (m)	haukka	[haukka]
falcão (m)	haukka	[haukka]
abutre (m)	korppikotka	[korppikotka]
condor (m)	kondori	[kondori]

cisne (m)	joutsen	[øutsen]
grou (m)	kurki	[kurki]
cegonha (f)	haikara	[hajkara]

papagaio (m)	papukaija	[papukaija]
beija-flor (m)	kolibri	[kolibri]
pavão (m)	riikinkukko	[ri:ikiŋkukko]

avestruz (f)	strutsi	[strutsi]
garça (f)	haikara	[hajkara]
flamingo (m)	flamingo	[flamiŋo]
pelicano (m)	pelikaani	[pelika:ni]
rouxinol (m)	satakieli	[satakieli]

andorinha (f)	pääskynen	[pæːskynen]
tordo-zornal (m)	rastas	[rastas]
tordo-músico (m)	laulurastas	[laulurastas]
melro-preto (m)	mustarastas	[mustarastas]

andorinhão (m)	tervapääsky	[tervapæːsky]
cotovia (f)	leivonen	[lejʋonen]
codorna (f)	viiriäinen	[ʋiːiriæjnen]

pica-pau (m)	tikka	[tikka]
cuco (m)	käki	[kæki]
coruja (f)	pöllö	[pøllø]
corujão, bufo (m)	huuhkaja	[huːhkaja]
tetraz-grande (m)	metso	[metso]
tetraz-lira (m)	teeri	[teːri]
perdiz-cinzenta (f)	riekko	[riekko]

estorninho (m)	kottarainen	[kottarajnen]
canário (m)	kanarianlintu	[kanarianlintu]
galinha-do-mato (f)	pyy	[pyː]
tentilhão (m)	peipponen	[pejpponen]
dom-fafe (m)	punatulkku	[punatulkku]

gaivota (f)	lokki	[lokki]
albatroz (m)	albatrossi	[albatrossi]
pinguim (m)	pingviini	[piŋʋiːini]

217. Pássaros. Canto e sons

cantar (vi)	laulaa	[laulaː]
gritar (vi)	huutaa	[huːtaː]
cantar (o galo)	kiekua	[kiekua]
cocorocó (m)	kukkokiekuu	[kukkokiekuː]

cacarejar (vi)	kotkottaa	[kotkottaː]
crocitar (vi)	raakkua	[raːkkua]
grasnar (vi)	rääkättää	[ræːkættæː]
piar (vi)	piipittää	[piːipittæː]
chilrear, gorjear (vi)	sirkuttaa	[sirkuttaː]

218. Peixes. Animais marinhos

brema (f)	lahna	[lahna]
carpa (f)	karppi	[karppi]
perca (f)	ahven	[ahʋen]
siluro (m)	monni	[moŋi]
lúcio (m)	hauki	[hauki]

salmão (m)	lohi	[lohi]
esturjão (m)	sampi	[sampi]
arenque (m)	silli	[silli]
salmão (m)	merilohi	[merilohi]

| cavala, sarda (f) | makrilli | [makrilli] |
| solha (f) | kampela | [kampela] |

lúcio perca (m)	kuha	[kuha]
bacalhau (m)	turska	[turska]
atum (m)	tonnikala	[toŋikala]
truta (f)	lohi	[lohi]

enguia (f)	ankerias	[aŋkerias]
raia elétrica (f)	sähkörausku	[sæhkørausku]
moreia (f)	mureena	[mure:na]
piranha (f)	punapiraija	[puna piraija]

tubarão (m)	hai	[haj]
golfinho (m)	delfiini	[delfi:ini]
baleia (f)	valas	[ʋalas]

caranguejo (m)	taskurapu	[taskurapu]
medusa, alforreca (f)	meduusa	[medu:sa]
polvo (m)	meritursas	[meritursas]

estrela-do-mar (f)	meritähti	[meritæhti]
ouriço-do-mar (m)	merisiili	[merisi:ili]
cavalo-marinho (m)	merihevonen	[meriheʋonen]

ostra (f)	osteri	[osteri]
camarão (m)	katkarapu	[katkarapu]
lavagante (m)	hummeri	[hummeri]
lagosta (f)	langusti	[laŋusti]

219. Amfíbios. Répteis

| serpente, cobra (f) | käärme | [kæ:rme] |
| venenoso | myrkyllinen | [myrkyllinen] |

víbora (f)	kyy	[ky:]
cobra-capelo, naja (f)	silmälasikäärme	[silmælasi kæ:rme]
pitão (m)	python	[python]
jiboia (f)	jättiläiskäärme	[jættiʌæjs kæ:rme]
cobra-de-água (f)	turhakäärme	[turha kæ:rme]
cascavel (f)	kalkkarokäärme	[kalkkaro kæ:rme]
anaconda (f)	anakonda	[anakonda]

lagarto (m)	sisilisko	[sisilisko]
iguana (f)	iguaani	[igua:ni]
varano (m)	varaani	[ʋara:ni]
salamandra (f)	salamanteri	[salamanteri]
camaleão (m)	kameleontti	[kameleontti]
escorpião (m)	skorpioni	[skorpioni]

tartaruga (f)	kilpikonna	[kilpikoŋa]
rã (f)	sammakko	[sammakko]
sapo (m)	konna	[koŋa]
crocodilo (m)	krokotiili	[krokoti:ili]

220. Insetos

inseto (m)	hyönteinen	[hyøntejnen]
borboleta (f)	perhonen	[perhonen]
formiga (f)	muurahainen	[muːrɑhɑjnen]
mosca (f)	kärpänen	[kærpænen]
mosquito (m)	hyttynen	[hyttynen]
escaravelho (m)	kovakuoriainen	[kouɑkuoriɑjnen]

vespa (f)	ampiainen	[ɑmpiɑjnen]
abelha (f)	mehiläinen	[mehiʎæjnen]
zangão (m)	kimalainen	[kimɑlɑjnen]
moscardo (m)	kiiliäinen	[kiːliæjnen]

aranha (f)	hämähäkki	[hæmæhækki]
teia (f) de aranha	hämähäkinseitti	[hæmæhækinsejtti]

libélula (f)	sudenkorento	[sudeŋkorento]
gafanhoto-do-campo (m)	hepokatti	[hepokatti]
traça (f)	perho	[perho]

barata (f)	torakka	[torɑkkɑ]
carraça (f)	punkki	[puŋkki]
pulga (f)	kirppu	[kirppu]
borrachudo (m)	mäkärä	[mækæræ]

gafanhoto (m)	kulkusirkka	[kulkusirkkɑ]
caracol (m)	etana	[etɑnɑ]
grilo (m)	sirkka	[sirkkɑ]
pirilampo (m)	kiiltomato	[kiːltomɑto]
joaninha (f)	leppäkerttu	[leppækerttu]
besouro (m)	turilas	[turilɑs]

sanguessuga (f)	juotikas	[juotikɑs]
lagarta (f)	toukka	[toukkɑ]
minhoca (f)	mato	[mɑto]
larva (f)	toukka	[toukkɑ]

221. Animais. Partes do corpo

bico (m)	nokka	[nokkɑ]
asas (f pl)	siivet	[siːuet]
pata (f)	käpälä	[kæpæʎæ]
plumagem (f)	höyhenpeite	[høyhenpejte]
pena, pluma (f)	höyhen	[høyhen]
crista (f)	töyhtö	[tøyhtø]

brânquias, guelras (f pl)	kidukset	[kidukset]
ovas (f pl)	kaviaari	[kɑuiɑːri]
larva (f)	toukka	[toukkɑ]
barbatana (f)	evä	[euæ]
escama (f)	suomukset	[suomukset]
canino (m)	torahammas	[torɑhɑmmɑs]

pata (f)	käpälä	[kæpæʎæ]
focinho (m)	kuono	[kuono]
boca (f)	kita	[kita]
cauda (f), rabo (m)	häntä	[hæntæ]
bigodes (m pl)	viikset	[ʋiːikset]

| casco (m) | kavio | [kaʋio] |
| corno (m) | sarvi | [sarʋi] |

carapaça (f)	panssari	[panssari]
concha (f)	simpukka	[simpukka]
casca (f) de ovo	kuori	[kuori]

| pelo (m) | karva | [karʋa] |
| pele (f), couro (m) | vuota | [ʋuota] |

222. Ações dos animais

voar (vi)	lentää	[lentæː]
dar voltas	kaarrella	[kaːrrella]
voar (para longe)	lentää	[lentæː]
bater as asas	räpyttää	[ræpyttæː]

bicar (vi)	nokkia	[nokkia]
incubar (vt)	hautoa munat	[hautoa munat]
sair do ovo	kuoriutua	[kuoriutua]
fazer o ninho	rakentaa	[rakenta:]

rastejar (vi)	ryömiä	[ryømiæ]
picar (vt)	pistää	[pistæː]
morder (vt)	purra	[purra]

cheirar (vt)	nuuskia	[nuːskia]
latir (vi)	haukkua	[haukkua]
silvar (vi)	sihistä	[sihistæ]
assustar (vt)	pelottaa	[pelotta:]
atacar (vt)	hyökätä	[hyøkætæ]

roer (vt)	jyrsiä	[yrsiæ]
arranhar (vt)	raapia	[ra:pia]
esconder-se (vr)	piileskellä	[pi:ileskeʎæ]

brincar (vi)	leikkiä	[lejkkiæ]
caçar (vi)	metsästää	[metsæstæː]
hibernar (vi)	olla horroksessa	[olla horroksessa]
extinguir-se (vr)	kuolla sukupuuttoon	[kuolla sukupu:tto:n]

223. Animais. Habitats

habitat (m)	elinympäristö	[elinympæristø]
migração (f)	muuttoliike	[mu:ttoli:ike]
montanha (f)	vuori	[ʋuori]

| recife (m) | riutta | [riutta] |
| falésia (f) | kallio | [kallio] |

floresta (f)	metsä	[metsæ]
selva (f)	viidakko	[ʋi:idakko]
savana (f)	savanni	[saʋaɲi]
tundra (f)	tundra	[tundra]

estepe (f)	aro	[aro]
deserto (m)	aavikko	[ɑ:ʋikko]
oásis (m)	keidas	[kejdas]

mar (m)	meri	[meri]
lago (m)	järvi	[jærʋi]
oceano (m)	valtameri	[ʋaltameri]

pântano (m)	suo	[suo]
de água doce	makeavetinen	[makeaʋetinen]
lagoa (f)	lammikko	[lammikko]
rio (m)	joki	[øki]

toca (f) do urso	karhunpesä	[karhun pesæ]
ninho (m)	pesä	[pesæ]
buraco (m) de árvore	ontelo	[ontelo]
toca (f)	kolo	[kolo]
formigueiro (m)	muurahaiskeko	[mu:rahajs keko]

224. Cuidados com os animais

| jardim (m) zoológico | eläintarha | [eʎæjntarha] |
| reserva (f) natural | rauhoitusalue | [rauhojtusalue] |

viveiro (m)	tarha	[tarha]
jaula (f) de ar livre	kotelo	[kotelo]
jaula, gaiola (f)	häkki	[hækki]
casinha (f) de cão	koppi	[koppi]

pombal (m)	kyyhkyslakka	[ky:hkyslakka]
aquário (m)	akvaario	[akʋa:rio]
delfinário (m)	delfinaario	[delfina:rio]

criar (vt)	kasvattaa	[kasʋatta:]
ninhada (f)	jälkeläiset	[jælkeʎæjset]
domesticar (vt)	kesyttää	[kesyttæ:]
adestrar (vt)	kouluttaa	[koulutta:]

| ração (f) | ruoka | [ruoka] |
| alimentar (vt) | ruokkia | [ruokkia] |

loja (f) de animais	eläinkauppa	[eʎæjŋkauppa]
açaime (m)	kuonokoppa	[kuonokoppa]
coleira (f)	kaulapanta	[kaulapanta]
nome (do animal)	nimi	[nimi]
pedigree (m)	sukutaulu	[sukutaulu]

225. Animais. Diversos

alcateia (f)	lauma	[lauma]
bando (pássaros)	parvi	[parʋi]
cardume (peixes)	kalaparvi	[kala parʋi]
manada (cavalos)	lauma	[lauma]
macho (m)	uros	[uros]
fêmea (f)	naaras	[na:ras]
faminto	nälkäinen	[ɲælkæjnen]
selvagem	villi	[ʋilli]
perigoso	vaarallinen	[ʋa:ralinen]

226. Cavalos

cavalo (m)	hevonen	[heʋonen]
raça (f)	rotu	[rotu]
potro (m)	varsa	[ʋarsa]
égua (f)	tamma	[tamma]
mustangue (m)	mustangi	[mustaɲi]
pónei (m)	poni	[poni]
cavalo (m) de tiro	kuormahevonen	[kuormaheʋonen]
crina (f)	harja	[harʰja]
cauda (f)	häntä	[ɦæntæ]
casco (m)	kavio	[kaʋio]
ferradura (f)	hevosenkenkä	[heʋoseŋkeŋkæ]
ferrar (vt)	kengittää	[keɲittæ:]
ferreiro (m)	seppä	[seppæ]
sela (f)	satula	[satula]
estribo (m)	jalustin	[jalustin]
brida (f)	suitset	[suitset]
rédeas (f pl)	ohjakset	[ohʰjakset]
chicote (m)	ruoska	[ruoska]
cavaleiro (m)	ratsastaja	[ratsastaja]
colocar sela	satuloida	[satulojda]
montar no cavalo	nousta satulaan	[nousta satula:n]
galope (m)	laukka	[laukka]
galopar (vi)	ajaa laukkaa	[aja: laukka:]
trote (m)	ravi	[raʋi]
a trote	ravia	[raʋia]
cavalo (m) de corrida	ratsu	[ratsu]
corridas (f pl)	ratsastuskilpailut	[ratsastus kilpajlut]
estábulo (m)	hevostalli	[heʋostalli]
alimentar (vt)	ruokkia	[ruokkia]

feno (m)	heinä	[hejɲæ]
dar água	juottaa	[juottɑ:]
limpar (vt)	puhdistaa	[puhdistɑ:]

pastar (vi)	olla laitumella	[olla lɑjtumella]
relinchar (vi)	hirnua	[hirnuɑ]
dar um coice	potkia	[potkiɑ]

Flora

227. Árvores

árvore (f)	puu	[pu:]
decídua	lehti-	[lehti]
conífera	havu-	[hɑʋu]
perene	ikivihreä	[ikiʋihreɑ]

macieira (f)	omenapuu	[omenɑpu:]
pereira (f)	päärynäpuu	[pæ:ryŋæpu:]
cerejeira (f)	linnunkirsikkapuu	[liŋun kirsikkɑpu:]
ginjeira (f)	hapankirsikkapuu	[hɑpɑn kirsikkɑpu:]
ameixeira (f)	luumupuu	[lu:mupu:]

bétula (f)	koivu	[kojʋu]
carvalho (m)	tammi	[tɑmmi]
tília (f)	lehmus	[lehmus]
choupo-tremedor (m)	haapa	[hɑ:pɑ]
bordo (m)	vaahtera	[ʋɑ:hterɑ]
espruce-europeu (m)	kuusi	[ku:si]
pinheiro (m)	mänty	[mænty]
alerce, lariço (m)	lehtikuusi	[lehtiku:si]
abeto (m)	jalokuusi	[jɑloku:si]
cedro (m)	setri	[setri]

choupo, álamo (m)	poppeli	[poppeli]
tramazeira (f)	pihlaja	[pihlɑjɑ]
salgueiro (m)	paju	[pɑju]
amieiro (m)	leppä	[leppæ]
faia (f)	pyökki	[pyøkki]
ulmeiro (m)	jalava	[jɑlɑʋɑ]
freixo (m)	saarni	[sɑ:rni]
castanheiro (m)	kastanja	[kɑstɑnʰjɑ]

magnólia (f)	magnolia	[mɑgnoliɑ]
palmeira (f)	palmu	[pɑlmu]
cipreste (m)	sypressi	[sypressi]

mangue (m)	mangrovepuu	[mɑŋroʋepu:]
embondeiro, baobá (m)	apinanleipäpuu	[ɑpinɑn lejpæpu:]
eucalipto (m)	eukalyptus	[eukɑlyptus]
sequoia (f)	punapuu	[punɑpu:]

228. Arbustos

arbusto (m)	pensas	[pensɑs]
arbusto (m), moita (f)	pensaikko	[pensɑjkko]

| videira (f) | viinirypäleet | [ʋi:inirypæle:t] |
| vinhedo (m) | viinitarha | [ʋi:initɑrhɑ] |

framboeseira (f)	vadelma	[ʋɑdelmɑ]
groselheira-vermelha (f)	punaherukka	[punɑherukkɑ]
groselheira (f) espinhosa	karviaismarja	[kɑrʋiɑjsmɑrʰjɑ]

acácia (f)	akasia	[ɑkɑsiɑ]
bérberis (f)	happomarja	[hɑppomɑrʰjɑ]
jasmim (m)	jasmiini	[jɑsmi:ini]

junípero (m)	kataja	[kɑtɑjɑ]
roseira (f)	ruusupensas	[ru:supensɑs]
roseira (f) brava	villiruusu	[ʋilliru:su]

229. Cogumelos

cogumelo (m)	sieni	[sieni]
cogumelo (m) comestível	ruokasieni	[ruokɑsieni]
cogumelo (m) venenoso	myrkkysieni	[myrkkysieni]
chapéu (m)	lakki	[lɑkki]
pé, caule (m)	jalka	[jɑlkɑ]

cepe-de-bordéus (m)	herkkutatti	[herkkutɑtti]
boleto (m) áspero	punikkitatti	[punikkitɑtti]
boleto (m) castanho	lehmäntatti	[lehmæntɑtti]
cantarelo (m)	keltavahvero	[keltɑʋɑhʋero]
rússula (f)	hapero	[hɑpero]

morchela (f)	huhtasieni	[huhtɑsieni]
agário-das-moscas (m)	kärpässieni	[kærpæssieni]
cicuta (f) verde	myrkkysieni	[myrkkysieni]

230. Frutos. Bagas

fruta (f)	hedelmä	[hedelmæ]
frutas (f pl)	hedelmät	[hedelmæt]
maçã (f)	omena	[omenɑ]
pera (f)	päärynä	[pæ:rynæ]
ameixa (f)	luumu	[lu:mu]

morango (m)	mansikka	[mɑnsikkɑ]
ginja (f)	hapankirsikka	[hɑpɑn kirsikkɑ]
cereja (f)	linnunkirsikka	[liɲun kirsikkɑ]
uva (f)	viinirypäleet	[ʋi:inirypæle:t]

framboesa (f)	vadelma	[ʋɑdelmɑ]
groselha (f) preta	mustaherukka	[mustɑherukkɑ]
groselha (f) vermelha	punaiset viinimarjat	[punɑjset ʋi:inimɑrʰjɑt]
groselha (f) espinhosa	karviaiset	[kɑrʋiɑjset]
oxicoco (m)	karpalo	[kɑrpɑlo]
laranja (f)	appelsiini	[ɑppelsi:ini]

tangerina (f)	mandariini	[mandari:ini]
ananás (m)	ananas	[ananas]
banana (f)	banaani	[bana:ni]
tâmara (f)	taateli	[ta:teli]

limão (m)	sitruuna	[sitru:na]
damasco (m)	aprikoosi	[apriko:si]
pêssego (m)	persikka	[persikka]
kiwi (m)	kiivi	[ki:iʋi]
toranja (f)	greippi	[grejppi]

baga (f)	marja	[marʰja]
bagas (f pl)	marjat	[marʰjat]
arando (m) vermelho	puolukka	[puolukka]
morango-silvestre (m)	mansikka	[mansikka]
mirtilo (m)	mustikka	[mustikka]

231. Flores. Plantas

flor (f)	kukka	[kukka]
ramo (m) de flores	kukkakimppu	[kukkakimppu]

rosa (f)	ruusu	[ru:su]
tulipa (f)	tulppani	[tulppani]
cravo (m)	neilikka	[nejlikka]
gladíolo (m)	miekkalilja	[miekkalilja]

centáurea (f)	kaunokki	[kaunokki]
campânula (f)	kellokukka	[kelloikukka]
dente-de-leão (m)	voikukka	[ʋojkukka]
camomila (f)	päivänkakkara	[pæejʋæn kakkara]

aloé (m)	aaloe	[a:loe]
cato (m)	kaktus	[kaktus]
fícus (m)	fiikus	[fi:ikus]

lírio (m)	lilja	[lilʰja]
gerânio (m)	kurjenpolvi	[kurʰjenpolʋi]
jacinto (m)	hyasintti	[hyasintti]

mimosa (f)	mimoosa	[mimo:sa]
narciso (m)	narsissi	[narsissi]
capuchinha (f)	krassi	[krassi]

orquídea (f)	orkidea	[orkidea]
peónia (f)	pioni	[pioni]
violeta (f)	orvokki	[orʋokki]

amor-perfeito (m)	keto-orvokki	[keto orʋokki]
não-me-esqueças (m)	lemmikki	[lemmikki]
margarida (f)	kaunokainen	[kaunokajnen]

papoula (f)	unikko	[unikko]
cânhamo (m)	hamppu	[hamppu]

hortelã (f)	minttu	[minttu]
lírio-do-vale (m)	kielo	[kielo]
campânula-branca (f)	lumikello	[lumikello]

urtiga (f)	nokkonen	[nokkonen]
azeda (f)	hierakka	[hierakka]
nenúfar (m)	lumme	[lumme]
feto (m), samambaia (f)	saniainen	[saniajnen]
líquen (m)	jäkälä	[jækæʎæ]

estufa (f)	ansari	[ansari]
relvado (m)	nurmikko	[nurmikko]
canteiro (m) de flores	kukkapenkki	[kukka peŋkki]

planta (f)	kasvi	[kasʋi]
erva (f)	ruoho	[ruoho]
folha (f) de erva	heinänkorsi	[hejnæŋkorsi]

folha (f)	lehti	[lehti]
pétala (f)	terälehti	[teræ lehti]
talo (m)	varsi	[ʋarsi]
tubérculo (m)	mukula	[mukula]

broto, rebento (m)	itu	[itu]
espinho (m)	piikki	[piːikki]

florescer (vi)	kukkia	[kukkia]
murchar (vi)	kuihtua	[kujhtua]
cheiro (m)	tuoksu	[tuoksu]
cortar (flores)	leikata	[lejkata]
colher (uma flor)	repiä	[repiæ]

232. Cereais, grãos

grão (m)	vilja	[ʋilʰja]
cereais (plantas)	viljat	[ʋilʰjat]
espiga (f)	tähkä	[tæhkæ]

trigo (m)	vehnä	[ʋehŋæ]
centeio (m)	ruis	[rujs]
aveia (f)	kaura	[kaura]

milho-miúdo (m)	hirssi	[hirssi]
cevada (f)	ohra	[ohra]

milho (m)	maissi	[majssi]
arroz (m)	riisi	[riːisi]
trigo-sarraceno (m)	tattari	[tattari]

ervilha (f)	herne	[herne]
feijão (m)	pavut	[paʋut]
soja (f)	soijapapu	[soijapapu]
lentilha (f)	kylvövirvilä	[kylʋøʋirʋiʎæ]
fava (f)	pavut	[paʋut]

233. Vegetais. Verduras

| legumes (m pl) | vihannekset | [ʋihaŋekset] |
| verduras (f pl) | kasvikset | [kasʋikset] |

tomate (m)	tomaatti	[tomɑːtti]
pepino (m)	kurkku	[kurkku]
cenoura (f)	porkkana	[porkkɑnɑ]
batata (f)	peruna	[perunɑ]
cebola (f)	sipuli	[sipuli]
alho (m)	valkosipuli	[ʋalko sipuli]

couve (f)	kaali	[kɑːli]
couve-flor (f)	kukkakaali	[kukkɑkɑːli]
couve-de-bruxelas (f)	brysselinkaali	[brysseliŋkɑːli]

beterraba (f)	punajuuri	[punɑjuːri]
beringela (f)	munakoiso	[munɑkojso]
curgete (f)	kesäkurpitsa	[kesækurpitsɑ]
abóbora (f)	kurpitsa	[kurpitsɑ]
nabo (m)	nauris	[nɑuris]

salsa (f)	persilja	[persilʰæ]
funcho, endro (m)	tilli	[tilli]
alface (f)	salaatti	[salɑːtti]
aipo (m)	selleri	[selleri]
espargo (m)	parsa	[pɑrsɑ]
espinafre (m)	pinaatti	[pinɑːtti]

ervilha (f)	herne	[herne]
fava (f)	pavut	[pɑʋut]
milho (m)	maissi	[mɑjssi]
feijão (m)	pavut	[pɑʋut]

pimentão (m)	paprika	[pɑprikɑ]
rabanete (m)	retiisi	[retiːisi]
alcachofra (f)	artisokka	[ɑrtisokkɑ]

GEOGRAFIA REGIONAL

Países. Nacionalidades

234. Europa Ocidental

Europa (f)	Eurooppa	[euro:ppɑ]
União (f) Europeia	Euroopan unioni	[euro:pɑn unioni]
europeu (m)	eurooppalainen	[euro:ppɑlɑjnen]
europeu	eurooppalainen	[euro:ppɑlɑjnen]
Áustria (f)	Itävalta	[itæʋɑltɑ]
austríaco (m)	itävaltalainen	[itæʋɑltɑjnen]
austríaca (f)	itävaltalainen	[itæʋɑltɑjnen]
austríaco	itävaltainen	[itæʋɑltɑjnen]
Grã-Bretanha (f)	Iso-Britannia	[isobritɑɳiɑ]
Inglaterra (f)	Englanti	[eɳlɑnti]
inglês (m)	englantilainen	[eɳlɑntilɑjnen]
inglesa (f)	englantilainen	[eɳlɑntilɑjnen]
inglês	englantilainen	[eɳlɑntilɑjnen]
Bélgica (f)	Belgia	[belgiɑ]
belga (m)	belgialainen	[belgiɑlɑjnen]
belga (f)	belgialainen	[belgiɑlɑjnen]
belga	belgialainen	[belgiɑlɑjnen]
Alemanha (f)	Saksa	[sɑksɑ]
alemão (m)	saksalainen	[sɑksɑlɑjnen]
alemã (f)	saksalainen	[sɑksɑlɑjnen]
alemão	saksalainen	[sɑksɑlɑjnen]
Países (m pl) Baixos	Alankomaat	[ɑlɑŋkomɑ:t]
Holanda (f)	Hollanti	[hollɑnti]
holandês (m)	hollantilainen	[hollɑntilɑjnen]
holandesa (f)	hollantilainen	[hollɑntilɑjnen]
holandês	hollantilainen	[hollɑntilɑjnen]
Grécia (f)	Kreikka	[krejkkɑ]
grego (m)	kreikkalainen	[krejkkɑlɑjnen]
grega (f)	kreikkalainen	[krejkkɑlɑjnen]
grego	kreikkalainen	[krejkkɑlɑjnen]
Dinamarca (f)	Tanska	[tɑnskɑ]
dinamarquês (m)	tanskalainen	[tɑnskɑlɑjnen]
dinamarquesa (f)	tanskalainen	[tɑnskɑlɑjnen]
dinamarquês	tanskalainen	[tɑnskɑlɑjnen]
Irlanda (f)	Irlanti	[irlɑnti]
irlandês (m)	irlantilainen	[irlɑntilɑjnen]

irlandesa (f)	irlantilainen	[irlantilajnen]
irlandês	irlantilainen	[irlantilajnen]
Islândia (f)	Islanti	[islanti]
islandês (m)	islantilainen	[islantilajnen]
islandesa (f)	islantilainen	[islantilajnen]
islandês	islantilainen	[islantilajnen]
Espanha (f)	Espanja	[espanʰja]
espanhol (m)	espanjalainen	[espanʰjalajnen]
espanhola (f)	espanjalainen	[espanʰjalajnen]
espanhol	espanjalainen	[espanʰjalajnen]
Itália (f)	Italia	[italia]
italiano (m)	italialainen	[italialajnen]
italiana (f)	italialainen	[italialajnen]
italiano	italialainen	[italialajnen]
Chipre (m)	Kypros	[kypros]
cipriota (m)	kyproslainen	[kyproslajnen]
cipriota (f)	kyproslainen	[kyproslajnen]
cipriota	kyproslainen	[kyproslajnen]
Malta (f)	Malta	[malta]
maltês (m)	maltalainen	[maltalajnen]
maltesa (f)	maltalainen	[maltalajnen]
maltês	maltalainen	[maltalajnen]
Noruega (f)	Norja	[norʰja]
norueguês (m)	norjalainen	[norʰjalajnen]
norueguesa (f)	norjalainen	[norʰjalajnen]
norueguês	norjalainen	[norʰjalajnen]
Portugal (m)	Portugali	[portugali]
português (m)	portugalilainen	[portugalilajnen]
portuguesa (f)	portugalilainen	[portugalilajnen]
português	portugalilainen	[portugalilajnen]
Finlândia (f)	Suomi	[suomi]
finlandês (m)	suomalainen	[suomalajnen]
finlandesa (f)	suomalainen	[suomalajnen]
finlandês	suomalainen	[suomalajnen]
França (f)	Ranska	[ranska]
francês (m)	ranskalainen	[ranskalajnen]
francesa (f)	ranskalainen	[ranskalajnen]
francês	ranskalainen	[ranskalajnen]
Suécia (f)	Ruotsi	[ruotsi]
sueco (m)	ruotsalainen	[ruotsalajnen]
sueca (f)	ruotsalainen	[ruotsalajnen]
sueco	ruotsalainen	[ruotsalajnen]
Suíça (f)	Sveitsi	[sʋejtsi]
suíço (m)	sveitsiläinen	[sʋejtsiʌæjnen]
suíça (f)	sveitsiläinen	[sʋejtsiʌæjnen]

suíço	sveitsiläinen	[svejtsiʌæjnen]
Escócia (f)	Skotlanti	[skotlanti]
escocês (m)	skotlantilainen	[skotlantilɑjnen]
escocesa (f)	skotlantilainen	[skotlantilɑjnen]
escocês	skotlantilainen	[skotlantilɑjnen]

Vaticano (m)	Vatikaanivaltio	[vatikaːni valtio]
Liechtenstein (m)	Liechtenstein	[lihtenʃtɑjn]
Luxemburgo (m)	Luxemburg	[lyksemburg]
Mónaco (m)	Monaco	[monako]

235. Europa Central e de Leste

Albânia (f)	Albania	[albania]
albanês (m)	albanialainen	[albanialɑjnen]
albanesa (f)	albanialainen	[albanialɑjnen]
albanês	albanialainen	[albanialɑjnen]

Bulgária (f)	Bulgaria	[bulgaria]
búlgaro (m)	bulgarialainen	[bulgarialɑjnen]
búlgara (f)	bulgarialainen	[bulgarialɑjnen]
búlgaro	bulgarialainen	[bulgarialɑjnen]

Hungria (f)	Unkari	[uŋkari]
húngaro (m)	unkarilainen	[uŋkarilɑjnen]
húngara (f)	unkarilainen	[uŋkarilɑjnen]
húngaro	unkarilainen	[uŋkarilɑjnen]

Letónia (f)	Latvia	[latvia]
letão (m)	latvialainen	[latvialɑjnen]
letã (f)	latvialainen	[latvialɑjnen]
letão	latvialainen	[latvialɑjnen]

Lituânia (f)	Liettua	[liettua]
lituano (m)	liettualainen	[liettualɑjnen]
lituana (f)	liettualainen	[liettualɑjnen]
lituano	liettualainen	[liettualɑjnen]

Polónia (f)	Puola	[puola]
polaco (m)	puolalainen	[puolalɑjnen]
polaca (f)	puolalainen	[puolalɑjnen]
polaco	puolalainen	[puolalɑjnen]

Roménia (f)	Romania	[romania]
romeno (m)	romanialainen	[romanialɑjnen]
romena (f)	romanialainen	[romanialɑjnen]
romeno	romanialainen	[romanialɑjnen]

Sérvia (f)	Serbia	[serbia]
sérvio (m)	serbialainen	[serbialɑjnen]
sérvia (f)	serbialainen	[serbialɑjnen]
sérvio	serbialainen	[serbialɑjnen]
Eslováquia (f)	Slovakia	[slovakia]
eslovaco (m)	slovakki	[slovakki]

eslovaca (f)	slovakki	[slouakki]
eslovaco	slovakialainen	[slouakialajnen]

Croácia (f)	Kroatia	[kroatia]
croata (m)	kroaatti	[kroa:tti]
croata (f)	kroaatti	[kroa:tti]
croata	kroatialainen	[kroatialajnen]

República (f) Checa	Tšekki	[tʃekki]
checo (m)	tšekkiläinen	[tʃekkiʎæjnen]
checa (f)	tšekkiläinen	[tʃekkiʎæjnen]
checo	tšekkiläinen	[tʃekkiʎæjnen]

Estónia (f)	Viro	[uiro]
estónio (m)	virolainen	[uirolajnen]
estónia (f)	virolainen	[uirolajnen]
estónio	virolainen	[uirolajnen]

Bósnia e Herzegovina (f)	Bosnia ja Hertsegovina	[bosnia ja hertsegouina]
Macedónia (f)	Makedonia	[makedonia]
Eslovénia (f)	Slovenia	[slouenia]
Montenegro (m)	Montenegro	[monte negro]

236. Países da ex-URSS

Azerbaijão (m)	Azerbaidžan	[azerbajdʒan]
azeri (m)	azerbaidžanilainen	[azerbajdʒanialajnen]
azeri (f)	azerbaidžanilainen	[azerbajdʒanialajnen]
azeri, azerbaijano	azerbaidžanilainen	[azerbajdʒanialajnen]

Arménia (f)	Armenia	[armeniæ]
arménio (m)	armenialainen	[armenialajnen]
arménia (f)	armenialainen	[armenialajnen]
arménio	armenialainen	[armenialajnen]

Bielorrússia (f)	Valko-Venäjä	[ualko ueɲæjæ]
bielorrusso (m)	valkovenäläinen	[ualko ueɲæʎæjnen]
bielorrussa (f)	valkovenäläinen	[ualko ueɲæʎæjnen]
bielorrusso	valkovenäläinen	[ualko ueɲæʎæjnen]

Geórgia (f)	Gruusia	[gru:sia]
georgiano (m)	gruusialainen	[gru:sialajnen]
georgiana (f)	gruusialainen	[gru:sialajnen]
georgiano	gruusialainen	[gru:sialajnen]

Cazaquistão (m)	Kazakstan	[kazakstan]
cazaque (m)	kazahi	[kazahi]
cazaque (f)	kazahi	[kazahi]
cazaque	kazakstanilainen	[kazakstanilajnen]

Quirguistão (m)	Kirgisia	[kirgisia]
quirguiz (m)	kirgiisi	[kirgi:isi]
quirguiz (f)	kirgiisi	[kirgi:isi]
quirguiz	kirgisialainen	[kirgisialajnen]

Moldávia (f)	Moldova	[moldoʋɑ]
moldavo (m)	moldovalainen	[moldoʋɑlɑjnen]
moldava (f)	moldovalainen	[moldoʋɑlɑjnen]
moldavo	moldovalainen	[moldoʋɑlɑjnen]

Rússia (f)	Venäjä	[ʋeɳæjæ]
russo (m)	venäläinen	[ʋeɳæʌæjnen]
russa (f)	venäläinen	[ʋeɳæʌæjnen]
russo	venäläinen	[ʋeɳæʌæjnen]

Tajiquistão (m)	Tadžhikistan	[tɑdʒikistɑn]
tajique (m)	tadžikki	[tɑdʒikki]
tajique (f)	tadžikki	[tɑdʒikki]
tajique	tadžikkilainen	[tɑdʒikkilɑjnen]

Turquemenistão (m)	Turkmenistan	[turkmenistɑn]
turcomeno (m)	turkmeeni	[turkme:ni]
turcomena (f)	turkmeeni	[turkme:ni]
turcomeno	turkmenialainen	[turkmenialɑjnen]

Uzbequistão (f)	Uzbekistan	[uzbekistɑn]
uzbeque (m)	uzbekki	[uzbekki]
uzbeque (f)	uzbekki	[uzbekki]
uzbeque	uzbekkilainen	[uzbekkilɑjnen]

Ucrânia (f)	Ukraina	[ukrɑinɑ]
ucraniano (m)	ukrainalainen	[ukrɑinɑlɑjnen]
ucraniana (f)	ukrainalainen	[ukrɑinɑlɑjnen]
ucraniano	ukrainalainen	[ukrɑinɑlɑjnen]

237. Asia

| Ásia (f) | Aasia | [ɑ:siɑ] |
| asiático | aasialainen | [ɑ:siɑlɑjnen] |

Vietname (m)	Vietnam	[ʋjetnɑm]
vietnamita (m)	vietnamilainen	[ʋjetnɑmilɑjnen]
vietnamita (f)	vietnamilainen	[ʋjetnɑmilɑjnen]
vietnamita	vietnamilainen	[ʋjetnɑmilɑjnen]

Índia (f)	Intia	[intiɑ]
indiano (m)	intialainen	[i:ntiɑlɑjnen]
indiana (f)	intialainen	[i:ntiɑlɑjnen]
indiano, hindu	intialainen	[i:ntiɑlɑjnen]

Israel (m)	Israel	[isrɑel]
israelita (m)	israelilainen	[isrɑelilɑjnen]
israelita (f)	israelilainen	[isrɑelilɑjnen]
israelita	israelilainen	[isrɑelilɑjnen]

judeu (m)	juutalainen	[ju:tɑlɑjnen]
judia (f)	juutalainen	[ju:tɑlɑjnen]
judeu	juutalainen	[ju:tɑlɑjnen]
China (f)	Kiina	[ki:nɑ]

chinês (m)	kiinalainen	[ki:inalajnen]
chinesa (f)	kiinalainen	[ki:inalajnen]
chinês	kiinalainen	[ki:inalajnen]
coreano (m)	korealainen	[korealajnen]
coreana (f)	korealainen	[korealajnen]
coreano	korealainen	[korealajnen]
Líbano (m)	Libanon	[libanon]
libanês (m)	libanonilainen	[libanonilajnen]
libanesa (f)	libanonilainen	[libanonilajnen]
libanês	libanonilainen	[libanonilajnen]
Mongólia (f)	Mongolia	[moŋolia]
mongol (m)	mongoli	[moŋoli]
mongol (f)	mongoli	[moŋoli]
mongol	mongolilainen	[moŋolilajnen]
Malásia (f)	Malesia	[malesia]
malaio (m)	malaiji	[malaijı]
malaia (f)	malaiji	[malaijı]
malaio	malaijilainen	[malaj:ılajnen]
Paquistão (m)	Pakistan	[pakistan]
paquistanês (m)	pakistanilainen	[pakistanilajnen]
paquistanesa (f)	pakistanilainen	[pakistanilajnen]
paquistanês	pakistanilainen	[pakistanilajnen]
Arábia (f) Saudita	Saudi-Arabia	[saudi arabia]
árabe (m)	arabi	[arabi]
árabe (f)	arabi	[arabi]
árabe	arabialainen	[arabialajnen]
Tailândia (f)	Thaimaa	[thajma:]
tailandês (m)	thaimaalainen	[thajma:lajnen]
tailandesa (f)	thaimaalainen	[thajma:lajnen]
tailandês	thaimaalainen	[thajma:lajnen]
Taiwan (m)	Taiwan	[tajʋan]
taiwanês (m)	taiwanilainen	[tajʋanilajnen]
taiwanesa (f)	taiwanilainen	[tajʋanilajnen]
taiwanês	taiwanilainen	[tajʋanilajnen]
Turquia (f)	Turkki	[turkki]
turco (m)	turkkilainen	[turkkilajnen]
turca (f)	turkkilainen	[turkkilajnen]
turco	turkkilainen	[turkkilajnen]
Japão (m)	Japani	[japani]
japonês (m)	japanilainen	[japanilajnen]
japonesa (f)	japanilainen	[japanilajnen]
japonês	japanilainen	[japanilajnen]
Afeganistão (m)	Afganistan	[afganistan]
Bangladesh (m)	Bangladesh	[baŋladeʃ]
Indonésia (f)	Indonesia	[indonesia]

Jordânia (f)	Jordania	[ørdania]
Iraque (m)	Irak	[irak]
Irão (m)	Iran	[iran]
Camboja (f)	Kambodža	[kambodʒa]
Kuwait (m)	Kuwait	[kuʋajt]

Laos (m)	Laos	[laos]
Myanmar (m), Birmânia (f)	Myanmar	[myanmar]
Nepal (m)	Nepal	[nepal]
Emirados Árabes Unidos	Arabiemiirikuntien liitto	[arabi emi:iri kuntien li:itto]

Síria (f)	Syyria	[sy:ria]
Palestina (f)	Palestiinalaishallinto	[palesti:inalajs hallinto]
Coreia do Sul (f)	Etelä-Korea	[eteʎæ korea]
Coreia do Norte (f)	Pohjois-Korea	[pohˀøjs korea]

238. America do Norte

Estados Unidos da América	Yhdysvallat	[yhdys ʋallat]
americano (m)	amerikkalainen	[amerikkalajnen]
americana (f)	amerikkalainen	[amerikkalajnen]
americano	amerikkalainen	[amerikkalajnen]

Canadá (m)	Kanada	[kanada]
canadiano (m)	kanadalainen	[kanadalajnen]
canadiana (f)	kanadalainen	[kanadalajnen]
canadiano	kanadalainen	[kanadalajnen]

México (m)	Meksiko	[meksiko]
mexicano (m)	meksikolainen	[meksikolajnen]
mexicana (f)	meksikolainen	[meksikolajnen]
mexicano	meksikolainen	[meksikolajnen]

239. America Centrale do Sul

Argentina (f)	Argentiina	[argenti:ina]
argentino (m)	argentiinalainen	[argenti:inalajnen]
argentina (f)	argentiinalainen	[argenti:inalajnen]
argentino	argentiinalainen	[argenti:inalajnen]

Brasil (m)	Brasilia	[brasilia]
brasileiro (m)	brasilialainen	[brasilialajnen]
brasileira (f)	brasilialainen	[brasilialajnen]
brasileiro	brasilialainen	[brasilialajnen]

Colômbia (f)	Kolumbia	[kolumbia]
colombiano (m)	kolumbialainen	[kolumbialajnen]
colombiana (f)	kolumbialainen	[kolumbialajnen]
colombiano	kolumbialainen	[kolumbialajnen]
Cuba (f)	Kuuba	[ku:ba]
cubano (m)	kuubalainen	[ku:balajnen]

| cubana (f) | kuubalainen | [ku:balajnen] |
| cubano | kuubalainen | [ku:balajnen] |

Chile (m)	Chile	[tʃile]
chileno (m)	chileläinen	[tʃileʎæjnen]
chilena (f)	chileläinen	[tʃileʎæjnen]
chileno	chileläinen	[tʃileʎæjnen]

Bolívia (f)	Bolivia	[boliʋia]
Venezuela (f)	Venezuela	[ʋenezuela]
Paraguai (m)	Paraguay	[paraguaj]
Peru (m)	Peru	[peru]

Suriname (m)	Suriname	[suriname]
Uruguai (m)	Uruguay	[uruguaj]
Equador (m)	Ecuador	[ekuador]

Bahamas (f pl)	Bahama	[bahama]
Haiti (m)	Haiti	[haiti]
República (f) Dominicana	Dominikaaninen tasavalta	[dominika:ninen tasaʋalta]
Panamá (m)	Panama	[panama]
Jamaica (f)	Jamaika	[jamajka]

240. Africa

Egito (m)	Egypti	[egypti]
egípcio (m)	egyptiläinen	[egyptiʎæjnen]
egípcia (f)	egyptiläinen	[egyptiʎæjnen]
egípcio	egyptiläinen	[egyptiʎæjnen]

Marrocos	Marokko	[marokko]
marroquino (m)	marokkolainen	[marokkolajnen]
marroquina (f)	marokkolainen	[marokkolajnen]
marroquino	marokkolainen	[marokkolajnen]

Tunísia (f)	Tunisia	[tunisia]
tunisino (m)	tunisialainen	[tunisialajnen]
tunisina (f)	tunisialainen	[tunisialajnen]
tunisino	tunisialainen	[tunisialajnen]

Gana (f)	Ghana	[gana]
Zanzibar (m)	Sansibar	[sansibar]
Quénia (f)	Kenia	[kenia]
Líbia (f)	Libya	[libya]
Madagáscar (m)	Madagaskar	[madagaskar]

Namíbia (f)	Namibia	[namibiæ]
Senegal (m)	Senegal	[senegal]
Tanzânia (f)	Tansania	[tansania]
África do Sul (f)	Etelä-Afrikka	[eteʎæ afrikka]

africano (m)	afrikkalainen	[afrikkalajnen]
africana (f)	afrikkalainen	[afrikkalajnen]
africano	afrikkalainen	[afrikkalajnen]

241. Australia. Oceania

Austrália (f)	Australia	[australia]
australiano (m)	australialainen	[australialajnen]
australiana (f)	australialainen	[australialajnen]
australiano	australialainen	[australialajnen]
Nova Zelândia (f)	Uusi-Seelanti	[uːsi seːlanti]
neozelandês (m)	uusiseelantilainen	[uːsi seːlantilajnen]
neozelandesa (f)	uusiseelantilainen	[uːsi seːlantilajnen]
neozelandês	uusiseelantilainen	[uːsi seːlantilajnen]
Tasmânia (f)	Tasmania	[tasmania]
Polinésia Francesa (f)	Ranskan Polynesia	[ranskan polynesia]

242. Cidades

Amesterdão	Amsterdam	[amsterdam]
Ancara	Ankara	[aŋkara]
Atenas	Ateena	[ateːna]
Bagdade	Bagdad	[bagdad]
Banguecoque	Bangkok	[baŋkok]
Barcelona	Barcelona	[barselona]
Beirute	Beirut	[bejrut]
Berlim	Berliini	[berliːini]
Bombaim	Mumbai	[mumbaj]
Bona	Bonn	[boŋ]
Bordéus	Bordeaux	[bordo]
Bratislava	Bratislava	[bratislaʋa]
Bruxelas	Bryssel	[bryssel]
Bucareste	Bukarest	[bukarest]
Budapeste	Budapest	[budapest]
Cairo	Kairo	[kajro]
Calcutá	Kalkutta	[kalkutta]
Chicago	Chicago	[tʃikago]
Cidade do México	México	[meksiko]
Copenhaga	Kööpenhamina	[køːpenhamina]
Dar es Salaam	Dar es Salaam	[dar es salaːm]
Deli	Delhi	[deli]
Dubai	Dubai	[dubaj]
Dublin, Dublim	Dublin	[dublin]
Düsseldorf	Düsseldorf	[dysseldorf]
Estocolmo	Tukholma	[tukholma]
Florença	Firenze	[firentse]
Frankfurt	Frankfurt	[fraŋkfurt]
Genebra	Geneve	[geneʋe]
Haia	Haag	[haːg]
Hamburgo	Hampuri	[hampuri]

| Hanói | Hanoi | [hanoj] |
| Havana | Havanna | [hauaŋa] |

Helsínquia	Helsinki	[helsiŋki]
Hiroshima	Hiroshima	[hiroʃima]
Hong Kong	Hongkong	[hoŋkoŋ]
Istambul	Istanbul	[istanbul]
Jerusalém	Jerusalem	[jerusalem]
Kiev	Kiova	[kioua]
Kuala Lumpur	Kuala Lumpur	[kuala lumpur]
Lisboa	Lissabon	[lissabon]
Londres	Lontoo	[lonto:]
Los Angeles	Los Angeles	[los aŋeles]
Lyon	Lyon	[lyon]

Madrid	Madrid	[madrid]
Marselha	Marseille	[marsejlle]
Miami	Miami	[majami]
Montreal	Montreal	[montreal]
Moscovo	Moskova	[moskoua]
Munique	München	[mynhen]

Nairóbi	Nairobi	[najrobi]
Nápoles	Napoli	[napoli]
Nisa	Nizza	[nitsa]
Nova York	New York	[ɲjy ørk]

Oslo	Oslo	[oslo]
Ottawa	Ottawa	[ottaua]
Paris	Pariisi	[pari:isi]
Pequim	Peking	[pekin]
Praga	Praha	[praha]

Rio de Janeiro	Rio de Janeiro	[rio de janejro]
Roma	Rooma	[ro:ma]
São Petersburgo	Pietari	[pietari]
Seul	Soul	[soul]
Singapura	Singapore	[siŋapore]
Sydney	Sydney	[sidnej]

Taipé	Taipei	[tajpej]
Tóquio	Tokio	[tokio]
Toronto	Toronto	[toronto]
Varsóvia	Varsova	[uarsoua]
Veneza	Venetsia	[uenetsia]
Viena	Wien	[uien]

| Washington | Washington | [uaʃiŋton] |
| Xangai | Shanghai | [ʃaŋhaj] |

243. Política. Governo. Parte 1

| política (f) | politiikka | [politi:ikka] |
| político | poliittinen | [poli:ittinen] |

político (m)	poliitikko	[poli:itikko]
estado (m)	valtio	[ʋaltio]
cidadão (m)	kansalainen	[kansalajnen]
cidadania (f)	kansalaisuus	[kansalajsu:s]

| brasão (m) de armas | kansallinen vaakuna | [kansallinen ʋa:kuna] |
| hino (m) nacional | kansallishymni | [kansallis hymni] |

governo (m)	hallitus	[hallitus]
Chefe (m) de Estado	maan johtaja	[ma:n øhtaja]
parlamento (m)	parlamentti	[parlamentti]
partido (m)	puolue	[puolue]

| capitalismo (m) | kapitalismi | [kapitalismi] |
| capitalista | kapitalistinen | [kapitalistinen] |

| socialismo (m) | sosialismi | [sosialismi] |
| socialista | sosialistinen | [sosialistinen] |

comunismo (m)	kommunismi	[kommunismi]
comunista	kommunistinen	[kommunistinen]
comunista (m)	kommunisti	[kommunisti]

democracia (f)	demokratia	[demokratia]
democrata (m)	demokraatti	[demokra:tti]
democrático	demokraattinen	[demokra:ttinen]
Partido (m) Democrático	demokraattinen puolue	[demokra:ttinen puolue]

| liberal (m) | liberaali | [libera:li] |
| liberal | liberaali | [libera:li] |

| conservador (m) | vanhoillinen | [ʋanhojllinen] |
| conservador | vanhoillinen | [ʋanhojllinen] |

república (f)	tasavalta	[tasaʋalta]
republicano (m)	republikaani	[republika:ni]
Partido (m) Republicano	republikaanipuolue	[republika:ni puolue]

eleições (f pl)	vaalit	[ʋa:lit]
eleger (vt)	valita	[ʋalita]
eleitor (m)	valitsija	[ʋalitsija]
campanha (f) eleitoral	vaalikampanja	[ʋa:li kampanʰja]

votação (f)	äänestys	[æ:nestys]
votar (vi)	äänestää	[æ:nestæ:]
direito (m) de voto	äänioikeus	[æ:niojkeus]

candidato (m)	ehdokas	[ehdokas]
candidatar-se (vi)	asettua ehdokkaaksi	[asettua ehdokka:ksi]
campanha (f)	kampanja	[kampanʰja]

| da oposição | oppositio- | [oppositio] |
| oposição (f) | oppositio | [oppositio] |

| visita (f) | vierailu | [ʋierajlu] |
| visita (f) oficial | virallinen vierailu | [ʋirallinen ʋierajlu] |

internacional	kansainvälinen	[kansajnuælinen]
negociações (f pl)	neuvottelut	[neuuottelut]
negociar (vi)	käydä neuvotteluja	[kæydæ neuuotteluja]

244. Política. Governo. Parte 2

sociedade (f)	yhteiskunta	[yhtejskunta]
constituição (f)	perustuslaki	[perustuslaki]
poder (ir para o ~)	valta	[ualta]
corrupção (f)	lahjottavuus	[lahʰøttauu:s]

| lei (f) | laki | [laki] |
| legal | laillinen | [la:jlinen] |

| justiça (f) | oikeudenmukaisuus | [ojkeudenmukajsu:s] |
| justo | oikeudenmukainen | [ojkeuden mukajnen] |

comité (m)	komitea	[komitea]
projeto-lei (m)	lakiehdotus	[lakiehdotus]
orçamento (m)	budjetti	[budʰjetti]
política (f)	politiikka	[politi:ikka]
reforma (f)	reformi	[reformi]
radical	radikaali	[radika:li]

força (f)	voima	[uojma]
poderoso	voimakas	[uojmakas]
partidário (m)	puolustaja	[puolustaja]
influência (f)	vaikutus	[uajkutus]

regime (m)	hallinto	[hallinto]
conflito (m)	selkkaus	[selkkaus]
conspiração (f)	salaliitto	[salali:itto]
provocação (f)	provokaatio	[prouoka:tio]

derrubar (vt)	kukistaa	[kukista:]
derrube (m), queda (f)	kukistaminen	[kukistaminen]
revolução (f)	vallankumous	[uallan kumous]

| golpe (m) de Estado | kumous | [kumous] |
| golpe (m) militar | sotilasvallankaappaus | [sotilas uallan ka:ppaus] |

crise (f)	kriisi	[kri:isi]
recessão (f) económica	taantuma	[ta:ntuma]
manifestante (m)	mielenosoittaja	[mielenosojttaja]
manifestação (f)	mielenosoitus	[mielenosojtus]
lei (f) marcial	sotatila	[sotatila]
base (f) militar	tukikohta	[tukikohta]

| estabilidade (f) | vakaus | [uakaus] |
| estável | vakaa | [uaka:] |

exploração (f)	riisto	[ri:isto]
explorar (vt)	riistää	[ri:istæ:]
racismo (m)	rasismi	[rasismi]

racista (m)	**rasisti**	[rasisti]
fascismo (m)	**fasismi**	[fasismi]
fascista (m)	**fasisti**	[fasisti]

245. Países. Diversos

estrangeiro (m)	**ulkomaalainen**	[ulkomaːlajnen]
estrangeiro	**ulkomainen**	[ulkomajnen]
no estrangeiro	**ulkomailla**	[ulkomajlla]
emigrante (m)	**maastamuuttaja**	[maːstamuːttaja]
emigração (f)	**maastamuutto**	[maːstamuːtto]
emigrar (vi)	**muuttaa maasta**	[muːtta: maːsta]
Ocidente (m)	**länsi**	[ʌænsi]
Oriente (m)	**itä**	[itæ]
Extremo Oriente (m)	**Kaukoitä**	[kaukojtæ]
civilização (f)	**sivilisaatio**	[siʋilisaːtio]
humanidade (f)	**ihmiskunta**	[ihmiskunta]
mundo (m)	**maailma**	[maːilma]
paz (f)	**rauha**	[rauha]
mundial	**maailman-**	[maːjlman]
pátria (f)	**synnyinmaa**	[syŋyjnmaː]
povo (m)	**kansa**	[kansa]
população (f)	**väestö**	[ʋæestø]
gente (f)	**ihmiset**	[ihmiset]
nação (f)	**kansakunta**	[kansakunta]
geração (f)	**sukupolvi**	[sukupolʋi]
território (m)	**alue**	[alue]
região (f)	**seutu**	[seutu]
estado (m)	**osavaltio**	[osaʋaltio]
tradição (f)	**perinne**	[periŋe]
costume (m)	**tapa**	[tapa]
ecologia (f)	**ekologia**	[ekologia]
índio (m)	**intiaani**	[intiaːni]
cigano (m)	**mustalainen**	[mustalajnen]
cigana (f)	**mustalainen**	[mustalajnen]
cigano	**mustalainen**	[mustalajnen]
império (m)	**keisarikunta**	[kejsarikunta]
colónia (f)	**kolonia**	[kolonia]
escravidão (f)	**orjuus**	[orʰjuːs]
invasão (f)	**maahanhyökkäys**	[maːhan hyøkkæys]
fome (f)	**nälänhätä**	[naːlaːnhaːtaː]

246. Grupos religiosos mais importantes. Confissões

religião (f)	**uskonto**	[uskonto]
religioso	**uskonnollinen**	[uskoŋollinen]

crença (f)	usko	[usko]
crer (vt)	uskoa	[uskoɑ]
crente (m)	uskovainen	[uskouɑjnen]
ateísmo (m)	ateismi	[ɑteismi]
ateu (m)	ateisti	[ɑteisti]
cristianismo (m)	Kristinusko	[kristinusko]
cristão (m)	kristitty	[kristitty]
cristão	kristillinen	[kristillinen]
catolicismo (m)	Katolilaisuus	[kɑtolilɑjsu:s]
católico (m)	katolilainen	[kɑtolilɑjnen]
católico	katolinen	[kɑtolinen]
protestantismo (m)	Protestanttisuus	[protestɑnttisu:s]
Igreja (f) Protestante	Protestanttinen Kirkko	[protestɑnttinen kirkko]
protestante (m)	protestantti	[protestɑntti]
ortodoxia (f)	Ortodoksisuus	[ortodoksisu:s]
Igreja (f) Ortodoxa	Ortodoksinen Kirkko	[ortodoksinen kirkko]
ortodoxo (m)	ortodoksi	[ortodoksi]
presbiterianismo (m)	Presbyteriaaninen kirkko	[presbyteriɑ:nen kirkko]
Igreja (f) Presbiteriana	Presbyteerikirkko	[presbyte:ri kirkko]
presbiteriano (m)	presbyteeri	[presbyte:ri]
Igreja (f) Luterana	Luterilainen Kirkko	[luterilɑjnen kirkko]
luterano (m)	luterilainen	[luterilɑjnen]
Igreja (f) Batista	Baptismi	[bɑptismi]
batista (m)	baptisti	[bɑptisti]
Igreja (f) Anglicana	Anglikaaninen Kirkko	[ɑŋlikɑ:ninen kirkko]
anglicano (m)	anglikaaninen	[ɑŋlikɑ:ninen]
mormonismo (m)	Mormonismi	[mormonismi]
mórmon (m)	mormoni	[mormoni]
Judaísmo (m)	Juutalaisuus	[ju:tɑlɑjsu:s]
judeu (m)	juutalainen	[ju:tɑlɑjnen]
budismo (m)	Buddhalaisuus	[buddhɑlɑjsu:s]
budista (m)	buddhalainen	[buddhɑlɑjnen]
hinduísmo (m)	Hindulaisuus	[hindulɑjsu:s]
hindu (m)	hindulainen	[hindulɑjnen]
Islão (m)	Islam	[islɑm]
muçulmano (m)	muslimi	[muslimi]
muçulmano	islamilainen	[islɑmilɑjnen]
Xiismo (m)	Šiialaisuus	[ʃi:ɑlɑjsu:s]
xiita (m)	shiialainen	[ʃi:ɑlɑjnen]
sunismo (m)	Sunnalaisuus	[suŋɑlɑjsu:s]
sunita (m)	sunnalainen	[suŋɑlɑjnen]

247. Religiões. Padres

padre (m)	pappi	[pɑppi]
Papa (m)	Paavi	[pɑːʋi]
monge (m)	munkki	[muŋkki]
freira (f)	nunna	[nuŋɑ]
pastor (m)	pastori	[pɑstori]
abade (m)	apotti	[ɑpotti]
vigário (m)	kirkkoherra	[kirkkoherrɑ]
bispo (m)	piispa	[piːispɑ]
cardeal (m)	kardinaali	[kɑrdinɑːli]
pregador (m)	saarnaaja	[sɑːrnɑːjɑ]
sermão (m)	saarna	[sɑːrnɑ]
paroquianos (pl)	seurakuntalaiset	[seurɑkuntɑlɑjset]
crente (m)	uskovainen	[uskoʋɑjnen]
ateu (m)	ateisti	[ɑteisti]

248. Fé. Cristianismo. Islão

Adão	Aadam	[ɑːdɑm]
Eva	Eeva	[eːʋɑ]
Deus (m)	Jumala	[jumɑlɑ]
Senhor (m)	Luoja	[loːjæ]
Todo Poderoso (m)	Kaikkivoipa	[kɑjkkiʋojpɑ]
pecado (m)	synti	[synti]
pecar (vi)	tehdä syntiä	[tehdæ syntiæ]
pecador (m)	syntinen	[syntinen]
pecadora (f)	syntinen	[syntinen]
inferno (m)	helvetti	[helʋetti]
paraíso (m)	paratiisi	[pɑrɑtiːisi]
Jesus	Jeesus	[jeːsus]
Jesus Cristo	Jeesus Kristus	[jeːsus kristus]
Espírito (m) Santo	Pyhä henki	[pyɦæ heŋki]
Salvador (m)	Pelastaja	[pelɑstɑjɑ]
Virgem Maria (f)	Jumalanäiti	[jumɑlɑɲæjti]
Diabo (m)	perkele	[perkele]
diabólico	perkeleen	[perkeleːn]
Satanás (m)	saatana	[sɑːtɑnɑ]
satânico	saatanallinen	[sɑːtɑnɑllinen]
anjo (m)	enkeli	[eŋkeli]
anjo (m) da guarda	suojelusenkeli	[suojeluseŋkeli]
angélico	enkelin	[eŋkelin]

apóstolo (m)	apostoli	[apostoli]
arcanjo (m)	arkkienkeli	[arkkieŋkeli]
anticristo (m)	antikristus	[antikristus]

Igreja (f)	kirkko	[kirkko]
Bíblia (f)	raamattu	[ra:mattu]
bíblico	raamatullinen	[ra:matullinen]

Velho Testamento (m)	Vanha testamentti	[ʋanha testamentti]
Novo Testamento (m)	Uusi testamentti	[u:si testamentti]
Evangelho (m)	Evankeliumi	[eʋaŋkeliumi]
Sagradas Escrituras (f pl)	Pyhä Raamattu	[pyħæ ra:mattu]
Céu (m)	Taivas	[tajʋas]

mandamento (m)	käsky	[kæsky]
profeta (m)	profeetta	[profe:tta]
profecia (f)	profetia	[profetia]

Alá	Allah	[allah]
Maomé	Muhammad	[muhammad]
Corão, Alcorão (m)	Koraani	[kora:ni]

mesquita (f)	moskeija	[moskeja]
mulá (m)	mullah	[mullah]
oração (f)	rukous	[rukous]
rezar, orar (vi)	rukoilla	[rukojlla]

peregrinação (f)	pyhiinvaellus	[pyhi:inʋaellus]
peregrino (m)	pyhiinvaeltaja	[pyhi:inʋaeltaja]
Meca (f)	Mekka	[mekka]

igreja (f)	kirkko	[kirkko]
templo (m)	temppeli	[temppeli]
catedral (f)	tuomiokirkko	[tuomiokirkko]
gótico	goottilainen	[go:ttilajnen]
sinagoga (f)	synagoga	[synagoga]
mesquita (f)	moskeija	[moskeja]

capela (f)	kappeli	[kappeli]
abadia (f)	katolinen luostari	[katolinen luostari]
convento (m)	nunnaluostari	[nuŋa luostari]
mosteiro (m)	munkkiluostari	[muŋkki luostari]

sino (m)	kello	[kello]
campanário (m)	kellotorni	[kellotorni]
repicar (vi)	soittaa	[sojtta:]

cruz (f)	risti	[risti]
cúpula (f)	kupoli	[kupoli]
ícone (m)	pyhäinkuva	[pyħæjŋkuʋa]

alma (f)	henki	[heŋki]
destino (m)	kohtalo	[kohtalo]
mal (m)	paha	[paha]
bem (m)	hyvä	[hyʋæ]
vampiro (m)	vampyyri	[ʋampy:ri]

bruxa (f)	noita	[nojta]
demónio (m)	demoni	[demoni]
espírito (m)	henki	[heŋki]
redenção (f)	sovitus	[souitus]
redimir (vt)	sovittaa	[souitta:]
missa (f)	jumalanpalvelus	[jumalanipaluelus]
celebrar a missa	toimittaa	[tojmitta:
	jumalanpalvelus	jumalanpaluelus]
confissão (f)	rippi	[rippi]
confessar-se (vr)	ripittäytyä	[ripittæytyæ]
santo (m)	pyhimys	[pyhimys]
sagrado	pyhä	[pyɦæ]
água (f) benta	pyhitetty vesi	[pyhitetty uesi]
ritual (m)	rituaali	[ritua:li]
ritual	rituaalinen	[ritua:linen]
sacrifício (m)	uhraus	[uhraus]
superstição (f)	taikausko	[tajkausko]
supersticioso	taikauskoinen	[tajkauskojnen]
vida (f) depois da morte	haudantakainen elämä	[haudantakajnen eʎæmæ]
vida (f) eterna	ikuinen elämä	[ikujnen eʎæma]

TEMAS DIVERSOS

249. Várias palavras úteis

ajuda (f)	apu	[ɑpu]
barreira (f)	este	[este]
base (f)	pohja	[pohʰjɑ]
categoria (f)	kategoria	[kɑtegoriɑ]
causa (f)	syy	[sy:]
coincidência (f)	yhteensattuma	[yhte:nsɑttumɑ]
coisa (f)	esine	[esine]
começo (m)	alku	[ɑlku]
cómodo (ex. poltrona ~a)	mukava	[mukɑʊɑ]
comparação (f)	vertailu	[ʊertɑjlu]
compensação (f)	korvaus	[korʊɑus]
crescimento (m)	kasvu	[kɑsʊu]
desenvolvimento (m)	kehitys	[kehitys]
diferença (f)	erotus	[erotus]
efeito (m)	teho	[teho]
elemento (m)	aines	[ɑjnes]
equilíbrio (m)	tase	[tɑse]
erro (m)	erehdys	[erehdys]
esforço (m)	ponnistus	[poɲistus]
estilo (m)	tyyli	[ty:li]
exemplo (m)	esimerkki	[esimerkki]
facto (m)	tosiasia	[tosiɑsiɑ]
fim (m)	päättyminen	[pæ:ttyminen]
forma (f)	muoto	[muoto]
frequente	usea	[useɑ]
fundo (ex. ~ verde)	tausta	[tɑustɑ]
género (tipo)	laji	[lɑjɪ]
grau (m)	aste	[ɑste]
ideal (m)	ihanne	[ihɑŋe]
labirinto (m)	labyrintti	[lɑbyrintti]
modo (m)	keino	[kejno]
momento (m)	hetki	[hetki]
objeto (m)	kohde	[kohde]
obstáculo (m)	este	[este]
original (m)	alkuperäiskappale	[ɑlkuperæjskɑppɑle]
padrão	standardi-	[stɑndɑrdi]
padrão (m)	standardi	[stɑndɑrdi]
paragem (pausa)	väliaika	[ʊæliɑjkɑ]
parte (f)	osa	[osɑ]

partícula (f)	hiukkanen	[hiukkanen]
pausa (f)	tauko	[tauko]
posição (f)	asema	[asema]
princípio (m)	periaate	[peria:te]

problema (m)	ongelma	[oŋelma]
processo (m)	prosessi	[prosessi]
progresso (m)	edistys	[edistys]
propriedade (f)	ominaisuus	[ominajsu:s]

reação (f)	reaktio	[reaktio]
risco (m)	riski	[riski]
ritmo (m)	tempo	[tempo]
segredo (m)	salaisuus	[salajsu:s]
série (f)	sarja	[sarʰja]

sistema (m)	järjestelmä	[jærʰjestelmæ]
situação (f)	tilanne	[tilaŋe]
solução (f)	ratkaisu	[ratkajsu]
tabela (f)	taulukko	[taulukko]
termo (ex. ~ técnico)	termi	[termi]

tipo (m)	tyyppi	[ty:ppi]
urgente	pikainen	[pikajnen]
urgentemente	pikaisesti	[pikajsesti]
utilidade (f)	hyöty	[hyøty]

variante (f)	toisinto	[tojsinto]
variedade (f)	valikoima	[ʋali kojma]
verdade (f)	tosiasia	[tosiasia]
vez (f)	vuoro	[ʋuoro]
zona (f)	vyöhyke	[ʋyøhyke]

250. Modificadores. Adjetivos. Parte 1

aberto	avoin	[aʋojn]
afiado	terävä	[teræʋæ]
agradável	miellyttävä	[miellyttæʋæ]
agradecido	kiitollinen	[ki:itollinen]
alegre	iloinen	[ilojnen]

alto (ex. voz ~a)	äänekäs	[æ:nekæs]
amargo	karvas	[karʋas]
amplo	avara	[aʋara]
antigo	muinainen	[mujnajnen]

arriscado	riskialtis	[riskialtis]
artificial	keinotekoinen	[kejnotekojnen]
azedo	hapan	[hapan]
baixo (voz ~a)	hiljainen	[hilʰjajnen]

barato	halpa	[halpa]
belo	ihana	[ihana]
bom	hyvä	[hyʋæ]

225

bondoso	hyvä	[hyʋæ]
bonito	kaunis	[kaunis]
bronzeado	ruskettunut	[ruskettunut]
burro, estúpido	tyhmä	[tyhmæ]
calmo	rauhallinen	[rauhallinen]
cansado	väsynyt	[ʋæsynyt]

cansativo	väsyttävä	[ʋæsyttæʋæ]
carinhoso	huolehtivainen	[huolehtiʋajnen]
caro	kallis	[kallis]
cego	sokea	[sokeɑ]

central	keskeinen	[keskejnen]
cerrado (ex. nevoeiro ~)	taaja	[tɑ:jɑ]
cheio (ex. copo ~)	täysi	[tæysi]
civil	kansalais-	[kansalɑjs]
clandestino	maanalainen	[mɑ:nalɑjnen]

claro	vaalea	[ʋɑ:leɑ]
claro (explicação ~a)	selvä	[selʋæ]
compatível	yhteen sopiva	[yhte:n sopiʋɑ]
comum, normal	tavallinen	[taʋallinen]

congelado	jäädytetty	[jæ:dytetty]
conjunto	yhteinen	[yhtejnen]
considerável	merkittävä	[merkttæʋæ]
contente	tyytyväinen	[ty:tyʋæjnen]
contínuo	pitkäaikainen	[pitkæ ɑjkɑjnen]

contrário (ex. o efeito ~)	vastakkainen	[ʋastakkɑjnen]
correto (resposta ~a)	oikea	[ojkeɑ]
cru (não cozinhado)	raaka	[rɑ:kɑ]
curto	lyhyt	[lyhyt]

de curta duração	lyhytaikainen	[lyhytɑjkɑjnen]
de sol, ensolarado	aurinkoinen	[auriŋkojnen]
de trás	taka-	[takɑ]
denso (fumo, etc.)	tiivis	[ti:iʋis]

desanuviado	pilvetön	[pilʋetøn]
descuidado	leväperäinen	[leʋæperæjnen]
diferente	eri	[eri]
difícil	vaikea	[ʋɑjkeɑ]
difícil, complexo	monimutkainen	[monimutkɑjnen]

direito	oikeistolainen	[ojkejstolɑjnen]
distante	kaukainen	[kaukɑjnen]
diverso	erilainen	[erilɑjnen]
doce (açucarado)	makea	[mɑkeɑ]
doce (água)	makea	[mɑkeɑ]

doente	sairas	[sɑjras]
duro (material ~)	kova	[koʋɑ]
educado	kohtelias	[kohtelias]
encantador	herttainen	[herttajnen]
enigmático	arvoituksellinen	[arʋojtuksellinen]

enorme	valtava	[ʋaltaʋa]
escuro (quarto ~)	pimeä	[pimeæ]
especial	erikoinen	[erikojnen]
esquerdo	vasen	[ʋasen]
estrangeiro	ulkomainen	[ulkomajnen]
estreito	kapea	[kapeæ]
exato	tarkka	[tarkka]
excelente	mainio	[majnio]
excessivo	liiallinen	[liːiallinen]
externo	ulkonainen	[ulkonajnen]
fácil	helppo	[helppo]
faminto	nälkäinen	[ɲælkæjnen]
fechado	suljettu	[sulʰjettu]
feliz	onnellinen	[oɲellinen]
fértil (terreno ~)	hedelmällinen	[hedelmællinen]
forte (pessoa ~)	voimakas	[ʋojmakas]
fraco (luz ~a)	himmeä	[himmeæ]
frágil	hauras	[hauras]
fresco	viileä	[ʋiːileæ]
fresco (pão ~)	tuore	[tuore]
frio	kylmä	[kylmæ]
gordo	rasvainen	[rasʋajnen]
gostoso	maukas	[maukas]
grande	iso	[iso]
gratuito, grátis	ilmainen	[ilmajnen]
grosso (camada ~a)	paksu	[paksu]
hostil	vihamielinen	[ʋiha mielinen]
húmido	kostea	[kostea]

251. Modificadores. Adjetivos. Parte 2

igual	samanlainen	[saman lajnen]
imóvel	liikkumaton	[liːikkumaton]
importante	tärkeä	[tærkeæ]
impossível	mahdoton	[mahdoton]
incompreensível	epäselvä	[epæseluæ]
indigente	kurja	[kurʰja]
indispensável	välttämätön	[ʋælttæmætøn]
inexperiente	kokematon	[kokematon]
infantil	lasten-	[lasten]
ininterrupto	tauoton	[tauoton]
insignificante	vähäinen	[ʋæɦæjnen]
inteiro (completo)	kokonainen	[kokonajnen]
inteligente	älykäs	[ælykæs]
interno	sisäinen	[sisæjnen]
jovem	nuori	[nuori]
largo (caminho ~)	leveä	[leʋeæ]

227

legal	laillinen	[la:jlinen]
leve	kevyt	[keʋyt]
limitado	rajoitettu	[raøjtettu]
limpo	puhdas	[puhdɑs]

líquido	nestemäinen	[nestemæønen]
liso	sileä	[sileæ]
liso (superfície ~a)	tasainen	[tɑsɑjnen]
livre	vapaa	[ʋɑpɑ:]
longo (ex. cabelos ~s)	pitkä	[pitkæ]

maduro (ex. fruto ~)	kypsä	[kypsæ]
magro	laiha	[lɑjhɑ]
magro (pessoa)	laiha	[lɑjhɑ]
mais próximo	lähin	[ʎæhin]

mais recente	mennyt	[meŋyt]
mate, baço	himmeä	[himmeæ]
mau	huono	[huono]
meticuloso	huolellinen	[huolellinen]
míope	likinäköinen	[likiɲækøjnen]

mole	pehmeä	[pehmeæ]
molhado	märkä	[mærkæ]
moreno	tummaverinen	[tummaʋerinen]
morto	kuollut	[kuollut]
não difícil	helppo	[helppo]

não é clara	epäselvä	[epæseluæ]
não muito grande	pieni	[pæni]
natal (país ~)	kotoinen	[kotojnen]
necessário	tarpeellinen	[tɑrpe:llinen]
negativo	kielteinen	[kieltejnen]

nervoso	hermostunut	[hermostunut]
normal	normaalinen	[norma:linen]
novo	uusi	[u:si]
o mais importante	tärkein	[tærkejn]

obrigatório	pakollinen	[pɑkollinen]
original	alkuperäinen	[ɑlkuperæjnen]
passado	viime	[ʋi:ime]
pequeno	pieni	[pæni]
perigoso	vaarallinen	[ʋɑ:rɑlinen]

permanente	vakinainen	[ʋɑkinɑjnen]
perto	lähin	[ʎæhin]
pesado	painava	[pɑjnɑʋɑ]
pessoal	yksityinen	[yksityjnen]
plano (ex. ecrã ~ a)	litteä	[litteæ]

pobre	köyhä	[køyɦæ]
pontual	täsmällinen	[tæsmællinen]
possível	mahdollinen	[mahdollinen]
pouco fundo	matala	[mɑtɑlɑ]
presente (ex. momento ~)	nykyinen	[nykyjnen]

primeiro (principal)	perus-	[perus]
principal	pää-	[pæ:]
privado	yksityinen	[yksityjnen]
provável	todennäköinen	[todeŋækøjnen]
próximo	läheinen	[ʎæhejnen]
quente (cálido)	kuuma	[ku:mɑ]
quente (morno)	lämmin	[ʎæmmin]
rápido	nopea	[nopeɑ]
raro	harvinainen	[hɑrʋinɑjnen]
remoto, longínquo	etäinen	[etæjnen]
reto	suora	[suorɑ]
salgado	suolainen	[suolɑjnen]
satisfeito	tyytyväinen	[ty:tyʋæjnen]
seco	kuiva	[kujʋɑ]
seguinte	seuraava	[seurɑ:ʋɑ]
seguro	turvallinen	[turʋɑllinen]
similar	näköinen	[ɲækøjnen]
simples	yksinkertainen	[yksiŋkertɑjnen]
soberbo	mainio	[mɑjnio]
social	yhteiskunnallinen	[yhtejskuɲɑlinen]
sólido	vahva	[ʋɑhʋɑ]
sombrio	synkkä	[syŋkkæ]
sujo	likainen	[likɑjnen]
superior	korkein	[korkejn]
suplementar	lisä-	[lisæ]
terno, afetuoso	hellä	[heʎæ]
tranquilo	tyyni	[ty:yni]
transparente	läpikuultava	[ʎæpiku:ltɑʋɑ]
triste (pessoa)	surullinen	[surullinen]
triste (um ar ~)	surullinen	[surullinen]
último	viimeinen	[ʋi:imejnen]
único	ainutlaatuinen	[ɑjnutlɑ:tujnen]
usado	käytetty	[kæutetty]
útil	kelvollinen	[kelʋollinen]
vazio (meio ~)	tyhjä	[tyhʰjæ]
velho	vanha	[ʋɑnhɑ]
vizinho	naapuri-	[nɑ:puri]

500 VERBOS PRINCIPAIS

252. Verbos A-B

aborrecer-se (vr)	ikävöidä	[ikæʋøjdæ]
abraçar algm.	syleillä	[sylejʎæ]
abrir (~ a janela)	avata	[aʋata]
acalmar (vt)	rauhoittaa	[rauhojttɑ:]

acariciar (vt)	hyväillä	[hyʋæjʎæ]
acenar (vt)	hosua	[hosua]
acender (~ uma fogueira)	sytyttää	[sytyttæ:]
achar (vt)	pitää	[pitæ:]
acompanhar (vt)	saattaa	[sɑ:ttɑ:]

aconselhar (vt)	neuvoa	[neuʋoa]
acordar (despertar)	herättää	[herættæ:]
acrescentar (vt)	lisätä	[lisætæ]
acusar (vt)	syyttää	[sy:ttæ:]

adestrar (vt)	kouluttaa	[koulutta:]
adivinhar (vt)	arvata	[arʋata]
admirar (vt)	ihailla	[ihajlla]
advertir (vt)	varoittaa	[ʋarojttɑ:]
afirmar (vt)	väittää	[ʋæjttæ:]

afogar-se (pessoa)	hukkua	[hukkua]
afugentar (vt)	ajaa pois	[aja: pojs]
agir (vi)	menetellä	[meneteʎæ]
agitar, sacudir (objeto)	pudistaa	[pudista:]
agradecer (vt)	kiittää	[ki:ittæ:]

ajudar (vt)	auttaa	[autta:]
alcançar (objetivos)	saavuttaa	[sɑ:ʋutta:]
alimentar (dar comida)	ruokkia	[ruokkia]
almoçar (vi)	syödä päivällistä	[syødæ pæjʋællistæ]

alugar (~ o barco, etc.)	vuokrata	[ʋuokrata]
alugar (~ um apartamento)	vuokrata	[ʋuokrata]
amar (pessoa)	rakastaa	[rakasta:]
amarrar (vt)	yhdistää	[yhdistæ:]

ameaçar (vt)	uhata	[uhata]
amputar (vt)	amputoida	[amputojda]
anotar (escrever)	merkitä	[merkitæ]
tomar nota	kirjoittaa muistiin	[kirʰojttɑ: mujsti:in]

anular, cancelar (vt)	peruuttaa	[peru:tta:]
apagar (com apagador, etc.)	pyyhkiä	[py:hkiæ]
apagar (um incêndio)	sammuttaa	[sammutta:]

apaixonar-se de ...	rakastua	[rakastua]
aparecer (vi)	ilmestyä	[ilmestyæ]
aplaudir (vi)	taputtaa käsiä	[taputta: kæsiæ]
apoiar (vt)	kannattaa	[kaŋatta:]
apontar para ...	tähdätä	[tæhdætæ]

apresentar (alguém a alguém)	tutustua	[tutustua]
apresentar (Gostaria de ~)	esitellä	[esiteʌæ]
apressar (vt)	kiirehtiä	[ki:irehtiæ]
apressar-se (vr)	kiiruhtaa	[ki:iruhta:]

aproximar-se (vr)	mennä	[meŋæ]
aquecer (vt)	lämmittää	[ʌæmmittæ:]
arrancar (vt)	repäistä	[repæjstæ]
arranhar (gato, etc.)	raapia	[ra:pia]
arrepender-se (vr)	sääliä	[sæ:liæ]

arriscar (vt)	ottaa riski	[otta: riski]
arrumar, guardar (vt)	korjata pois	[korʰjata pojs]
arrumar, limpar (vt)	siivota	[si:iʋota]
aspirar a ...	pyrkiä	[pyrkiæ]

assinar (vt)	allekirjoittaa	[allekirʰojtta:]
assistir (vt)	avustaa	[aʋusta:]
atacar (vt)	hyökätä	[hyøkætæ]
atar (vt)	sitoa	[sitoa]
atirar (vi)	ampua	[ampua]

atracar (vi)	laskea laituriin	[laskea lajturi:in]
aumentar (vi)	lisääntyä	[lisæ:ntyæ]
aumentar (vt)	lisätä	[lisætæ]
avançar (sb. trabalhos, etc.)	edetä	[edetæ]

avistar (vt)	nähdä	[ŋæhdæ]
baixar (guindaste)	laskea	[laskea]
barbear-se (vr)	ajaa partaa	[aja: parta:]
basear-se em ...	perustua	[perustua]

bastar (vi)	riittää	[ri:ittæ:]
bater (espancar)	lyödä	[lyødæ]
bater (vi)	koputtaa oveen	[koputta: oʋe:n]
bater-se (vr)	tapella	[tapella]

beber, tomar (vt)	juoda	[juoda]
brilhar (vi)	loistaa	[lojsta:]
brincar, jogar (crianças)	leikkiä	[lejkkiæ]
buscar (vt)	etsiä	[etsiæ]

253. Verbos C-D

caçar (vi)	metsästää	[metsæstæ:]
calar-se (parar de falar)	vaieta	[ʋajeta]
calcular (vt)	laskea	[laskea]

231

carregar (o caminhão)	kuormata	[kuormata]
carregar (uma arma)	ladata	[ladata]
casar-se (vr)	mennä naimisiin	[menæ naːjmisiːin]
causar (vt)	aiheuttaa	[ajheuttaː]
cavar (vt)	kaivaa	[kajʋaː]
ceder (não resistir)	antaa periksi	[antaː periksi]

cegar, ofuscar (vt)	häikäistä	[hæjkæjsta]
censurar (vt)	moittia	[mojttia]
cessar (vt)	lakata	[lakata]
chamar (~ por socorro)	kutsua	[kutsua]

chamar (dizer em voz alta o nome)	kutsua	[kutsua]
chegar (a algum lugar)	saavuttaa	[saːʋuttaː]
chegar (sb. comboio, etc.)	saapua	[saːpua]
cheirar (tem o cheiro)	tuoksua	[tuoksua]

cheirar (uma flor)	haistella	[hajstella]
chorar (vi)	itkeä	[itkeæ]
citar (vt)	siteerata	[siteːrata]
colher (flores)	repiä	[repiæ]

combater (vi)	taistella	[tajstella]
começar (vt)	aloittaa	[alojttaː]
comer (vt)	syödä	[syødæ]
comparar (vt)	verrata	[ʋerrata]
compensar (vt)	korvata	[korʋata]

competir (vi)	kilpailla	[kilpajlla]
complicar (vt)	mutkistaa	[mutkistaː]
compor (vt)	säveltää	[sæʋeltæː]
comportar-se (vr)	käyttäytyä	[kæyttæytyæ]
comprar (vt)	ostaa	[ostaː]

compreender (vt)	ymmärtää	[ymmærtæː]
comprometer (vt)	kompromettoida	[kompromettojda]
concentrar-se (vr)	keskittyä	[keskittyæ]
concordar (dizer "sim")	suostua	[suostua]

condecorar (dar medalha)	palkita	[palkita]
conduzir (~ o carro)	ajaa autoa	[ajaː autoa]
confessar-se (criminoso)	tunnustaa	[tuŋustaː]
confiar (vt)	luottaa	[luottaː]

confundir (equivocar-se)	sotkea	[sotkea]
conhecer (vt)	tuntea	[tuntea]
conhecer-se (vr)	tutustua	[tutustua]
consertar (vt)	panna järjestykseen	[paŋa jærʰjestykseːn]

consultar ...	neuvotella	[neuʋotella]
contagiar-se com ...	saada tartunta	[saːda tartunta]
contar (vt)	kertoa	[kertoa]
contar com ...	luottaa	[luottaː]
continuar (vt)	jatkaa	[jatkaː]
contratar (vt)	palkata	[palkata]

| controlar (vt) | tarkastaa | [tɑrkɑstɑ:] |
| convencer (vt) | vakuuttaa | [ʋɑku:ttɑ:] |

convidar (vt)	kutsua	[kutsuɑ]
cooperar (vi)	olla yhteistyössä	[ollɑ yhtejstyøssæ]
coordenar (vt)	koordinoida	[ko:rdinojdɑ]
corar (vi)	punastua	[punɑstuɑ]

correr (vi)	juosta	[juostɑ]
corrigir (vt)	korjata	[korʰjɑtɑ]
cortar (com um machado)	katkaista	[kɑtkɑjstɑ]
cortar (vt)	leikata	[lejkɑtɑ]

cozinhar (vt)	laittaa	[lɑjttɑ:]
crer (pensar)	uskoa	[uskoɑ]
criar (vt)	luoda	[luodɑ]
cultivar (vt)	kasvattaa	[kɑsʋɑttɑ:]

cuspir (vi)	sylkeä	[sylkeæ]
custar (vt)	maksaa	[mɑksɑ:]
dar banho, lavar (vt)	kylvettää	[kylʋettæ:]

datar (vi)	ajoittua	[ɑøjttuɑ]
decidir (vt)	päättää	[pæ:ttæ:]
decorar (enfeitar)	koristaa	[koristɑ:]
dedicar (vt)	omistaa	[omistɑ:]

defender (vt)	puolustaa	[puolustɑ:]
defender-se (vr)	puolustautua	[puolustɑutuɑ]
deixar (~ a mulher)	jättää	[jættæ:]
deixar (esquecer)	unohtaa	[unohtɑ:]

deixar cair (vt)	pudottaa	[pudottɑ:]
denominar (vt)	nimittää	[nimittæ:]
denunciar (vt)	antaa ilmi	[ɑntɑ: ilmi]
depender de … (vi)	riippua	[ri:ippuɑ]

derramar (vt)	kaataa	[kɑ:tɑ:]
desaparecer (vi)	kadota	[kɑdotɑ]
desatar (vt)	irrottaa	[irottɑ:]
desatracar (vi)	irtautua	[irtɑutuɑ]

descansar (um pouco)	levätä	[leʋætæ]
descer (para baixo)	laskeutua	[lɑskeutuɑ]
descobrir (novas terras)	löytää	[løytæ:]
descolar (avião)	nousta ilmaan	[noustɑ ilmɑ:n]

desculpar (vt)	antaa anteeksi	[ɑntɑ: ɑnte:ksi]
desculpar-se (vr)	pyytää anteeksi	[py:tæ: ɑnte:ksi]
desejar (vt)	haluta	[hɑlutɑ]
desempenhar (vt)	näytellä	[næyteʎæ]

desligar (vt)	sammuttaa	[sɑmmuttɑ:]
desprezar (vt)	halveksia	[hɑlʋeksiɑ]
destruir (documentos, etc.)	hävittää	[hæʋittæ:]
dever (vi)	olla velkaa	[ollɑ ʋelkɑ:]

233

devolver (vt)	lähettää takaisin	[ʎæhettæ: takajsin]
direcionar (vt)	suunnata	[su:ŋata]
dirigir (~ uma empresa)	johtaa	[øhta:]
dirigir-se	kääntyä puoleen	[kæ:ntyæ puole:n]
(a um auditório, etc.)		
discutir (notícias, etc.)	käsitellä	[kæsiteʎæ]

distribuir (folhetos, etc.)	levittää	[leʋittæ:]
distribuir (vt)	jakaa	[jaka:]
divertir (vt)	huvittaa	[huʋitta:]
divertir-se (vr)	huvitella	[huʋitella]

dividir (mat.)	jakaa	[jaka:]
dizer (vt)	sanoa	[sanoa]
dobrar (vt)	kahdentaa	[kahdenta:]
duvidar (vt)	epäillä	[epæjʎæ]

254. Verbos E-J

elaborar (uma lista)	laatia	[la:tia]
elevar-se acima de ...	kohota	[kohota]
eliminar (um obstáculo)	poistaa	[pojsta:]
embrulhar (com papel)	kääriä	[kæ:riæ]

emergir (submarino)	nousta pinnalle	[nousta piŋalle]
emitir (vt)	levittää	[leʋittæ:]
empreender (vt)	ryhtyä	[ryhtyæ]
empurrar (vt)	sysätä	[sysætæ]
encabeçar (vt)	johtaa	[øhta:]

encher (~ a garrafa, etc.)	täyttää	[tæyttæ:]
encontrar (achar)	löytää	[løytæ:]
enganar (vt)	pettää	[pettæ:]
ensinar (vt)	opettaa	[opetta:]

entrar (na sala, etc.)	astua sisään	[astua sisæ:n]
enviar (uma carta)	lähettää	[ʎæhettæ:]
equipar (vt)	varustaa	[ʋarusta:]
errar (vi)	erehtyä	[erehtyæ]

escolher (vt)	valita	[ʋalita]
esconder (vt)	piilotella	[pi:ilotella]
escrever (vt)	kirjoittaa	[kirʰojtta:]
escutar (vt)	kuunnella	[ku:ŋella]

escutar atrás da porta	kuunnella salaa	[ku:ŋella sala:]
esmagar (um inseto, etc.)	litistää	[litistæ:]
esperar (contar com)	odottaa	[odotta:]
esperar (o autocarro, etc.)	odottaa	[odotta:]
esperar (ter esperança)	toivoa	[tojʋoa]

espreitar (vi)	tirkistellä	[tirkisteʎæ]
esquecer (vt)	unohtaa	[unohta:]
estar	sijaita	[sijajta]

estar convencido	vakuuttua	[ʋɑku:ttuɑ]
estar deitado	maata	[mɑ:tɑ]
estar perplexo	olla ymmällään	[ollɑ ymmællæ:n]
estar sentado	istua	[istuɑ]

estremecer (vi)	vavahdella	[ʋɑʋɑhdellɑ]
estudar (vt)	oppia	[oppiɑ]
evitar (vt)	välttää	[ʋælttæ:]
examinar (vt)	käsitellä	[kæsiteʎæ]
exigir (vt)	vaatia	[ʋɑ:tiɑ]

existir (vi)	olla olemassa	[ollɑ olemɑssɑ]
explicar (vt)	selittää	[selittæ:]
expressar (vt)	ilmaista	[ilmɑjstɑ]
expulsar (vt)	poistaa	[pojstɑ:]
facilitar (vt)	helpottaa	[helpottɑ:]

falar com ...	puhua	[puhuɑ]
faltar a ...	olla poissa	[ollɑ pojssɑ]
fascinar (vt)	lumota	[lumotɑ]
fatigar (vt)	väsyttää	[ʋæsyttæ:]

fazer (vt)	tehdä	[tehdæ]
fazer lembrar	muistuttaa	[mujstuttɑ:]
fazer piadas	laskea leikkiä	[lɑskeɑ lejkkiæ]
fechar (vt)	sulkea	[sulkeɑ]
felicitar (dar os parabéns)	onnitella	[oɲitellɑ]

ficar cansado	väsyä	[ʋæsyæ]
ficar em silêncio	olla vaiti	[ollɑ ʋɑjti]
ficar pensativo	vaipua ajatuksiinsa	[ʋɑjpuɑ ɑjɑtuksi:insɑ]
forçar (vt)	pakottaa	[pɑkottɑ:]

formar (vt)	muodostaa	[muodostɑ:]
fotografar (vt)	valokuvata	[ʋɑlokuʋɑtɑ]
gabar-se (vr)	kehua	[kehuɑ]
garantir (vt)	taata	[tɑ:tɑ]

gostar (apreciar)	pitää	[pitæ:]
gostar (vt)	pitää	[pitæ:]
gritar (vi)	huutaa	[hu:tɑ:]
guardar (cartas, etc.)	säilyttää	[sæjlyttæ:]

guerrear (vt)	sotia	[sotiɑ]
herdar (vt)	periä	[periæ]
iluminar (vt)	valaista	[ʋɑlɑjstɑ]
imaginar (vt)	kuvitella	[kuʋitellɑ]

imitar (vt)	jäljitellä	[jæljıteʎæ]
implorar (vt)	rukoilla	[rukojllɑ]
importar (vt)	tuoda maahan	[tuodɑ mɑ:hɑn]
indicar (orientar)	osoittaa	[osojttɑ:]

indignar-se (vr)	olla suutuksissa	[ollɑ su:tuksissɑ]
infetar, contagiar (vt)	tartuttaa	[tɑrtuttɑ:]
influenciar (vt)	vaikuttaa	[ʋɑjkuttɑ:]

informar (fazer saber)	ilmoittaa	[ilmojtta:]
informar (vt)	tiedottaa	[tiedotta:]
informar-se (~ sobre)	tietää	[tietæ:]
inscrever (na lista)	lisätä	[lisætæ]
inserir (vt)	panna	[paŋa]

insinuar (vt)	vihjata	[uihʰjata]
insistir (vi)	pysyä kannassaan	[pysyæ kaŋassa:n]
inspirar (vt)	innostaa	[iŋosta:]
instruir (vt)	ohjata	[ohʰjata]

insultar (vt)	loukata	[loukata]
interessar (vt)	kiinnostaa	[ki:iŋosta:]
interessar-se (vr)	kiinnostua	[ki:iŋostua]
intervir (vi)	puuttua	[pu:ttua]

invejar (vt)	kadehtia	[kadehtia]
inventar (vt)	keksiä	[keksiæ]
ir (a pé)	mennä	[meŋæ]
ir (de carro, etc.)	mennä	[meŋæ]

ir nadar	kylpeä	[kylpeæ]
ir para a cama	mennä nukkumaan	[meŋæ nukkuma:n]
irritar (vt)	ärsyttää	[ærsyttæ:]
irritar-se (vr)	ärtyä	[ærtyæ]

isolar (vt)	eristää	[eristæ:]
jantar (vi)	illastaa	[illasta:]
jogar, atirar (vt)	heittää	[hejttæ:]
juntar, unir (vt)	yhdistää	[yhdistæ:]
juntar-se a ...	yhtyä	[yhtyæ]

255. Verbos L-P

lançar (novo projeto)	käynnistää	[kæyŋistæ:]
lavar (vt)	pestä	[pestæ]
lavar a roupa	pestä	[pestæ]
lavar-se (vr)	peseytyä	[peseytyæ]

lembrar (vt)	muistaa	[mujsta:]
ler (vt)	lukea	[lukea]
levantar-se (vr)	nousta	[nousta]
levar (ex. leva isso daqui)	viedä pois	[uiedæ pojs]
libertar (cidade, etc.)	vapauttaa	[uapautta:]

ligar (o radio, etc.)	avata	[auata]
limitar (vt)	rajoittaa	[raøjtta:]
limpar (eliminar sujeira)	puhdistaa	[puhdista:]
limpar (vt)	puhdistaa	[puhdista:]

lisonjear (vt)	imarrella	[imarrella]
livrar-se de ...	päästä	[pæ:stæ]
lutar (combater)	taistella	[tajstella]
lutar (desp.)	painia	[pajnia]

marcar (com lápis, etc.)	merkitä	[merkitæ]
matar (vt)	murhata	[murhata]
memorizar (vt)	muistaa	[mujsta:]
mencionar (vt)	mainita	[majnita]

mentir (vi)	valehdella	[ʋalehdella]
merecer (vt)	ansaita	[ansajta]
mergulhar (vi)	sukeltaa	[sukelta:]
misturar (combinar)	sekoittaa	[sekojtta:]
morar (vt)	asua	[asua]

mostrar (vt)	näyttää	[ɲæyttæ:]
mover (arredar)	siirtää	[si:irtæ:]
mudar (modificar)	muuttaa	[mu:tta:]
multiplicar (vt)	kertoa	[kertoa]

nadar (vi)	uida	[ujda]
negar (vt)	kieltää	[kjeltæ:]
negociar (vi)	käydä neuvotteluja	[kæydæ neuʋotteluja]
nomear (função)	nimittää	[nimittæ:]

obedecer (vt)	alistua	[alistua]
objetar (vt)	väittää vastaan	[ʋæjttæ: ʋasta:n]
observar (vt)	seurata	[seurata]
ofender (vt)	loukata	[loukata]
olhar (vt)	katsoa	[katsoa]

omitir (vt)	jättää	[jættæ:]
ordenar (mil.)	käskeä	[kæskeæ]
organizar (evento, etc.)	järjestää	[jærʰjestæ:]
ousar (vt)	uskaltaa	[uskalta:]

ouvir (vt)	kuulla	[ku:lla]
pagar (vt)	maksaa	[maksa:]
parar (para descansar)	pysähtyä	[pysæhtyæ]
parecer-se (vr)	olla näköinen	[olla ɲækøjnen]
participar (vi)	osallistua	[osallistua]

partir (~ para o estrangeiro)	lähteä	[ʎæhteæ]
passar (vt)	ajaa ohi	[aja: ohi]
passar a ferro	silittää	[silittæ:]
pecar (vi)	tehdä syntiä	[tehdæ syntiæ]

pedir (comida)	tilata	[tilata]
pedir (um favor, etc.)	pyytää	[py:tæ:]
pegar (tomar com a mão)	ottaa kiinni	[otta: ki:iɲi]
pegar (tomar)	ottaa	[otta:]
pendurar (cortinas, etc.)	ripustaa	[ripusta:]

penetrar (vt)	tunkeutua	[tuŋkeutua]
pensar (vt)	ajatella	[ajatella]
pentear-se (vr)	kammata tukkansa	[kammata tukkansa]
perceber (ver)	huomata	[huomata]
perder (o guarda-chuva, etc.)	kadottaa	[kadotta:]
perdoar (vt)	antaa anteeksi	[anta: ante:ksi]
deixar (permitir)	sallia	[sallia]

| permitir (vt) | antaa lupa | [anta: lupa] |
| pertencer (vt) | kuulua | [ku:lua] |

perturbar (vt)	häiritä	[hæjritæ]
pesar (ter o peso)	painaa	[pajna:]
pescar (vt)	kalastaa	[kalasta:]
planear (vt)	suunnitella	[su:ŋitella]

poder (vi)	voida	[uojda]
pôr (posicionar)	sijoittaa	[si:ojtta:]
colocar (vt)	panna	[paŋa]
possuir (vt)	omistaa	[omista:]

predominar (vi, vt)	vallita	[uallita]
preferir (vt)	katsoa paremmaksi	[katsoa paremmaksi]
preocupar (vt)	huolestuttaa	[huolestutta:]
preocupar-se (vr)	huolestua	[huolestua]

preocupar-se (vr)	olla huolissaan	[olla huolissa:n]
preparar (vt)	valmistaa	[ualmista:]
preservar (ex. ~ a paz)	säilyttää	[sæjlyttæ:]
prever (vt)	nähdä ennakolta	[ɲæhdæ eŋakolta]

privar (vt)	riistää	[ri:istæ:]
proibir (vt)	kieltää	[kjeltæ:]
projetar, criar (vt)	suunnitella	[su:ŋitella]
prometer (vt)	luvata	[luuata]

pronunciar (vt)	ääntää	[æ:ntæ:]
propor (vt)	ehdottaa	[ehdotta:]
proteger (a natureza)	suojata	[suojata]
protestar (vi)	vastustaa	[uastusta:]
provar (~ a teoria, etc.)	todistaa	[todista:]

provocar (vt)	provosoida	[prouosojda]
publicitar (vt)	mainostaa	[majnosta:]
punir, castigar (vt)	rangaista	[raŋajsta]
puxar (vt)	vetää	[uetæ:]

quebrar (vt)	rikkoa	[rikkoa]
queimar (vt)	polttaa	[poltta:]
queixar-se (vr)	valittaa	[ualitta:]
querer (desejar)	haluta	[haluta]

256. Verbos Q-Z

rachar-se (vr)	halkeilla	[halkejlla]
realizar (vt)	toteuttaa	[toteutta:]
recomendar (vt)	suositella	[suositella]
reconhecer (identificar)	tuntea	[tuntea]

reconhecer (o erro)	tunnustaa	[tuɲusta:]
recordar, lembrar (vt)	muistella	[mujstella]
recuperar-se (vr)	parantua	[parantua]

recusar (vt)	kieltää	[kjeltæ:]
reduzir (vt)	vähentää	[ʋæhentæ:]
refazer (vt)	tehdä uudelleen	[tehdæ u:delle:n]
reforçar (vt)	vahvistaa	[ʋɑhʋista:]
refrear (vt)	estää	[estæ:]

regar (plantas)	kastella	[kastella]
remover (~ uma mancha)	poistaa	[pojsta:]
reparar (vt)	korjata	[korʰjata]
repetir (dizer outra vez)	toistaa	[tojsta:]

reportar (vt)	selostaa	[selosta:]
repreender (vt)	haukkua	[haukkua]
reservar (~ um quarto)	varata	[ʋarata]
resolver (o conflito)	ratkaista	[ratkajsta]
resolver (um problema)	ratkaista	[ratkajsta]

respirar (vi)	hengittää	[heŋittæ:]
responder (vt)	vastata	[ʋastata]
rezar, orar (vi)	rukoilla	[rukojlla]
rir (vi)	nauraa	[naura:]

romper-se (corda, etc.)	repeytyä	[repeytyæ]
roubar (vt)	varastaa	[ʋarasta:]
saber (vt)	tietää	[tietæ:]
sair (~ de casa)	lähteä	[ʎæhteæ]

sair (livro)	ilmestyä	[ilmestyæ]
salvar (vt)	pelastaa	[pelasta:]
satisfazer (vt)	tyydyttää	[ty:dyttæ:]
saudar (vt)	tervehtiä	[terʋehtiæ]

secar (vt)	kuivata	[kujʋata]
seguir ...	seurata	[seurata]
selecionar (vt)	valita	[ʋalita]
semear (vt)	kylvää	[kylʋæ:]

sentar-se (vr)	istuutua	[istu:tua]
sentenciar (vt)	tuomita	[tuomita]
sentir (~ perigo)	tuntea	[tuntea]

ser diferente	erota	[erota]
ser indispensável	tarvita	[tarʋita]
ser necessário	tarvita	[tarʋita]
ser preservado	säilyä	[sæjlyæ]

ser, estar	olla	[olla]
servir (restaurant, etc.)	palvella	[palʋella]
servir (roupa)	sopia	[sopia]
significar (palavra, etc.)	merkitä	[merkitæ]

significar (vt)	merkitä	[merkitæ]
simplificar (vt)	yksinkertaistaa	[yksiŋkertajsta:]
sobrestimar (vt)	yliarvioida	[yliarʋiojda]
sofrer (vt)	kärsiä	[kærsiæ]
sonhar (vi)	nähdä unta	[ɲæhdæ unta]

sonhar (vt)	haaveilla	[ha:ʋejlla]
soprar (vi)	puhaltaa	[puhalta:]
sorrir (vi)	hymyillä	[hymyjʎæ]

subestimar (vt)	aliarvioida	[aliarʋiojda]
sublinhar (vt)	alleviivata	[alleʋi:iʋata]
sujar-se (vr)	tahraantua	[tahra:ntua]
supor (vt)	olettaa	[oletta:]
suportar (as dores)	kärsiä	[kærsiæ]

surpreender (vt)	ihmetyttää	[ihmetyttæ:]
surpreender-se (vr)	ihmetellä	[ihmeteʎæ]
suspeitar (vt)	epäillä	[epæjʎæ]
suspirar (vi)	huokaista	[huokajsta]

fazer uma tentativa	koettaa	[koetta:]
tentar (vt)	yrittää	[yrittæ:]
ter (vt)	omistaa	[omista:]
ter medo	pelätä	[peʎætæ]

terminar (vt)	lopettaa	[lopetta:]
tirar (vt)	ottaa pois	[otta: pojs]
tirar cópias	monistaa	[monista:]
tirar uma conclusão	tehdä johtopäätös	[tehdæ øhtoipæ:tøs]

tocar (com as mãos)	koskea	[koskea]
tomar emprestado	lainata	[lajnata]
tomar o pequeno-almoço	syödä aamiaista	[syødæ a:miajsta]
tornar-se (ex. ~ conhecido)	tulla	[tulla]

trabalhar (vi)	työskennellä	[tyøskeɲeʎæ]
traduzir (vt)	kääntää	[kæ:ntæ:]
transformar (vt)	muuntaa	[mu:nta:]
tratar (a doença)	hoitaa	[hojta:]
trazer (vt)	tuoda	[tuoda]

treinar (pessoa)	valmentaa	[ʋalmenta:]
treinar-se (vr)	valmentautua	[ʋalmentautua]
tremer (de frio)	vapista	[ʋapista]
trocar (vt)	vaihtaa keskenään	[ʋajhta: keskenæ:n]

trocar, mudar (vt)	vaihtaa	[ʋajhta:]
usar (uma palavra, etc.)	käyttää	[kæyttæ:]
utilizar (vt)	käyttää	[kæyttæ:]
vacinar (vt)	rokottaa	[rokotta:]
vender (vt)	myydä	[my:dæ]

verter (encher)	kaataa	[ka:ta:]
vingar (vt)	kostaa	[kosta:]
virar (ex. ~ â direita)	kääntää	[kæ:ntæ:]
virar (pedra, etc.)	kääntää	[kæ:ntæ:]

virar as costas	kääntyä poispäin	[kæ:ntyæ pojs pæjn]
viver (vi)	elää	[elæ:]
voar (vi)	lentää	[lentæ:]
voltar (vi)	palata	[palata]

votar (vi)	äänestää	[æ:nestæ:]
zangar (vt)	vihastuttaa	[ʋihɑstuttɑ:]
zangar-se com ...	vihastua	[ʋihɑstuɑ]
zombar (vt)	pilkata	[pilkɑtɑ]

www.ingramcontent.com/pod-product-compliance
Lightning Source LLC
Chambersburg PA
CBHW071332090426
42738CB00012B/2876